Günter Reimann
Die Ohnmacht der Mächtigen

Analysen
Erfahrungen
Perspektiven

Günter Reimann

Die Ohnmacht der Mächtigen

Das Kapital und die Weltkrise

Gustav Kiepenheuer
Leipzig

Unter Mitarbeit von Claus Baumgart
und Falk Höppner

ISBN 3-378-00528-9

© Gustav Kiepenheuer Verlag GmbH, Leipzig, 1993
Erste Auflage
Schutzumschlag und Einband: Dietmar Kunz
Schrift: TimesTenRoman
Gesamtherstellung: Offizin Andersen Nexö Leipzig GmbH,
Graphischer Großbetrieb
Printed in Germany

Zur Vorgeschichte
dieses Buches

Die Entwicklung der kapitalistischen Gesellschaft ist anders verlaufen, als ich es mir in meiner frühen Jugend vorgestellt hatte. Ich habe jedoch das Privileg besessen, seit Mitte der zwanziger Jahre die Veränderungen des Kapitalismus in Theorie und Praxis in Europa und Amerika in außerordentlicher Weise studieren zu können.

Der letzte Wandel der kapitalistischen Gesellschaft kann nur von denen erkannt werden, die in der Lage sind, die Realitäten des Finanzkapitalismus von heute und die Abhängigkeit dieser Gesellschaft von einer sie dominierenden staatsbürokratischen Macht, die ständig mehr ausgeben muß, als sie einnehmen kann, zu verstehen. Die Gesellschaft von heute kann nicht in dem Zustand bleiben, in dem sie sich jetzt befindet.

Grundzüge meiner Thesen über den Wandel der kapitalistischen Gesellschaft waren bereits in einem unvollendeten Manuskript für ein Buch unter dem Titel ›The Impotence of the Mighty‹, das von McGrawHill veröffentlicht werden sollte, enthalten. Meine Verpflichtungen als Herausgeber und Chefredakteur einer wöchentlichen Publikation über alle Gebiete der internationalen Finanzen und Währungen machten es mir bis 1983 unmöglich, jenes Buch zu vollenden.

Inzwischen ist das realsozialistische Imperium zusammengebrochen und die Mauer, die Deutschland und Europa teilte, gefallen. Eine deflationistische Weltkrise hat begonnen. Diese Entwicklung bestätigt die in meinem unvollendeten Manuskript enthaltenen Grundthesen und läßt neue Ausblicke auf die Entwicklung des kapitalistischen Systems zu. Insbesondere durch die Hilfe von neugewonnenen Freunden, die den Zustand des Kapitalismus mit ihren Erfahrungen beim Zusammenbruch des Realsozialismus vergleichen konnten, gelang es mir, mein Buch zu vollenden.

Ich bin bei der Fertigstellung des Textes besonders unterstützt worden von Dr. Claus Baumgart und seinem Mitarbeiter Falk Höppner. Wertvolle Anregungen erhielt ich von Dr. Volker Külow. Einigen Experten auf dem Gebiete des Finanzkapitalismus oder von sozialen Entwicklungen verdanke ich hilfreiche und kritische Hinweise, insbesondere Dr. Carl Zimmerer, weiterhin Dr. Walter Hering, Dr. Helge-Heinz Heinker und Dr. Hans-Ulrich Walter. Technische und redaktionelle Hilfe sind vor allem von Maria Bussmann und Ingrid Buchner geleistet worden. Meine Tochter Karen Reimann hat historisches Material zusammengetragen und überprüft. Nicht zuletzt sei auf die Mithilfe meiner Frau Jutta verwiesen, die in der Umgebung eines stets geordneten Haushalts die Arbeit erleichterte und die lange Vorbereitung des Manuskripts geduldig ertrug.

Günter Reimann, New York

Vorwort

Eine neue Weltordnung ist im Entstehen. Sie befindet sich in einem Zwischenstadium, das als Nicht-Weltordnung erscheint und eine Übergangsgesellschaft darstellt. Das Zwischenstadium kann lange andauern, viele Generationen. Aber in welche Richtung wird es sich entwickeln? Es gibt Ansätze zu neuen Gesellschaftsstrukturen. Wo sie zuerst auftreten werden, ist ungewiß.

Der falsche Glaube, daß im Osten eine neue sozialistische Gesellschaft entstanden war, hatte im Westen tiefere Wurzeln geschlagen als im Osten, wo man den Widerspruch zwischen Theorie und Praxis des Systems besser kannte. Der Kapitalismus hat sich gewandelt. Monopole und Staatsbürokratie haben den Begriff, ›freie Marktwirtschaft‹, irreal gemacht. Der Marktkapitalismus ist nicht das, was er nach den Theorien sein sollte. Die Marktkonkurrenz ist verkrüppelt und verzerrt. Das Geldsystem ist krank und versucht der Entwertung zu entgehen.

Die Verteidiger der freien Konkurrenz sind die Monopolisten. Sie wollen die Sphäre der freien Konkurrenz erhalten, denn sonst können sie nicht Monopolisten bleiben. Der Unternehmer, der sich in der freien Konkurrenz befindet, möchte Monopolist werden. Wo der Bereich des Monopolisten anfängt und aufhört ist fluktuierend. Sicher ist, daß er sich so ausgedehnt hat, daß die Monopolisten verunsichert sind. Das ist ein Teil der neuen Krise. Die schwerindustriellen Monopole des europäischen Kapitalismus sind durch das Entstehen neuer Technologiekonkurrenz in Japan in den Bereich der freien Konkurrenz geraten. Ihnen droht der Untergang. Das ist ebenfalls ein Teil der neuen Krise.

Wer glaubt, daß im Osten der Kapitalismus über den Sozialismus gesiegt hat, ist naiv. Es gab keinen Sieg und keine Sieger. Das Ende des Kalten Krieges kam unerwartet. Er wurde ohne Anwendung der Waffen, die in nutzloser Arbeit von zwei Generationen entwickelt und hergestellt wurden, beendet.

Der Westen ist selber krank und leidet an den Krankheiten, an denen der Osten gestorben ist. Verzweifelt wollen sich die Kapitalisten retten, indem sie die Rente des Staatskapitalismus zu sichern suchen. Diese Konsolidierung wird ihnen nicht gelingen. Deswegen ist die neue Weltordnung eine Nicht-Weltordnung, wie ich später erklären werde. Ein Systemwandel hat begonnen.

Die Wertbegriffe des Marktes gelten nicht, wenn das Kapital in seiner Zirkulation gehemmt ist und der Geldkapitalist nicht investiert. Er wird eine autonome Macht, die hilflos der Bedrohung durch staatlichen Interventionismus ausgesetzt ist. Inflationismus und Deflationismus verzerren die Wertbegriffe der Marktwirtschaft. Was einstmals anormal war, wird die neue Normalität. Die Planwirtschaft des Ostens war anarchisch. Das Finanzkapital im Westen will planen und kann es nicht. Der Geldkapitalist ist König. Er verachtet den Zwang des Staates, sofern er das nicht selber ist. Es gibt zu viele Geldkönige, die staatlich nicht zu kontrollierendes Kapital besitzen – über 2000 Milliarden Dollar, wovon 700 Milliarden flüssig sind. Sie könnten damit von Land zu Land in andere Währungen wandern und deren Stabilität zerstören.

Der Kapitalismus des Westens befindet sich in einer Krise, die widerspruchsvolle, nicht kontrollierbare neue Entwicklungen in sich birgt. Es besteht zwar eine demokratische Ordnung, wie sie im Osten nicht existierte, jedoch drohen gegensätzliche Entwicklungen das innere Sicherheitssystem der Rente und der festen Einkommen zu untergraben. Die Gesellschaft krankt an der unproduktiven Staatsbürokratie und den grenzenlos wachsenden politischen Parteihierarchien. Deren Vertreter geben sich als Demokraten, sind aber hierarchisch organisiert und besitzen – im Unterschied zur Mehrheit des Volkes – das Privileg einer gesicherten Rente.

Die Welt befindet sich im Umbruch. Am Ausgang des zweiten Jahrtausends werden Entscheidungen für einen gesellschaftlichen Strukturwandel fällig. Die Eurobürokratie in Brüssel hat hierfür feste Pläne. Aber die staatsbürokratischen Planer denken nicht realistisch. Es wird wieder Überraschungen geben.

Das internationale Währungschaos wird die Einheit der westlichen Welt sprengen. Das ist nur zu verhindern, wenn neue Bindeglieder auf dem Gebiet von Geldkapital und Währungen gefunden werden. Ein Kernstück wird, wie ich später noch begründen werde, die Einführung einer neuen Währung in den USA sein, des neuen goldwertigen Dollar. Sie wird die EG schlagartig zwingen, die Planung einer Eurowährung aufzugeben oder zutiefst zu revidieren. Ansonsten gerät Westeuropa in einen Rückstand gegenüber Japan, den USA und Ostasien, der nicht einzuholen wäre.

Der scheinbare Sieg des Westens über den Osten war eine Überraschung und wird von vielen, die vom Kalten Krieg profitierten, beklagt – im Osten wie im Westen. Sie wissen nicht, was statt dessen kommen soll.

Die Gesellschaft im Osten war kein ›Sozialismus‹ und die im Westen ist nicht der Kapitalismus der freien Marktwirtschaft, wo jeder mitkonkurrieren kann. Die Konkurrenz ist ruinös, außer für jene, die durch eine Monopolstellung privilegiert sind oder eine Rente als Staatsbürokraten beanspruchen können. Der Geist des Kapitalismus ist durch die Rente, Monopole und staatliche Privilegien korrumpiert worden. Der erfolgreiche Konkurrent sucht die

Sicherheit der Rente des staatlich gesicherten Monopolisten oder zumindest des Oligopolisten. Er versucht, dem Konkurrenzkampf zu entfliehen. Deswegen ist es ein Widerspruch, den Menschen im Osten die Segnungen des kapitalistischen Konkurrenzkampfes zu predigen, denn nur einer kleinen Minderheit gelingt es, im Konkurrenzkampf zu siegen. Der Sieger versucht der staatlichen Übermacht und Aufsicht zu entfliehen. Diese Flucht verunsichert die gesellschaftliche Ordnung. Die Krankheit der kapitalistischen Gesellschaft im Westen – die ständig wachsende, unersättliche, allgegenwärtige und autoritäre staatliche Bürokratie – wird wesentlich zu deren Verfall beitragen.

Wenn versucht wird, die industriellen Strukturen des Ostens einzubinden und sie vom Weltmarkt des Westens abhängig zu machen, wird sich die Krise des Kapitalismus im Westen verschärfen. Wenn das aber nicht geschieht, werden die industriellen Strukturen untergehen, es sei denn, es gibt eine Alternative für die Abhängigkeit von diesem Weltmarkt.

Einleitung

Der Kalte Krieg wurde ohne direkten militärischen Konflikt zwischen den Machtblöcken und ohne Sieger beendet. In Moskau fällte das Volk die Entscheidung und keine westliche Siegermacht. Der Glaube, daß totalitäre Staaten und ihr ›Evil Empire‹ nur durch Kriege und militärische Niederlagen enden, hat sich als falsch erwiesen. Sie sind mitten im Frieden zerfallen. Damit verfügen wir nunmehr auch über die historische Erfahrung von Zusammenbruchskrisen totalitärer Staaten, die es gründlich zu betrachten gilt.

Das Ende des östlichen Systems war keine Folge der militärischen Überlegenheit des Westens. Die USA waren übermächtig, wollten aber die totalitären Staaten nicht zerschlagen, sondern sie sich unterordnen.

Durch den Zerfall von Weltmonopolen und weltmonetären Systemen im Westen entwickelt sich eine neue Weltordnung. Die Pläne staatlicher und überstaatlicher Bürokratien, die die Wege zu neuen gesellschaftlichen Strukturen verbauen können, werden scheitern.

Es gibt lange Perioden, in denen die Geschichte still zu stehen scheint und kurze, in denen relativ große Schritte nach vorne getan und neue gesellschaftliche Strukturen entwickelt werden. Das gilt für die politischen Machtstrukturen und die Lage sozialer Klassen. Die ökonomische Basis oder die Produktionsverhältnisse werden sich entsprechend verändern – in einem Prozeß, der viele Jahre dauern wird. In den entwickelten altindustriellen Ländern wird es einfacher sein, die Initiativen für die Welt der Zukunft zu entwickeln als in den Ländern, wo viele Generationen ohne persönliche Freiheit lebten und wo die Mittel für neue Infrastrukturen oder die ›ursprüngliche Kapitalakkumulation‹ fehlen. Die neue Weltordnung kann nicht dirigistisch ›von oben‹ hergestellt werden. Es ist zu hoffen, daß die Möglichkeit für ›Pionierländer‹ nicht durch eine neue imperiale Weltordnung verschlossen wird. Ich bin in dieser Hinsicht optimistisch.

Statt der Herausforderung der totalitären Macht des Ostens sieht sich der Westen nunmehr einer sich vertiefenden deflationistischen Weltkrise gegenüber. Sie hemmt die Zirkulation des Kapitals. Wenn es nicht gelingt, diese zu beleben, wird eine neue Depressionsperiode für den Weltkapitalismus beginnen und eine Strukturkrise, die der der dreißiger Jahre ähnelt, hervorbringen.

Die Lösung der Probleme dieser Strukturkrise wurde in der Sphäre von Geld, Kredit und Währungen gesucht. Hinter diesem Suchen verbirgt sich sowohl eine neue Erscheinung der gehemmten Kapitalakkumulation, wie auch der internationalen Schuldenkrise. Sie ist keine Folge fehlerhafter Kreditpolitik. Ohne ständiges Wachstum der finanziellen Ansprüche der Anlagekapitalisten hätte es keine kapitalistischen Expansionskonjunkturen gegeben. Die Konsolidierung des Weltkapitalismus nach dem Zweiten Weltkrieg brachte die internationale Schuldenkrise hervor. Die derzeitige Krise des internationalen Kredit- und Währungssystems erfüllt die Träger des westlichen Kapitalismus mit tiefem Pessimismus und Zukunftsungewißheit.

Die westliche Gesellschaft hat an physischem Reichtum und Strukturkapital gewonnen. Sie hat begonnen, neue Kapitalanlagefelder durch Vernichtung und Zerstörung von strukturellem Kapital zu finden. Das ist notwendig geworden, um den Weg für Investitionen in den neuen Technologien und technologische Revolutionen freizumachen. Das ist ebenfalls eine neue Erfahrung von großer historischer Bedeutung. Der Kapitalvernichtungsprozeß im Westen wird zusammen mit der deflationistischen Weltkrise vor dem Ende des zweiten Jahrtausends neue gesellschaftliche Entwicklungen erzwingen. Sie werden im Westen beginnen. Aber im Osten und auch in Asien wird versucht werden, eine unabhängige Basis für neue industrielle Strukturen zu finden. Ein schnelles oder vorzeitiges Entstehen einer neuen zentralbürokratischen Diktaturmacht würde die zukunftsträchtigen Möglichkeiten, neue politische Kräfte herauszubilden, vorzeitig ersticken.

Das Chaos im Westen existiert besonders in der Sphäre des Geldes, des internationalen Währungssystems und der ungelösten Schuldenkrise. Das Entstehen neuer monetärer Bürokratien mit ihren eigenen hierarchischen Konstellationen ist ein Versuch, das Währungschaos zu beenden. Die internationale Liquiditätskrise wird die deflationistische Weltkrise verschärfen.

In diesem Zusammenhang denke ich an Gespräche, die ich in den sechziger und siebziger Jahren mit Walter Löwe in London geführt hatte. Er war ein bekannter Historiker, der als Gründer und Ideologe der Miles-Gruppe, die als aktivste linksoppositionelle Anti-Nazi-Organisation in der Frühzeit des ›Dritten Reiches‹ wirkte, eng mit dem Schicksal der deutschen Arbeiterbewegung nach dem Ersten Weltkrieg verbunden war. Er lebte damals als politischer Emigrant, Privatphilosoph und Gründer eines erfolgreichen kapitalistischen Industrieunternehmens in London. Wir waren seit den zwanziger Jahren befreundet und sprachen viel über die neuen Wege der Geschichte, die Zukunft des ›Realsozialismus‹ im Osten und den Wandel des Kapitalismus im Westen. Löwe war von tiefem Pessimismus über die Zukunft der westlichen Demokratie, besonders in Europa, erfüllt. Er erwartete zwar keinen neuen Weltkrieg, aber sah die Demokratie des Westens im Absterben begriffen. Sie werde nicht die Kraft haben, dem Ruf des totalitären staatssozialistischen Ostens zu widerstehen. Er glaubte, daß die kapitalistischen Systeme des Westens sich einem totalitären staatlichen Plansystem nähern und sich der totalitäre Staat im Osten konsolidieren werde. Ich hatte ihm in London mit dem Argument widersprochen, daß die Tendenzen der Konvergenz von Ost und West in die Richtung einer Gesellschaft gehen, die innerlich krank ist und sich selbst zerstört. Sie muß, um den inneren politischen Druck zu mildern, ständig mehr konsumieren als sie zu produzieren in der Lage ist. Wenn sie akkumuliert und sich ökonomisch erholt, verschärft sich die sozialpolitische Krise dieser Gesellschaft. Ich war mir allerdings nicht sicher, ob noch zu Lebzeiten meiner Generation der Zusammenbruch der totalitären Regimes erfolgen würde, auch wenn sie in einer tödlichen Krise steckten.

Die Konvergenz von Ost und West besagt, daß der Westen von den Krankheiten des Osten angesteckt wird und nicht, daß er in Konvergenz gesundet. Löwe war sich der Krankheitserscheinungen des Kapitalismus im Westen bewußt. Er kannte allerdings die viel tiefergehende Krise im Osten nicht. Die Konvergenztheorie gewann in Amerika unter den liberalen Philosophen und Ökonomen sowie unter den Mitgliedern der linksliberalen Intelligenz viel Popularität. Die ›kalten Krieger‹ waren eine Minderheit unter denen, die die öffentliche Meinung in der Presse vertraten.

Zu jener Zeit sagte mir ein junger, erfolgreicher internationaler Banker in Zürich, der als Bankdirektor in der Schweiz in wenigen Jahren ein beträchtliches Privatvermögen angesammelt hatte: ›Die Gesellschaft im staatskapitalistischen Osten wird Geld und Kapitalanlagen und daher auch mich benötigen. Ich werde zwar an persönlicher Freiheit und Unabhängigkeit verlieren und ziehe deswegen das jetzige Leben im Westen vor. Ich hoffe, daß zu meiner Lebenszeit der Westen wie er jetzt ist, mit demokratischer Verfassung, bestehen bleibt. Ich fürchte mich aber nicht vor dem großen Wandel. Ich werde zur Oberklasse in beiden

Gesellschaften gehören… Es wird Herrschende, Ober- und Unterklassen geben. Ich bin mir sicher, ich werde zur Oberklasse gehören. Ich werde ebensoviel Komfort haben wie gegenwärtig als Privatkapitalist. Aber ich werde nicht mehr frei die Gedanken äußern können und keine persönliche Unabhängigkeit haben wie jetzt im Westen.‹

Die Konvergenztheorie war nicht falsch, nur führte die Annäherung nicht in die Richtung einer neuen und stabilen nachkapitalistischen Gesellschaft.

Der Zerfall der Ost-Diktaturen ist ein schwerer Schlag für die Kräfte im Westen, die die Bildung zentralstaatlicher Bürokratien förderten und von ihnen profitierten. In der deflationistischen Weltkrise wird der Einsatz zentralstaatlicher Macht mehr als zuvor benötigt. Gleichzeitig werden deren Vertreter nicht ausreichend von ihr profitieren oder als Teilnehmer an Monopolmacht geschützt werden. Es droht ihnen, in den Bereich der freien Konkurrenz und ›freien Marktwirtschaft‹ gedrängt zu werden, als wenn hier das Reich der Freiheit geschaffen wird.

Die Mauer ist gefallen. Totalitäre Regime im Osten bestehen nicht mehr. Es ist keineswegs sicher, ob sie nicht an anderen Grenzen neu gebildet werden. Aber zunächst entsteht ein Zustand, der alle Möglichkeiten strukturellen Wandels offen läßt. Wer die primitive Erklärung der Ost-West-Konfrontation von ›Kapitalismus – Sozialismus‹ annimmt, vergißt, daß der Kapitalismus sich gewandelt hat, der ›Realsozialismus‹ kein Sozialismus war und kein freier Marktkapitalismus im Westen existierte. Es gab dagegen Tendenzen der Konvergenz, auch wenn sie auf beiden Seiten verneint wurden. Aber die Konvergenz war noch nicht weit genug gediehen, um den Gegensatz zu verwischen. Die demokratischen Rechte und Freiheiten schlummerten im Westen, solange der Rentenkapitalismus auf neuen Wegen des Massenkonsums das Gefühl der sozialen Sicherheit und des Aufstiegs in der Massenkonsumgesellschaft erweckte. Die deflationistische Weltkrise droht nun die sozialen Sicherheitsnetze zu verunsichern und eventuell zu zerstören. Wie tiefgreifend und mit welchem Tempo sich dieser Prozeß vollziehen wird, hängt von Entwicklungen ab, die in Ost und West nicht vorgeprägt sind, aber die Grundtendenz wird eine Wiederbelebung der oben beschriebenen Konvergenz sein, wenn nicht die Möglichkeiten eines strukturellen Wandels der Gesellschaft genutzt werden.

Die Pläne der Eurokratie in Brüssel und der Monekratie in Washington werden den Gang der Geschichte beeinflussen, aber nicht bestimmen. Man kann mit Sicherheit sagen, daß die Welt in fünf Jahren anders sein wird, als die Bürokraten in Brüssel und Washington es planen. Sie konnten die Ära des Inflationismus nicht vermeiden. Sie können den Folgen der deflationistischen Weltkrise nicht entgehen. Die Konvergenz bewährte sich nicht im Zerfall des COMECON. Dort neuer Nationalismus und nationale Autonomie, hier Fall von Zollbarrieren und freier Fluß von Geldkapital. Die Pläne der Eurokratie von Maastricht, eine Einheitswährung und eine Zentralbank zu schaffen, täuschen. Die anglo-französische Allianz wird sich mit den USA verbinden, wenn Deutschland wieder ein Sonderverhältnis mit Rußland entwickeln sollte. Die Frage drängt sich auf: Wird sich die Geschichte der Bürgerkriege und ausländischen Interventionen am Ende des Ersten Weltkrieges wiederholen? Welche Rolle wird Deutschland dabei spielen? Die Europa-Union kann darauf keine Antwort geben. Sie droht zu scheitern.

Tiefer Pessimismus erfüllt die Träger der internationalen Geld- und Kreditsysteme, des internationalen Finanzsystems und diejenigen, die durch die internationale Schuldenkrise leiden oder auch profitieren, als wenn sie ahnen, daß eine kommende Weltwährungsreform mehr Abschreibungen an Anlagewerten unvermeidbar machen wird als an Börsenwerten oder illiquiden Anleihen verloren wurden. Reales Industriekapital geht verloren, wenn es nicht ausgenutzt, überaltert oder nicht konkurrenzfähig ist.

Die militärindustriellen Komplexe werden nach dem Ende des Kalten Krieges nicht mehr benötigt. Das Abschreiben ihrer Anlagewerte ist schmerzlich für die Aktionäre und Kreditoren. Sie haben Anlaß zum Pessimismus. Wir aber können optimistisch sein, denn je mehr abgeschrieben wird, desto besser sind die Aussichten auf Erneuerung und Umgestaltung der wirtschaftlichen Strukturen.

In diesem Zusammenhang sei auf die Weltrolle der USA verwiesen, die sich seit dem Ende des Kalten Krieges grundlegend geändert hat. Die Kontrolle der Welt durch eine Supermacht ist zerbrochen. Wer glaubte, daß versucht werde, diese Rolle zu verteidigen, ignoriert die Tiefe der Krise, in der sich die alte Weltordnung befand. Der Krieg im Mittelosten gegen den Irak war das letzte Hurra der führenden Militärmacht der Welt, die Supermacht bleiben wollte und es nicht bleiben konnte. Militärisch gilt die USA noch als Supermacht; militärische Stärke allein wird jedoch nicht für ein System der Weltkontrolle ausreichen. Die USA wird sich dem Risiko des finanziellen Ruins aussetzen, wenn die Rüstungsausgaben nicht drastisch abgebaut werden. Die Kosten des Interventionskrieges im Irak, der auf begrenztem Raum gegen ein relativ kleines Land mit dem Einsatz eines Großkrieges geführt wurde, wären für die USA exzessiv gewesen, wenn nicht die ›Koalitionspartner‹, besonders Kuweit und Saudi-Arabien, für den größten Teil der amerikanischen Kriegskosten in harten Devisen aufgekommen wären. Die nationale Existenz beider arabischer Länder wurde von den USA gerettet. Ihre Beiträge an die USA werden auf etwa 120 Milliarden Dollar geschätzt. Dieser Betrag kommt den amerikanischen Exporterlösen von fast zweieinhalb Monaten gleich. Die Rolle des Weltpolizisten für harte Devisen lohnt sich, wenn zwei der reichsten Länder der Welt ›geschützt‹ werden. Aber die Erfahrung des Irak-Krieges kann nicht zum Prinzip erhoben werden. Die Position als Supermacht ist nicht mit Militärstärke allein zu verteidigen, weil die Gefahr eines gegenseitigen Vernichtungskrieges zweier Machtzentren nicht mehr besteht. Die alte Weltordnung, die unter der Führung der Siegermacht USA am Ende des Zweiten Weltkrieges etabliert wurde, sollte auf drei Ebenen das Aufkommen neuer Rivalen und Konkurrenzmächte kontrollieren:

1. Auf dem Gebiet Währung und Finanzen: Die internationalen Kapitalflüsse sollten kontrolliert und koordiniert werden. Der Dollar sollte als Weltwährung dem Gold ebenbürtig und die internationale Liquidität der Welt in den USA verankert sein.

2. Dem Internationalen Währungsfonds (IWF) kam als internationale Institution unter der Führung der USA die Aufgabe zu, die Weltwährungsordnung zu beaufsichtigen und den Ausgleich der internationalen Zahlungsbilanz herzustellen. Die Vereinten Nationen, die zum Zeitpunkt ihrer Gründung von den USA dominiert wurden, hatten die nationale Souveränität der einzelnen Nationalstaaten einzuschränken oder eventuell zu ersetzen.

3. Auf militärischem Gebiet wollten die USA durch das Atombombenmonopol ihren Führungsanspruch festigen. Dieses Monopol wurde aber bald durch die Sowjetunion und danach auch von anderen Mächten durchbrochen.

Wichtige Elemente des alten Weltsystems bestehen weiter. Sie können nicht in ein neues System überführt werden, denn es existiert keine neue Supermacht oder eine Koalition von Supermächten mit Plänen zur Weltkontrolle. Deswegen gibt es m.E. durchaus Anlaß zu Optimismus – noch sind vielfältige Möglichkeiten neuer Entwicklungen offen.

I

Es war anders –
1930/32

Die weltpolitische Dominanz der USA begann nach dem
Ersten Weltkrieg. Sie festigte sich während der tiefen Krise
in den frühen dreißiger Jahren. Obwohl auch die USA von
ihr schwer betroffen waren, erfolgte der tiefste Einbruch in
das Wirtschafts- und Sozialsystem in Deutschland. Hier er-
hoffte die Oberklasse die Rettung aus der Krise von den
Vereinigten Staaten.

Als sehr junger Wirtschaftsredakteur einer Tageszeitung
erlebte ich diese Zeit in Berlin. Wie viele andere Zeitgenossen, nicht nur im Lager der radikalen Arbeiterbewegung, sondern auch unter den Unternehmern, die ihre Betriebe wegen Auftragsmangel schließen mußten, glaubte
ich, daß die Endkrise des Kapitalismus begonnen habe. Wir
hatten damals recht und unrecht zugleich.

Die ›Endkrise des Kapitalismus‹ wäre in den frühen
dreißiger Jahren nie beendet worden, wenn das Prinzip
freier Konkurrrenz und Marktwirtschaft sowie privatkapi-
talistischer Initiative gegolten hätte. Nur massives Eingreifen des Staates rettete die meisten Unternehmen und das
Bankensystem. Fast die Hälfte der Arbeiterschaft wäre
ohne die durch staatliche Defizitfinanzierungen gebotene
Nothilfe verhungert. Staatlicher Interventionismus und
Protektionismus wurden benötigt, um das zusammenbre-
chende Bank- und Finanzsystem zu stützen und einen Kol-

laps der gesellschaftlichen Ordnung zu vermeiden. Eine deflationistische Zusammenbruchskrise drohte auf beiden Seiten des Atlantiks. Der Ausweg aus der Arbeitslosenkrise und dem Mangel an Aufträgen für die Industrie wurde nicht vom Marktkapitalismus gefunden, sondern durch den staatlichen Einsatz ›freien‹ Geldkapitals, d. h. budgetärer Defizitfinanzierungen von ›öffentlichen Arbeiten‹, z. B. des New Deal in Amerika, Hitlers strategischem Wegebauprogramm und finanzieller Hilfe für die Banken und Konzerne. Keynes triumphierte, bevor seine Theorien bekannt geworden waren.

Nach der tiefen Krise der dreißiger Jahre ist der alte Marktkapitalismus nie wieder auferstanden. Es hat einen tiefgehenden Wandel des Kapitalismus gegeben. Die Ausdehnung des staatlichen Sektors sollte verhindern, daß wieder ein Zusammenbruch derartigen Ausmaßes erfolgen kann. Eine erneute deflationistische Krise wurde durch den Ausbruch des Zweiten Weltkrieges vereitelt. Er brachte Vollbeschäftigung und Ausnutzung aller Produktionskapazitäten – ein unerreichbarer Zustand im Frieden.

Die durch den Krieg zerstörten Wirtschaftsstrukturen in Europa hatten ein großes Anlagefeld für industrielles Neukapital (und entsprechende Nachfrage nach industriellen Kapitalgütern) eröffnet. Gleichzeitig wurden neue Grundlagen für die Ausdehnung der Produktivkräfte und der Wohlfahrtsansprüche der Gesellschaft geschaffen. Der Staat erweiterte die Konsumkraft der Gesellschaft beträchtlich. Er selbst ist mittlerweile der größte Konsument, in den Industrieländern noch mehr als in den Entwicklungsländern. Er half, Rentenansprüche herzustellen, die kapitalisiert als Neubildung von Kapital erscheinen. Die Sozialversicherung, Pensionskassen, ›institutionelle‹ Anleger von Geldkapital sind die Träger des Rentenkapitalismus geworden.

Im Osten gab es 1930 bis 1933 ebenfalls eine Zusammenbruchskrise, aber hier als Folge des zentralstaatlichen Zwangssystems unter Stalin und der Verzerrung aller planwirtschaftlichen Maßnahmen durch die Staatsbürokratie. Als ich 1930 bis 1932 mehrere Studienreisen durch die Sowjetunion unternahm, konnte ich beobachten, wie durch Wiedereinführung einer kapitalistischen Marktwirtschaft und des Profits für Privatproduzenten (NÖP) versucht wurde, einen Ausweg aus der Krise des Versorgungssystems zu finden. Der Westen war bereits damals angesichts der eigenen Krise nicht in der Lage, als Lehrmeister der Sowjetunion aufzutreten. In der SU andererseits konnten die Krisenprobleme nur durch Wiederbelebung kapitalistischer Privatinitiative und eines Profitsystems gelöst werden.

Die Ära des Inflationismus hatte ein Erbe hinterlassen, das erst in späteren Jahren die Produktionsverhältnisse schwer belastete. Viele Kapitale, die in dieser Zeit real bestanden und ausgedehnt wurden, sollten der Absicherung gegen inflationistische Verluste dienen. Die ›Flucht in die Sachwerte‹ verzerrte das proportionale Wachsen der Produktivkräfte, besonders von langlebigen Kapitalwerten, unabhängig von den Marktbedürfnissen oder der weltwirtschaftlichen Grundlage. Im eigenen Land entstand Fluchtkapital, das dem inflationistischen Risiko zu entweichen sucht – eine Dauererscheinung in unserer Zeit.

Überkapazitäten von Industrien und Kapitalanlagegebieten, auch im Dienstleistungssektor, bildeten sich. Die Flucht in die ›Sachwerte‹ bevorzugte illiquide Anlagen. Das System wurde illiquidisiert. Die Verzerrungen in der Kapitalstruktur erweiterten die Schuldendecke, durch die die Post-Inflationsära in die Ära der Deflation und Stagflation hineingetragen wurde. Die Schuldenbelastung war vielfach größer als in der tiefen Weltwirtschaftskrise der frühen dreißiger Jahre.

Die neue stagflationistische Weltkrise begann anfangs der achtziger Jahre. Erst fast ein ganzes Jahrzehnt später erkannten die Finanzexperten das unverdauliche Erbe der vorausgegangenen schleichenden Inflation: Verschuldung des Staates und im privaten Sektor unerträglich hohe Verpflichtungen für Schulddienstzahlungen.

Der Vorsitzende der Zentralbank der USA (Federal Reserve), Mr. Allan Greenspan, sagte vor dem zuständigen Kongreß-Komitee aus: ›Ich habe noch nie in meinem Leben eine so tiefe Unruhe unter den ökonomischen Experten über den Ausblick der Wirtschaftslage gesehen wie in der jetzigen Zeit.‹ (Dezember 1991) Mr. Greenspan wies darauf hin, daß die Massenarbeitslosigkeit in den USA viel größer sei, als offiziell aus der Statistik hervorgeht (offiziell 7 Prozent, tatsächlich aber – einschließlich der Arbeitslosen, die offiziell nicht oder nicht mehr registriert werden – 9 bis 10 Prozent). Zum ersten Mal in unserer Zeit glaubt die Jugend Amerikas, daß der Lebensstandard ihrer Eltern für sie unerreichbar sein wird. Die Öffentlichkeit erlebt mit Entsetzen, daß die Auslandskonkurrenz vorher unangreifbare Industriekonzerne wie z.B. IBM und General Motors zu tiefen Einschränkungen von Produktion und Beschäftigung zwingt. Die ›Financial Times‹ (24. Dezember 1991) prognostizierte: ›Wir erwarten eine tiefe Depression der Wirtschaft, die bis zum Ende dieser Dekade (Jahr 2000) anhalten wird. Die Arbeitslosigkeit wird nicht das Höchstmaß der Arbeitslosigkeit in den dreißiger Jahren von 25 Prozent erreichen. Aber sie wird zeitweilig über 10 Prozent sein und kritisch hoch bleiben, obwohl die arbeitsfähige Bevölkerung im Schneckentempo zunehmen wird. Die gesellschaftliche Produktion, die 1929 bis 1933 um 30 Prozent gesunken war, wird bis zu 10 Prozent abnehmen und im Lauf der Dekade erneut zunehmen.‹ Die Zeitung beruft sich auf den bereits zitierten Mr. Allan Greenspan: ›Wir leiden an vielen industriellen Fehlanlagen, die in Erwartung ununterbrochener Dauerprosperität der wirtschaftlichen Verhältnisse und ständiger Erweiterung des Weltmarktes unternommen wurden.‹ Das waren Fehleinschätzungen.

Der Krieg im Mittelosten (Irak/Kuweit) verdeckte vorübergehend die Vertrauenskrise und das Hineingleiten in eine deflationistische Krise. Deren Vorzeichen waren bereits sichtbar, als George Bush Präsident der USA wurde

(1989). Eine große Zahl von Arbeitern ist von der deflationistischen Krise bereits vorher erfaßt worden. Das allgemeine Lohnniveau (Kaufkraft) ist in den letzten zwei Dekaden nur wenig oder überhaupt nicht gestiegen. Die unteren Schichten erlebten in den achtziger Jahren einen Niedergang des Reallohnes. Die Wirkung dieses Trends wurde durch die große Zunahme der Beschäftigung von Familienmitgliedern im Haushalt verdeckt, besonders durch die Mehrbeschäftigung von Frauen. Hinzu kam das Ansteigen des mit Kredit finanzierten Verbrauches, die Konsumkredite erreichten einen historischen Höchststand. ›Wir werden den größten Zusammenbruch des Kreditsystems, den wir je gesehen haben, erleben‹ (Financial Times, 23.12.1991). Von inflationistischer Psychologie besessen, wollte der Kapitalanleger von Spar- und Geldkapital eine künftige Inflation vorwegnehmen. Die Verschuldung wuchs schneller als die Abnahme der Kaufkraft des Geldes als Folge des Inflationismus. Im Wettlauf zwischen den beiden ist stets die Schuldenzunahme der Sieger. Deswegen hinterläßt das Erbe der schleichenden Inflation eine hohe Verschuldung mit finanziellen Ansprüchen der Gläubiger, die nicht zu erfüllen sind. Der größte Schuldner, der Staat, beansprucht Priorität bei der Befriedigung seiner finanziellen Bedürfnisse, bevor die Ansprüche anderer Sektoren der Gesellschaft erfüllt werden können.

Die Schuldenexplosion der achtziger Jahre schafft eine für das Finanzsystem unerträgliche Belastung in den neunziger Jahren. Die ›Financial Times‹ glaubt, daß Allan Greenspan nicht imstande sein wird, durch monetäre Politik ›den Lauf der Ereignisse, d. h. die Lage der Wirtschaft entscheidend zu beeinflussen‹. Trotz Meinungsverschiedenheiten über die Weisheit temporärer fiskalischer Stimulierung (des Verbrauches oder der kaufkräftigen Nachfrage nach Waren) sind fast alle ökonomischen Berater der Zentralbank der Meinung, mit staatlichen Maßnahmen gegen die Krise auf dem Gebiet der Konsumfinanzierung eingreifen zu müssen. Wie in den frühen dreißiger Jahren wird die neue Weltkrise des Kapitalismus für das politische System tödlich sein, wenn nicht staatlicher Interventionismus in großem Ausmaß erfolgt. Damit wird ein Wandel des Kapitalismus beschleunigt, der mit dem Wesen des Kapitalismus im Widerspruch steht.

II

Stagflation – Grundtendenzen gesellschaftlicher Entwicklung

Die Begriffe von Ware und Kapital verändern sich im Finanzkapitalismus in einer Weise, die zumeist ignoriert wird. Perioden rapiden Wachsens finanzkapitalistischen Reichtums und des Wohlstandes in kapitalistischen Gesellschaften werden gefolgt von Perioden deflationistischer Krisen. Wir können mehrere Perioden ›der relativen Stabilisierung‹ des Weltkapitalismus registrieren, denen tiefe Krisen folgten, die stärker die Geld- und Kreditmarktverhältnisse sowie die Zirkulation von Industriekapital betrafen als unmittelbar die Produktionsverhältnisse.

Blütezeiten des Finanzkapitalismus gab es in den zwanziger Jahren, dann erneut in den siebziger Jahren bis in die frühen achtziger Jahre hinein, stets gefolgt von Krisen der Geld- und Währungssysteme, die die Zirkulationssphäre des Kapitals trafen und zu einem deflationistischen Schrumpfen der vorher inflationistisch aufgeblähten finanzkapitalistischen Ansprüche führten. Das Finanzkapital benutzt die Zirkulationssphäre des Geldes als eine Art Flucht in die Sicherheit der Anlage. Im Ergebnis bilden sich große Massen von Geldkapital, das sich aus der Zirkulation des Kapitals zurückzieht. Der Leser wird auf diese Erscheinung noch an anderer Stelle hingewiesen werden.

Die Flucht in die Rente ist nur gerechtfertigt, wenn sie durch monopolistische Sicherung zukünftiger Gewinne oder Geldeinkommen fundiert ist. Aber die Monopole sind eine unsichere Basis für das Finanzkapital, wenn sie nicht staatlich gesichert sind. Die großen Monopole oder Oligopole, die nicht vollständig die Konkurrenz ausschalten können, vermögen die Sicherheit, die der Finanzkapitalismus erwartet, nicht zu gewähren, weil sie ständig durch neue Konkurrenz aufgelöst wird. Der Aufstieg des japanischen Industrie- und Finanzkapitalismus z.B. beruht auf der Fähigkeit, die alten industriekapitalistischen Monopole von Europa und den USA aufzubrechen. Neue Technologien dienen dem erfolgreichen Konkurrenzkampf gegen die alten Industriemonopole des amerikanischen und zum Teil auch europäischen Industriekapitalismus. Damit wird die Verrentung des Kapitalismus gefährdet. Er wehrt sich dagegen durch staatlichen Protektionismus und regionale Blockbildungen in Europa, Amerika und im Fernen Osten.

Mit der Flucht des Finanzkapitals in die Zirkulationssphäre wird die Tendenz gestärkt, eine erweiterte innere Marktbasis herzustellen. Es gibt mehr Möglichkeiten für Investitionen, die die Konsumbedürfnisse des Rentenkapitalismus erweitern. Der innere Markt wird sich schneller als der ›Weltmarkt‹ ausdehnen, obwohl er ein Teil des Weltmarktes bleibt. Das wird eine Grundtendenz, die die Struktur des Weltkapitalismus verändert, und wenn sie anhält, die Bildung neuer Gesellschaftsstrukturen begünstigen würde.

Der Wandel wird durch die Rolle der Rente im Leben der Menschen im Spätkapitalismus beschleunigt, als wenn die fehlende Sicherheit der Einkommen der proletarischen Massen, wie auch der kapitalistischen Oberklassen durch die Rente hergestellt werden kann. Damit gewinnt der Zins eine entscheidende Bedeutung für die Wertbegriffe der Gesellschaft.

Der Zins ist ein Teil des gesellschaftlichen Profits, der dem Geldkapitalisten zukommt. Wenn der Zins steigt, sinkt der Profit für den Unternehmerkapitalisten. Für ihn ist die allgemeine Profitrate ein abstrakter Begriff. Der Begriff der gesellschaftlichen Profitrate wird falsch angewandt, wenn nicht der Tribut, der dem Staat gezahlt wird (Steuern) und der Zins, als Teil des gesellschaftlichen Profits angesehen wird.

Die Prioritäten bei der Verteilung des Mehrwerts, der von den Arbeitern produziert wird, spiegelt die inneren Machtverhältnisse wider. Die erste Priorität gehört dem Staat oder seinen Ansprüchen. Es folgt die des Zinsanspruches der kapitalistischen Gläubiger und der Managerklasse. In der letzten Reihe der Prioritäten befindet sich der Aktionär, auch wenn er formell als Besitzer des Unternehmens gilt.

Die staatliche Macht kann sich bei Lohnkämpfen auf seiten der Unternehmer befinden, aber den Unternehmern steht der Staat als eine Art Ausbeuter gegenüber. Der Staat expropriiert mehr Profit des Unternehmens als der Unternehmer selbst. Der Unternehmer befindet sich quasi zwischen zwei Mühlsteinen – zwischen dem Staat und den Beschäftigten, die höhere Löhne verlangen. Die Profitrate täuscht, wenn der Unternehmergewinn allein als Profit angesehen wird. Die Abgaben an den Staat, die oft versteckten Abschreibungen und der Großteil der ›Managergehälter‹ müssen hinzugezählt werden. Das ist von großer praktischer Bedeutung. Die Kapitalflüsse der Welt werden von Ländern oder Regionen mit niedrigen Steuern stärker angezogen, als von niedrigen Löhnen in kapitalintensiven Industrien. In den alten Industrieländern kann der Staat jedoch nicht auf relativ hohe Steuerzahlungen der Unternehmer verzichten. Infolgedessen ist die Staatsquote 30 bis 50 Prozent, d.h. 50 bis 100 Prozent höher als in den Entwicklungsländern. Bei Vergleichen der budgetären Defizite in den USA, Westeuropa oder Japan wird zumeist vergessen, daß die Steuersysteme unterschiedlich sind. So hat die Regierung in Washington keine Einnahmen aus Umsatz- oder Verkaufssteuern. Es ist also möglich, daß die Regierung derartige Steuern erhebt, um das budgetäre Defizit zu verringern.

Eine Klarstellung des Begriffes der Profitrate ist notwendig. Sie wird zumeist mit der Zinsrate verwechselt. Es ist einfach, die Profitrate zu berechnen, wenn man die Größe des Kapitals und des Profites kennt. Die Profitrate des Unternehmers, wie sie allgemein berechnet wird, ist nicht die Profitrate bei Karl Marx. Bei ihm gibt es den Begriff der gesellschaftlich durchschnittlichen Profitrate und des gesellschaftlichen Mehrwertes, der von den Arbeitern als gesellschaftlicher Profit produziert wird. Diese Profitrate ist ein abstrakter Begriff. Die Größe des Kapitals, auf die sich der Profit oder Zins bezieht, ist nicht das Realkapital von Karl Marx, noch das der klassischen Ökonomen Adam Smith und David Ricardo.

Das Finanzkapital macht es möglich, das Realkapital zu mystifizieren und die Mystifikation zur Realität werden zu lassen. Der Begriff wird real, wenn er einen erfüllbaren Anspruch auf stabilen Profit oder Zins darstellt. Er ist nicht ›real‹ (auch wenn er real besteht), wenn der Anspruch nicht erfüllbar ist. Der Rentenkapitalist muß glauben, daß der Besitz von Kapital den Besitzer von Anlagekapital verpflichtet, den Anspruch auf Teilnahme am Profit (Zins) zu erfüllen. Diese Ansprüche des Finanzkapitalisten konkurrieren mit denen anderer Leihkapitalisten und des Staates. Die Prioritäten bestimmen, welche Kategorien von Ansprüchen zuerst und zuletzt erfüllt werden müssen. Die gesellschaftlich durchschnittliche Profitrate kann niedrig sein, aber hoch für den privilegierten Kapitalisten, wenn er als Monopolist oder Oligopolist die Marktpreise hochhält. Die höchste Priorität hat stets der Staatskapitalist. Die Profitrate wird steigen, wenn die Kapitalbasis, zumeist ein Ergebnis des Computers, niedrig gehalten wird.

Das wirksamste Mittel der Steigerung der Profitrate im entwickelten Finanzkapitalismus ist nicht das Sparen an Löhnen, sondern das Herabsetzen der Kapitalbasis, auf die sich der Profit bezieht. Das geschieht durch Steigen der Zinsrate oder durch das Abschreiben des Wertes von Anlagekapital. Obige Ausführungen erklären, warum die

Schuldenkrise zu einer allgemeinen Krise der kapitalistischen Gesellschaft geworden ist. Sie wird durch die Bereitschaft von Banken, mehr Kredite zu gewähren oder durch die Stundung von Krediten nicht gelöst werden, denn dies wird die übersteigerten Ansprüche auf ›Profit‹ nicht verringern. Der Gläubiger muß mit den Ansprüchen anderer Teilhaber am Gesamtprofit konkurrieren. Die durchschnittliche Profitrate kann relativ hoch und die Profitrate des kapitalistischen Unternehmens relativ niedrig sein, wenn der staatliche Anteil (Steuern und andere Abgaben) als Teil des gesellschaftlichen Gesamtprofits angesehen wird. In diesem Falle ist die Profitrate, nach Abzug der Abgabe an den Staat, niedrig und eventuell negativ. Der Privatkapitalist wird derartige Kapitalanlagen möglichst vermeiden, während für den Staatskapitalismus die Anlage profitabel ist.

Das Bestehen von steuerlichen Vorteilen oder der Vorteil niedriger Löhne wird in vielen Ländern durch die hohen Tribute, die an den Staat gezahlt werden müssen, überkompensiert. In den USA z.B. hatte die Einkommensteuer vor der ›Reagan-Revolution‹ einen größeren Anteil am Steueraufkommen als in Westeuropa und Japan. Jetzt ist die Steuerlast der kapitalistischen Anlagegesellschaft in Westeuropa und Japan höher als in den USA. Dies begünstigt die Verwertungsbedingungen für das Industriekapital in den Vereinigten Staaten. Im allgemeinen Wandel des Kapitalismus ist es gelungen, finanzielle Ansprüche als eine Verschuldung der kapitalistischen Gesellschaft erscheinen zu lassen. Die Zahlung der Rente ersetzt das Einkommen, das von den Marktverhältnissen bestimmt wird. Das Versprechen finanzieller Sicherheit kann den Kapitalisten gewährt werden, wenn sich die Profit- in Rentenansprüche verwandeln lassen. Die Zahlung einer Rente in Form von Zinsen vermindert den ›Netto-Profit‹ des kapitalistischen Unternehmens, dessen Höhe von den Marktverhältnissen bestimmt wird. Mit dem Anspruch auf feste Zins- oder Rentenzahlungen glaubt der kapitalistische Anleger, sich von den Ungewißheiten des Marktes oder der Konkurrenzverhältnisse befreit zu haben.

Als Grundtendenzen im Finanzkapitalismus unserer Zeit werden Rentenansprüche als Schulden des Systems erscheinen. Sie stellen versteckte Profitansprüche dar, für die die Ungewißheiten des Marktes und allgemein des Konkurrenzkampfes ausgeschaltet worden sind. Zunehmend entstehen soziale Klassen, die mit Pensionsrechten und Rentenzusicherungen Prioritätsansprüche auf den gesellschaftlichen Profit anmelden, unabhängig vom Ergebnis des Konkurrenzkampfes und den Marktverhältnissen oder der Realisierung von Warenwerten als Geldkapital. Dadurch entsteht eine Bevorzugung unproduktiver Kapitalanlagen.

Der Arbeiter unterliegt ebenfalls nicht mehr den Ungewißheiten eines Proletariers, wenn er durch Sozialversicherung oder Pensionsrechte, d. h. durch die Rente, gesichert erscheint. Mit dem Versprechen der Rente hat das System allen sozialen Klassen eine ökonomische Sicherheit gewährt, obwohl dies im Widerspruch zum Wesen des Kapitalismus steht, d. h. einer Marktwirtschaft mit Marktkonkurrenz und Waren, deren Preise durch den Konkurrenzkampf festgestellt werden.

Die kapitalistische Gesellschaft muß auf dem Gebiet der Zirkulation des Kapitals, in der Geldsphäre, Sicherheit suchen. Geld ist aber nur eine Zirkulationsphase für das Industriekapital, der Anfang und das Ende der Zirkulation von Kapital. So entstehen im Finanzkapitalismus ständig falsche Werte, die revidiert werden müssen.

Ein neuartiger Konkurrenzkampf beginnt – international. Er soll entscheiden, wem der ›Schwarze Peter‹ zugeschoben werden, d. h. wer die Abschreibungsverluste tragen soll. In diesem internationalen Konkurrenzkampf hat sich erwiesen, daß Japan in einer stärkeren Position ist als die USA.

Dewegen hat die stagflationistische Weltkrise, die wir jetzt erleben, einen anderen Charakter als die Krise der frühen dreißiger Jahre. Dennoch sind beide durch eine fast unsichtbare Kette miteinander verbunden. Das Abschreiben finanzkapitalistischer Anlagewerte hat begonnen, kann aber nicht drastisch genug ausgeführt werden. Die Mittel für die Belebung der Konjunktur sind Abschreibungen und Zinssenkungen, die auf der Kapitalisierung erwarteter zukünftiger Rentenzahlungen beruhen. Dann wird der finanzielle Wohlstand wachsen, ohne daß neue produktive Kapitalwerte eingesetzt oder hergestellt werden. Denn die Kapitalwerte beruhen auf finanziellen Ansprüchen, die kapitalisiert worden sind.

Der Anspruch auf soziale Sicherheit soll das Risiko, im Konkurrenzkampf unterzugehen oder Sozialstatus zu verlieren, verringern und helfen, finanzielle Sicherheit zu gewinnen. Die Versprechen können letztlich nur erfüllt werden, wenn der Kapitalismus aufhört, Kapitalismus zu sein.

Die stagflationistische Weltkrise wird in vielen Ländern die Grundlagen des Finanzkapitalismus erschüttern. Es gibt aber auch andere Tendenzen und es ist ungewiß, welche sich durchsetzen werden.

Der Kampf um einen größeren Anteil an den Weltmärkten und die Abhängigkeit von ihnen bildet weiterhin ein zentrales Element des Finanzkapitalismus, aber diese Abhängigkeit wird sich vermindern, wenn die anderen oben beschriebenen Tendenzen des Finanzkapitalismus vorherrschen.

Die Krisenprobleme sind im Realsozialismus an der Oberfläche anders erschienen als im Westen. Die Erneuerung oder der Wiederaufbau industrieller Strukturen in den Ländern der ehemaligen Sowjetunion kann nur erfolgreich sein, wenn dabei berücksichtigt wird, inwieweit sich die Strukturen des westlichen Kapitalismus innerhalb der Weltwirtschaft gewandelt haben. Unter Stalin wurde eine industrielle Gesellschaft geschaffen, die die industriellen Strukturen des westlichen Kapitalismus zu kopieren versuchte. Einige Entwicklungsländer haben versucht, diesem ›Modell‹ zu folgen. Aber im Wettlauf um Anteile an den

Weltmärkten sind sie Verlierer, denn die westlichen Industrieländer haben das Modell des Industrialismus, dessen Struktur durch die industrielle Revolution des 19. Jahrhunderts geprägt wurde, aufgegeben. Neue Strukturen sind im Werden begriffen. Es ist nicht möglich, daß Industrie- und Entwicklungsländer sich alle zugleich an die Spitze der internationalen Arbeitsteilung stellen. Neue industrielle Revolutionen ermöglichen es, nicht nur die Produktivität der Arbeit zu steigern, sondern auch industrielle Strukturen zu bilden, die nicht mehr eine vertikale internationale Arbeitsteilung benötigen. Sie können die inneren Konsumbedürfnisse aller Länder als Grundlage für neue industrielle Strukturen fördern.

Im Finanzkapitalismus des frühen 20. Jahrhunderts überschnitt das Monopol und die Kontrolle der Kapitalflüsse der Welt die privilegierte Stellung in der internationalen Arbeitsteilung der Industrieländer Westeuropas und z.T. der USA. Aber im Finanzkapitalismus, mit der Verrentung des Kapitalismus, beginnen neue Tendenzen der Auflösung der internationalen Arbeitsteilung. Die alten schwerindustriellen Strukturen sind im Vergehen. Eine neue Konkurrenz von Maschine gegen Maschine hat begonnen. Der Einsatz von fixem Maschinenkapital wird abnehmen, wenn die Maschine wirksamer und billiger wird. Das Endprodukt kann vom Maschinenautomaten in einem Stück, in einem Prozeß hergestellt werden. Kostspielige Arbeits- und Transportwege bleiben erspart. Es wird möglich sein, vom Prinzip der Massen-Serienproduktion abzugehen. Individuelle Bedürfnisse können ohne Verlust von Produktivität durch kleine Serien- statt Massenproduktion berücksichtigt werden. Damit eröffnet sich die Möglichkeit einer Auflösung der Massenproduktions-Gesellschaft wie auch der Zentralisation und Konzentration im Leben der Menschen.

Der Konkurrenzkampf zwischen Maschine und menschlicher Arbeitskraft, ein ökonomisches Gesetz in der ersten Entwicklungsphase des Industriekapitalismus (Karl Marx), wird zunehmend von der Konkurrenz durch die Maschine, die produktiver ist als die, die ersetzt wird, verdrängt. Je mehr das fixe Anlagekapital zunimmt, um so wichtiger wird die Konkurrenz von Maschine gegen Maschine. Damit wird die Tendenz des Falles der durchschnittlichen Profitrate (Karl Marx) zunehmend aufgehalten und eventuell aufgehoben, weil die Abwertungsverluste zunehmen. Das von Marx nachgewiesene Entwicklungsgesetz des tendenziellen Falles der durchschnittlichen Profitrate ist revisionsbedürftig. Der Fall wird zunehmend aufgehalten. Die Profitrate mag steigen, dennoch beginnt damit keine Aufstiegsphase für den Kapitalismus. Das disproportionale Wachsen der unproduktiven Ausgaben des Staates überkompensiert das tendenzielle Wachsen des gesellschaftlichen Profits und das erfolgreiche Aufhalten des Falles der Profitrate. Die Zunahme des gesellschaftlichen Gesamtprofits hat die Tendenz, durch die Zunahme unproduktiver Ausgaben, besonders des Staates, die zu monetären Krisen führen, kompensiert oder überkompensiert zu werden.

Wem das utopisch erscheint, der denke an die Vorstellungen, die der Mensch des 19. Jahrhunderts gehabt hätte, wenn er die Ergebnisse der elektronisierten Industriegesellschaft von heute erleben würde. Das wichtigste Ergebnis des kapitalistischen Industrialismus besteht darin, daß er die Mittel hervorbrachte, mit denen völlig neue gesellschaftliche Wirtschaftsstrukturen geschaffen werden können, gewissermaßen ›auf Bestellung‹.

Deswegen können die übervölkerten unterentwickelten Länder nicht ausreichend mit den Industrieländern durch niedrige Löhne konkurrieren. Damit werden sie in lohnintensiven Industrien konkurrenzfähig, aber nicht in vollautomatisierten Fabriken, wo der Rohstoff bis zum Fertigprodukt automatisch bearbeitet wird und wo relativ billig, mit Hilfe der Elektronik, das Prinzip der Massenproduktion durch Herstellung in kleinen Serien verdrängt wird. Das ist in lohnintensiven Industrien nicht möglich.

Ein neues Verständnis ist für das zukünftige Verhältnis der Industriegesellschaften des Westens zu den Entwicklungsländern wie auch den Ländern des früheren Staatssozialismus notwendig. Im Vordergrund steht nicht ökonomische Hilfe oder die Versorgung mit Konsumgütern, Produktionsmitteln und technischem ›Know-how‹. Die Lieferung von Planungsmodellen und technischen Produktionsmitteln an diese Länder ist zumeist Vergeudung von Kapital. Sie können nicht verwendet werden – weniger aus mangelndem technischen Wissen oder wegen ungünstiger sozialer Verhältnisse, sondern weil realistische Zielsetzungen für die zukünftige Industriestruktur fehlen.

Versuche, auf den Weltmärkten zu konkurrieren, werden scheitern, wenn viele Konkurrenten wetteifern. Wenn aber die neuen Kapitalanlagen nur die Bedürfnisse des Binnenmarktes befriedigen, werden die Mittel fehlen, mit denen die Ansprüche ausländischer Kapitalanleger erfüllt werden können. Dieser Widerspruch wird weitere Rückschläge im Verhältnis der Westländer zu den Entwicklungsländern hervorrufen. Sie können den Aufstieg des Industrialismus im Westen nicht kopieren, ohne in die letzte Krisenphase des westlichen Kapitalismus und dabei auf die Verliererseite zu geraten. Eine neue Art von staatlichem Protektionismus wird Konkurrenz unter den industriellen Kapitalisten begünstigen. Kapital- und technische Hilfe wird nur dann ›produktiv‹ sein, wenn in den Entwicklungsländern selber die inneren Grundlagen für neue wirtschaftliche Strukturen entstehen.

Das Modell einer internationalen Ordnung, die von einer Supermacht kontrolliert wird, steht im Gegensatz zu den Modellen neuer industrieller und sozialer Strukturen, die die Abhängigkeiten von der Weltwirtschaft vermindern und letztlich aufheben. Deswegen muß die Auflösung der alten internationalen Ordnung als Fortschritt angesehen werden, obwohl Politiker im Westen, die die alte Rolle einer Supermacht als notwendig für den Weltfrieden ansehen, glauben, daß ohne Erhaltung der internationalen Ar-

beitsteilung der Weltfrieden gefährdet sein wird. Das Gegenteil ist der Fall. Die Kontrolle der Welt durch eine Supermacht hat stets auf tönernen Füßen gestanden.

Rückblickend erscheint der Zweite Weltkrieg als eine Fortsetzung der tiefen Zusammenbruchskrise des alten Marktkapitalismus in den frühen dreißiger Jahren. Er hatte einen großen Teil der industriellen Strukturen von Westeuropa und Japan zerstört. Für den Kapitalismus erwies sich diese Tragödie als Glück im Unglück, denn die Zerstörungen eröffneten ein Anlagefeld für neues Strukturkapital. Der Finanzkapitalismus der Vereinigten Staaten kann keine neuen Anlagefelder im fernen Afrika oder in der Antarktis eröffnen. Die Zerstörungen des Zweiten Weltkrieges schufen so die Grundlage für eine Vollbeschäftigungsperiode der amerikanischen Industrie während fast zweier Dekaden. Westeuropa, insbesondere Deutschland, und Japan konnten ihre neuen industriellen Strukturen auf der Basis der fortgeschrittensten Technologien aufbauen. Die Kriege in Vietnam, Korea und dann im Mittleren Osten halfen später, den inneren und äußeren Markt für Kapital- und Konsumgüter zu erweitern. Es folgte eine Ära des Inflationismus. Als dieser sich zu beschleunigen, bzw. zu galoppieren begann und die inflationistische Psychologie den Übergang zu unkontrollierbarer Inflation und zur Zerstörung der Währung vorwegnahm, wurde ihm Einhalt geboten. Die deflationistische Weltkrise begann.

Der prominente amerikanische Ökonom James Tobin, ein ›Neo-Keynesianer‹, sagte Anfang der achtziger Jahre prophetisch voraus: ›Nach mehreren Jahren von monetärem Deflationismus wird unsere Wirtschaft unter zunehmender Arbeitslosigkeit und Überkapazitäten leiden, mehr als in den fünfziger, sechziger und siebziger Jahren … Rezession und Stagnation werden den staatlichen Ausgabensektor belasten … Die Infra-Strukturen, z.B. Straßen und Wege, die Abwassersysteme, Parkanlagen und Wälder, die Schulsysteme werden zunehmend Not leiden. Vor allem wird das menschliche Arbeitskapital (durch Arbeitslosigkeit) vergeudet werden... Die Produktivkräfte und Konkurrenzfähigkeit des amerikanischen Kapitalismus werden abnehmen.‹ Dann fügte er, als ob er die Entwicklungen der neunziger Jahre kannte, hinzu: ›Persönliche und Gesellschaftsbankrotte werden sich epidemisch ausbreiten. Die Nation wird lange auf die ‚Reorganisation' ihrer Verschuldung warten müssen. Die Kettenreaktionen werden Banken, andere Finanzinstitute und Kreditoren in die Krise hineinziehen. Wer verschuldet ist und seine Schulden aus Lohneinkommen oder realisierten Gewinnen abzahlen muß, wird sich in einer Notlage befinden. Lohneinkommen können ausbleiben oder abnehmen, Gewinne nicht realisiert werden. Dieser Zustand wird eintreten, wenn der Inflationismus plötzlich endet... Ähnliche Folgen werden bei den überschuldeten lokalen Regierungen, die hoch verzinsliche Anleihen bedienen müssen, eintreten.‹

Die Neo-Keynesianer in den USA beklagen die hohen gesellschaftlichen Kosten der Politik des Deflationismus und wenden sich gegen die konservativen Politiker, die die staatliche Verantwortung für das Schicksal des gesellschaftlichen Kapitals, insbesondere der menschlichen Arbeitskraft, bestreiten. Sie sind in dem falschen Glauben, daß der Automatismus des Konjunkturzyklus die Krisenlage beheben werde. Diese Haltung verhindert aber nicht, daß der Staat zugunsten von Banken und Großunternehmen, deren Erhalt als ‚lebensnotwendig' für das System gilt, interveniert.

In diesem Zusammenhang sei darauf verwiesen, daß in den sechziger und siebziger Jahren die Neo-Keynesianer verkündeten, daß mit monetärer Politik der Zustand der Vollbeschäftigung als Dauerzustand erreicht werden könne und daß der Glaube von Karl Marx, daß der Industriekapitalismus eine ›industrielle Reservearmee‹ benötige, überholt sei. Diese Theorie wird angesichts neuer Massenarbeitslosigkeit als Dauerzustand revidiert. Die Massenarbeitslosigkeit ist nicht nur ›strukturell‹, als Folge technologischer Umstellungen, z.B. durch Rückgang des

Bergbaus, sie ist eine Systemerscheinung. Ich berufe mich erneut auf Tobin: ›Seit dem Zweiten Weltkrieg haben wir die pragmatische Verbindung zwischen Kapitalismus und Demokratie in Nordamerika, Westeuropa und Japan erlebt und spektakulär die Urteile von Marx und anderen Gegnern des Kapitalismus zurückgewiesen. Es wird ironisch und vielleicht fatal sein, wenn wir jetzt eingestehen müssen, daß unser System ohne eine industrielle Reservearmee nicht bestehen kann.‹

Tobin hat auf die historische Erfahrung in den Vereinigten Staaten hingewiesen, daß militärische Konflikte und die Steigerung von Rüstungsausgaben notwendig waren, um den Zustand der Vollbeschäftigung zu erreichen. Er führte ein neues Konjunkturbarometer ein (›NAIRU‹, ›Non-Accellerating Inflation Rate of Unemployment‹ oder ›Rate der Dauerarbeitslosigkeit bei schleichender Inflation‹).

Die historischen Entwicklungen in den USA haben seit der Ausdehnung des Krieges in Vietnam im Jahre 1966 bis zur Revolution im Iran zu einer relativ hohen Inflationsrate geführt. Die monetäre Politik, den Inflationismus zu zähmen und zu besiegen, erzeugte ein relativ hohes Niveau von Massenarbeitslosigkeit. In der Friedensperiode nach dem Krieg in Korea bis zum Krieg in Vietnam stieg die Arbeitslosigkeit in den USA beträchtlich. Das Zunehmen der Arbeitslosigkeit in der ›Ära des Deflationismus‹ wird ein ›Normalzustand‹ werden. Der oben zitierte Tobin beklagt, daß während der Ära des Deflationismus ein Stand der Arbeitslosigkeit von über 5 Prozent ›normal‹ sein wird (in der Zeit vor dem Korea-Krieg 1952 etwa 3 Prozent).

In einer internen Debatte unter den ökonomischen Ratgebern der amerikanischen Präsidenten Johnson und Reagan wurden die Gewerkschaften beschuldigt, sich als Monopolmacht den ›Gesetzen des Marktes‹ zu widersetzen und für das hartnäckige Bestehen von Massenarbeitslosigkeit oder den Zustand der Stagflation verantwortlich zu sein. Massenarbeitslosigkeit (›die industrielle Reservearmee‹) muß als ›normale‹ Erscheinung in den Industrieländern des Westens angesehen werden. ›Die kommende (konjunkturelle) Erholungsphase des Kapitalismus (in den Industrieländern) wird den entscheidenden Test der ‚neokeynesianischen' Theorien in der zweiten Hälfte des 20. Jahrhunderts bringen. Die Theorie, daß der Inflationismus im Verhalten unserer (kapitalistischen) Wirtschaft strukturell enthalten ist, wird getestet werden. Wenn diese Theorie richtig ist, wird der Inflationismus wieder erscheinen, sobald eine Besserung der Wirtschaftslage eintritt. Lange vor dem Erreichen des Zustandes der Vollbeschäftigung wird Inflationismus von zeitweilig über 10 Prozent wieder eintreten. Das kostspielige Experiment des Anti-Inflationismus der achtziger Jahre wird vergeblich gewesen sein …‹

Deswegen vermerkt der amerikanische Sozialwissenschaftler Tobin, daß in Zukunft Inflationismus und Deflationismus gleichzeitig erscheinen werden, weil das Zurückweichen des Inflationismus mit den Waffen deflationistischer Politik und der Einschränkung der inflationistischen Geldschöpfung erreicht wird. Als Ergebnis wird der Inflationismus zurückgehen, aber nicht weit genug, um den Nullpunkt zu erreichen oder unter den Nullpunkt zu sinken, also eine absolute Abnahme des Niveaus der Marktpreise. Dieser beschränkte oder verkrüppelte Deflationismus reicht aber nicht aus, eine Rückwärtsbewegung des Preisniveaus zu erreichen. Das Steigen des Preisniveaus wird ›schleichend‹ statt galoppierend sein. Entsprechend nachhaltig sind die Auswirkungen bei Stagflation auf Beschäftigung und Produktion. Die USA wird von der deflationistischen Krise früher und schärfer getroffen werden als die Bundesrepublik Deutschland. Die Krise der Produktions- und Marktverhältnisse wird überschattet von der Krise der inflationistisch aufgeblähten finanzkapitalistischen Ansprüche. Vergeblich versuchte die ›Federal Reserve‹, mit der Waffe der Zinspolitik den Einsatz des Geldkapitals für neue Investitionen zu erzwingen. Einer der besten Kenner der Wirtschafts- und Finanzlage in den USA und professioneller Berater von kapitalistischen Investoren seit vielen Jahren, hat geschrieben: ›Zinssatzsenkungen werden die ökonomische Krise nicht aufhalten ... Die Depression wird länger dauern, als allgemein erwartet wird ... Mr. Bush (Präsident der USA) und Mr. Greenspan wollen nicht gestehen, daß sie nicht im geringsten wissen, was der Wirtschaft des eigenen Landes bevorsteht und wie hilflos sie in der Wirtschaftspolitik sind ... Sie wollen nicht erkennen, daß sie nur den ersten Abschnitt der zweiten weltweiten Krise dieses Jahrhunderts erleben.‹

In gleichem Sinne argumentierte die beste Wochenschrift Amerikas auf dem Gebiete von Wirtschaft und Finanzen (›Business Week‹): ›Es ist keineswegs gewiß, daß die normale keynesianische Stimulierung der Wirtschaft, selbst wenn vorsichtig angewandt, wirksam sein wird. Gewöhnlich kann am Tiefpunkt des Konjunkturzyklus genug Kaufkraft (durch die Regierung oder die Zentralbank) den Konsumenten zugänglich gemacht werden. Dadurch können die überschüssigen Warenlager entleert und neue Produktion belebt werden. Aber dieses Mal ist das Problem zu viel Verschuldung und zu wenig Kaufkraft für Konsumgüter, vor allem von langfristigen Waren, deren Kauf zumeist mit Absatzkrediten finanziert wird. Der Verfall der Anlagewerte auf dem Gebiete des Häusermarktes hat die Kapitalanlagen entwertet. Die Schulden aber verhindern ausreichende Abschreibungen der Verluste.‹

Die Reorganisierung der Verschuldung in den USA hinterläßt finanzielle Forderungen, die nicht erfüllt werden können. Der verfallende Wert der Kapitalanlagen kann nicht ausreichend abgeschrieben werden. Viele Industrieunternehmen sind überschuldet, erklären aber keinen Bankrott, weil die Gläubiger die Verluste nicht abschreiben wollen. Neues Anlagekapital wird nicht ausreichend verfügbar sein. Die Verwertungsbedingungen für Anlagekapital sind ungünstig. Produktionseinschränkungen und Arbeitslosigkeit nehmen zu. Wer noch beschäftigt ist, befürchtet, entlassen zu werden. Das gilt besonders für die meisten Mitglieder der Manager-Klassen. Sie alle fühlen, daß sie auf einer Schuldenlast sitzen, die nicht ohne weitere drastische Einschränkung der Produktionskosten ›bedient‹ werden kann. Sie bereiten sich auf die Folgen durch Einschränkung der persönlichen Haushaltsausgaben vor. Gleichzeitig verschärft sich die Haushaltskrise des Staates. Das steuerliche Aufkommen wird in der Zeit einer deflationistischen Weltkrise abnehmen oder jedenfalls nicht die Planziffern erreichen. Die Ausgabenerfordernisse des Staates werden aber zunehmen. Im Jahre 1992/93 wird das budgetäre Defizit der USA nach neuen Schätzungen 350 Milliarden Dollar jährlich (ursprünglich 150 Milliarden, dann 250 Milliarden) überschreiten. Die traditionelle (keynesianische) Methode, durch zusätzliche staatliche Defizitfinanzierungen von mindestens 0,5 Prozent des Marktwertes der gesellschaftlichen jährlichen Produktion entgegenzutreten, ist nicht wirksam… Das Paradox der Politik besteht darin, daß Bemühungen, durch Kreditaufnahmen den Konsum der Gesellschaft zu stimulieren, die Wirtschaft kurzfristig anregen würden, daß aber damit die Bedingungen wieder entstehen, die die Rezession verursacht hatten, eine unerträgliche Zunahme neuer Verschuldung… Maßnahmen, die Bildung von Sparkapital anzuregen, werden, auch wenn nützlich, auf längere Sicht die Absatzkrise verschärfen. Die meisten Wirtschaftsberater in Washington argumentieren, daß es das Beste sei, dies nicht zu tun. Sie befürchten, daß die Gesundungskur den Zustand des Patienten verschlechtern wird…

Der verstorbene Arthur Burns, gut bekannt in Deutschland als Ex-Botschafter der USA in Bonn, vormals amerikanischer Zentralbanker, Spezialist für den Krisenzyklus des Weltkapitalismus, hatte über die enttäuschende ›Mission‹ der Zentralbanker in unserer Zeit geschrieben, sie sollten durch monetäre Politik (›fine tuning‹) den Zustand der Vollbeschäftigung und die Stabilität der Währungen erreichen. Er hatte weiterhin ausgeführt, daß die Zentralbanker an der Erfüllung widerspruchsvoller Aufgaben scheitern müssen. Sie können nicht beide Ziele, hohe Zinsen im Kampf gegen Inflationismus und niedrige Zinsen gegen Deflationismus, zugleich erreichen. Deswegen spricht Burns vom Scheitern der Zentralbankpolitik in unserer Zeit. Er schrieb, daß das wichtigste Ergebnis der Strukturkrise der frühen dreißiger Jahre die Verpflichtung gewesen sei, daß im New Deal der Staat die Verantwortung für das Schicksal der Menschen und der kapitalistischen Unternehmen übernommen hatte. Diese Verpflichtung kann er nicht erfüllen, ohne dem Inflationismus zu verfallen. Danach beginnt die Krise des Geldes und der Währungen und, wie ich später aufzeigen werde, der Zirkulation des Geldkapitals. Neue Defizitfinanzierungen hätten inflationistische Geldschöpfung benötigt. Dem beginnenden Inflationismus mußte mit deflationistischer Politik entgegengetreten werden. Damit wären Massenarbeitslosigkeit und eine Liquiditätskrise eingetreten. Die Vorzeichen dafür waren bereits erkennbar.

Ähnlich war die Lage in Deutschland. Der ehemalige Reichsbankpräsident Hjalmar Schacht mahnte Hitler am Vorabend des Zweiten Weltkrieges, daß Sparmaßnahmen notwendig seien. Seine Privatarmeen würden nicht mehr finanziert werden können. In der Geschichtsschreibung der Siegermächte wird behauptet, daß der Zweite Weltkrieg von Hitler ausgelöst wurde, weil er von der Idee der Weltkontrolle, wie in seinem Buch ›Mein Kampf‹ beschrieben, besessen war. Aber die ökonomische Politik des ›Dritten Reiches‹ war in eine Sackgasse geraten – ähnlich wie unter Roosevelt in den USA. Hier mußte der amerikanische Präsident erwarten, die nächsten Wahlen zu verlieren, denn eine neue deflationistische Krise (Fortsetzung der Strukturkrise der kapitalistischen Gesellschaft) erschien unvermeidlich. In Deutschland dagegen konnte der Diktator versuchen, durch Krieg und imperialistische Eroberungen einen ›Ausweg‹ aus der deflationistischen Krise zu finden. Vielleicht wäre ohne Hitler der Zweite Weltkrieg nicht ausgebrochen. Aber Hitler wollte den Zweiten Weltkrieg auslösen, weil der Ausbruch einer zweiten deflationistischen Weltkrise bevorstand. Sie hätte Deutschland tiefer getroffen als die USA. In den frühen dreißiger Jahren waren in Amerika etwa 25 Prozent der Arbeiter ohne Beschäftigung, in Deutschland über 50 Prozent einschließlich der Dauerarbeitslosen, die aus dem System der Arbeitslosenunterstützung ausgeschieden waren. Eine neue deflationistische Krise wäre tödlich für die meisten Industrieunternehmen geworden.

In den USA kommt hinzu, daß ein großer Teil der Arbeiterklasse ungenügend geschult war, über geringere technische Qualifikationen als die Arbeiter in den gleichen beruflichen Kategorien in Deutschland und Japan verfügten. Das ist einer der Hauptgründe für die geringere Arbeitsproduktivität in den USA gegenüber Deutschland. In der Vergangenheit wurde durch die größere Massenproduktivitätsbasis in den USA ein Ausgleich geboten, aber dieser Vorteil wird verschwinden. Die Bildung des Europäischen Gemeinsamen Marktes wird einen europäischen Binnenmarkt herstellen, der dem Binnenmarkt der USA ebenbürtig, wahrscheinlich sogar überlegen ist. Die Bildung eines gemeinsamen Marktes der USA mit Kanada, Mexiko und eventuell anderen lateinamerikanischen Ländern wird den Konkurrenzkampf der Blockmächte um Absatzmärkte erweitern. Japan wird eventuell durch die Bildung eines gemeinsamen Marktes in Südostasien folgen. Alte Strukturkapitale müssen beschleunigt erneuert werden, alte Kapitalwerte müssen verschwinden, sonst besteht kein ausreichender Raum für neue Kapitalanlagen mit modernen Ausrüstungen.

Der traditionelle Kampf um Absatzmärkte wird durch Rivalitäten überschattet, die günstigsten Anlagegebiete für das internationale Finanzkapital zu eröffnen. Sie liegen weniger in fernen Ländern, als in den Heimatländern des Industriekapitalismus des Westens. Überall ist der Staat für die Gestaltung der Verwertungsbedingungen des Kapitals entscheidend geworden.

42

Der frei zugängliche Weltmarkt, der nicht von den Blockmächten kontrolliert wird, schrumpft zusehends. Die Blockmächte werden gegen den Protektionismus im Welthandel auftreten. Aber es ist unvermeidbar, daß sich der ›insider‹ der Blockmächte in einer privilegierten Konkurrenzlage gegenüber dem ›outsider‹ befindet. Der Kampf um Weltmarktanteile unter den Blockmächten wird durch die wachsende Bedeutung der erweiterten kontinentalen Binnenmärkte gedämpft. Der Staat als größter ›Konsument‹ der gesellschaftlichen Produktion des Landes ist temporär krisenfest. Der Schein trügt. Mit dem Wachsen der finanziellen Ansprüche des Staates, die vor allen anderen Ansprüchen erfüllt werden müssen, stützt der Staat den Binnenmarkt. Aber die Erfüllung seiner Ansprüche verschlechtert die Verwertungsbedingungen für das Privatkapital. Sie zehrt an der Profitrate, die für das Finanzkapital verbleibt. Die Tendenz der finanziellen Ansprüche, die Erfüllungskapazität zu überschreiten, verunsichert das Geld- und Kreditsystem, in dem die finanziellen Ansprüche verankert sind. Sie werden in einer Zeit des Wachsens der Arbeitslosigkeit und von Notlagen für das Geld- und Kreditsystem absolut und relativ (Anteil am Nationaleinkommen) steigen. Deswegen tendiert die stagflationistische Weltkrise dazu, in einen chronischen Zustand überzugehen.

Die politischen Machthaber wissen nicht, wie sie aus diesem Hexenkessel von Widersprüchen herauskommen können. Der Boden für radikale Veränderungen des internationalen monetären Systems wird vorbereitet.

Zusammenfassend sei nochmals festgestellt: Mit dem Ende des Kalten Krieges gibt es keine Rechtfertigung für weiteres Wettrüsten und budgetäre ›Defizite‹ mehr. Es verbleibt die Schuldendecke, die in zwei Jahrzehnten schleichender Inflation ausgedehnt worden war. Die Verpflichtungen für Schulddienstleistungen belasten das Nationaleinkommen aller führenden Industrieländer schwer. Die Regierungen der Westländer müssen eine Politik befolgen, die staatlichen Ausgaben zu erhöhen. Sie können sie nicht mit restriktiver Geldpolitik finanzieren. Wenn sie das tun, beginnt eine soziale und politische Krise. Der Glaube der Neo-Keynesianer, durch budgetäre Defizitfinanzierungen die Krise zu lösen, ist kompromittiert. Deswegen schreibt die BIZ (Bank für Internationalen Zahlungsausgleich) in versteckter Kritik der konträren Haltung des IWF in ihrem Jahresbericht 1991: ›Die Fiskalpolitik hat ihre Vorzugsstelle als Hauptinstrument der Herstellung eines Wirtschaftsaufschwungs nicht wiedererlangt. Die hohe öffentliche Verschuldung und die Hartnäckigkeit großer öffentlicher Haushaltsdefizite in vielen Ländern wirken stark abschreckend auf jedweden diskreten Einsatz der Fiskalpolitik für antizyklische Zwecke ... Lange und variable restriktive Geldpolitik machen den Versuch, sie antizyklisch einzusetzen, im günstigsten Fall zu einem riskanten Unternehmen ... Nur wenige Personen glauben heute noch, daß die Geldpolitik tatsächlich in der Lage ist, der wirtschaftlichen Aktivität dauerhafte stimulierende Impulse zu geben ...‹

Neue Geldschöpfung wird mit einer restriktiven Geldpolitik verbunden. Die Zinssätze dürfen nicht sinken, sonst erwacht die inflationistische Psychologie. Sie wird durch eine Verschärfung der deflationistischen Krise besiegt werden. Das Ausmaß der inneren Verschuldung wird zu einem unerträglichen Ballast, dessen Gewicht den Deflationismus zu einer Gefahr macht, die das System zu sprengen droht. Es gibt kein Heilmittel, mit dem die Zentralbanken und Regierungen diesem Dilemma ausweichen können. Das Ergebnis ist stets eine Zick-Zack-Bewegung zwischen Deflationismus und Inflationismus mit dem Ergebnis: Stagflation. Dann werden politische Machthaber, die unter Bedingungen der Stagflation mit dem Verlust politischer Macht bedroht werden, das politische Risiko militaristisch-nationalistischer Politik eher eingehen als unter Bedingungen innerer Konsolidierung der gesellschaftlichen Verhältnisse.

Die monetäre Politik soll die deflationistische Krise beenden. Es gelingt ihr nicht. Die Zentralbanken stehen unter Druck, mehr Geld und Kredit zu liefern und die Liquidität zu verbessern. Aber wenn sie es tun, erscheint das Gespenst der Inflation. Was immer sie beschließen, erweist sich als falsch. Das ist der Grund für das Phänomen der Paralyse der Zentralbanken. Die budgetären Defizite werden mit neuer Geldschöpfung oder dem Sparkapital oder den Geldern, die vom Ausland geborgt werden oder die für die Erneuerung des produktiven Anlagekapitals benötigt werden, finanziert. Wenn Regierungen dies tun, erfolgt eine negative Reproduktion des Grundkapitals. Man denke an den Versuch der amerikanischen Präsidenten Reagan und Bush, budgetäre Defizite durch Kürzung der Ausgaben zu vermeiden. Es war ihnen gelungen, die Steuersätze zu senken. Aber die Defizite stiegen. Die erwartete Zunahme der Einkünfte blieb aus. Man streitet sich über den Grund. Er ist nicht schwer zu finden. Trotz der relativ geringen Senkung der Steuern wurde die Steuerlast weiter erhöht. Der Koloß Staat beansprucht einen so großen Teil des Nationalprodukts, daß sich die Verwertungsbedingungen für Kapital verschlechtern.

Wenn der Staat sein Budget so drastisch kürzen würde, daß das Defizit ausbleibt, würde eine Absatz- und Marktkrise einsetzen, mit überfüllten Lagern, die keine Käufer finden, ähnlich der ›Überproduktionskrise‹ in den frühen dreißiger Jahren. Am Ende der Präsidentschaft Reagans waren die budgetären Defizite größer als am Beginn, sie haben weiter zugenommen unter seinem Nachfolger, Präsident Bush. Das gleiche Problem erscheint in jedem Land, dessen Währung dem Dollar Konkurrenz gemacht hat. Die budgetären Defizite können durch Erhöhung der Steuern nicht mehr ausgeschaltet werden. Wenn die Steuerlast so hoch ist, daß sich die Verwertungsbedingungen für das Kapital verschlechtern, erleben wir ein anderes Dilemma. Dessen Folge ist nicht leicht erkennbar, denn auch bei ungünstigen Verwertungsbedingungen gibt es Anlagegebiete, wo hohe Profite zu erzielen sind, z.B., wenn die Preise monopolistisch hoch gehalten, Subsidien gezahlt werden oder Sonderbedingungen den Profit schützen. Dann aber entsteht ein besonderer Druck auf die Rentabilität in den nicht-monopolistischen Industrien. Dieser Zusammenhang ist vielfach erklärt worden. Das Neue ist, daß die gesellschaftliche Belastung der kapitalistischen Gesellschaft durch den Steuerstaat für die Profitlage der Privatkapitalisten übermäßig drückend geworden ist.

Der fatale Hexenkessel von Widersprüchen, in dem sich das staatliche Finanzsystem befindet, erschwert ein Verständnis der jetzigen Lage. Das gilt besonders für die USA, Japan und Deutschland, wo der Rentenkapitalismus am weitesten entwickelt ist. Die finanziellen Ansprüche der Oberklasse und auch der Arbeiterklasse, die zum Teil gesetzlich verankert sind und die nicht den Krisenverhältnissen angepaßt werden können, sind als feste Verpflichtungen ständig gestiegen.

Es wird neue Versuche geben, mit Mitteln der Geldpolitik die Liquiditätskrise zu lösen. Die BIZ kennt die Absichten der staatlichen Politiker und warnt: ›In Anbetracht der Rezession in vielen Ländern und der Unkenntnis, wann sie enden wird, ... scheint eine Orientierung auf wirtschaftswachsende Geldpolitik gewählt zu werden. Der Weg, dieses Ziel zu erreichen, wird in einer Herabsetzung der langfristigen Zinssätze gesehen, wobei man davon ausgeht, daß die ‚realen Zinssätze‘ gegenwärtig ungewöhnlich hoch sind ... Von viel größerer Bedeutung ist die Frage, daß die Verantwortlichen sich auf das am meisten erforderliche Ziel konzentrieren. Dann steigen die Zinssätze. Produktions- und Beschäftigungsbedingungen verschlechtern sich. Bei hohen Zinsen fließen Auslandsgelder in das Geldsystem hinein, drücken auf die Zinssätze, während sie die Zentralbank hochhalten will. Wenn aber die Zentralbank dem Druck der Regierung folgt und die Zinssätze drücken will, werden Geldkapitale in das Ausland fließen. Die Zinsen werden steigen, wenn sie niedriger sein sollen. Diese

Lage ist vielfach von monetären Experten konstatiert worden. Sie besagt: eine Nationalwährung soll nicht eine internationale Reservewährung sein.‹

Die Krankheit des weltmonetären Systems wird durch das Schrumpfen des Eigenkapitals der Banken in den letzten zehn Jahren verschärft. Die Kreditverluste in den siebziger und achtziger Jahren sind größer, als allgemein bekannt ist. Die Außenstände der Banken sind zum großen Teil illiquide geworden. Die Bankdepositen aber sind eine liquide Schuld. Was über die Verluste von Auslandskrediten, die illiquide geworden sind oder abgeschrieben werden mußten, bekannt ist, unterschätzt die wirkliche Lage. Die Liquiditätsverluste bei Inlandskrediten sind noch weniger bekannt. Sie scheinen die Verluste aus Auslandskrediten zu überschreiten. Die meisten Banken leiden an Liquiditätsmangel. Alle müssen eine restriktive Kreditpolitik bei Ausleihungen befolgen. Eine internationale Bankenkrise in unserer Zeit ist dem historischen Beispiel der Bankenkrise im dritten und vierten Jahr der großen Depression in den frühen dreißiger Jahren bisher nicht gefolgt. Sie wird warscheinlich nicht wiederkehren, obwohl Einzelfälle existieren, die daran erinnern. Es gibt eine stärkere Verbundenheit der national verwurzelten Banken mit dem Staat. Er kontrolliert und hilft, aber nicht uneigennützig. Er ist die Führungsmacht gegenüber den Banken.

Im fünften Jahr der internationalen Schuldenkrise, die die amerikanischen Banken besonders schwer betraf und die auf Japan und England übergegriffen hat, beginnt eine Umstrukturierung des globalen Systems der internationalen Finanzen. Die amerikanischen Banken räumen das Feld als Führungsmacht des internationalen Finanzsystems auf anderen Kontinenten. Sie bleiben nur vereinzelt in ihren alten Überseepositionen. Die Führung auf anderen Kontinenten wird der Konkurrenz überlassen, im Fernen Osten Japan, in Europa den regionalen Geld- und Kapitalmarkt-Institutionen, vor allem von Deutschland. Die großen Verluste aus Auslands- und Inlandsanlagen sind

noch nicht voll abgeschrieben worden. Neue Liquiditäts-
tests stehen bevor. Aber die Verbundenheit mit dem Nationalstaat ist eine stille Reserve, die das System retten soll.
Es muß sich auf die regionalen Interessen konzentrieren. In
Zukunft werden die amerikanischen Großbanken mehr regional als global orientiert sein.

Der führende ›Keynesianer‹, Paul Samuelson, eine liberale und ökonomische Autorität in akademischen Kreisen,
verkündete in seinem Werk ›Economics‹, MacGraw Hill,
New York 1951 (8. Auflage), am Vorabend von deflationistischen Krisenerscheinungen und ›Stagflation‹, Vollbeschäftigung und ständiges Anwachsen des sozialen
Wohlstandes oder den Beginn des krisenlosen Wohlstandskapitalismus. ›Der Kapitalismus ist buchstäblich überall
durch mixed economy – Dualwirtschaft – ersetzt worden.
Überall in der westlichen Welt haben Regierungen und
Zentralbanken bewiesen, daß sie den Kampf gegen den
Niedergang der Wirtschaft, gegen ‚slumps‘, gewinnen
können, wenn sie es wollten. Sie besitzen die Waffen der
Politik (Ausgaben und Steuern) und monetärer Politik
(Geldmarktinvestitionen, Zinspolitik, offizielle Mindestre-
servenpolitik), die flexibel angewandt werden, um das Nationaleinkommen und die Beschäftigungslage zu bestimmen. Genauso wie wir nicht mehr Krankheiten erleiden
müssen, brauchen wir nicht mehr Massenarbeitslosigkeit
zu akzeptieren. Die ökonomische Wissenschaft weiß jetzt,
wie Geld und Politik zu benutzen sind, um alle Rezessionen
zu vermeiden, um zu verhindern, daß irgendeine Rezession
in chronische Depression ausmündet.‹ Dieses Zitat wurde
in der neuen Ausgabe, die nach dem Eintreten der neuen
deflationistischen Weltkrise erschien, ohne weiteren Ver-
merk ausgelassen. Es war nicht mehr ›zeitgemäß‹.

Der Rückfall in den Inflationismus konnte von den politischen Machthabern in den USA, ob republikanisch oder
demokratisch, nicht ertragen werden. Eine restriktive
Geldpolitik war aber unverantwortlich für die innere Politik, denn Arbeitslosigkeit und Bankrotte würden zuneh-

men. Die innere Position des Präsidenten und der Staatspartei sollte durch eine Politik budgetärer Defizitfinanzierung gerettet werden, für die eine nationale Notlage zur
Rechtfertigung diente.

Der Weg von schleichender zu galoppierender und unkontrollierbarer Inflation ist leichter zu gehen als der Weg
von schleichender Inflation zur Währungsstabililtät. Dieser
Weg kann nicht erfolgreich durchschritten werden, ohne
zugleich einer nationalen und globalen Liquiditätskrise zu
begegnen. Denn die langjährige Ära des Inflationismus,
auch wenn er vom Standpunkt ausgeglichener internationaler Handels- und Zahlungsbilanzen schleichend war, hat
Kapitalflüsse in die falsche Richtung geführt. Die Kapitalflüsse dienten nur zum geringen Teil der Entwicklung
neuer Produktivkräfte, einer harmonischen Ausdehnung
der Weltwirtschaft und Weltmärkte oder dem Aufbau internationaler Liquiditätsreserven. Das Ziel war, sichere
Geldkapitalanlagen zu finden, die durch Inflation nicht an
Wert verlieren. Der monetäre Protektionismus beschränkt
die Mobilität des Geldkapitals. Als Ergebnis leidet die internationale Liquidität des Systems. Sie friert ein, z.B.
durch Investitionen in Grundstücken, Besitz von Land, von
hochwertigen Metallen und Zahlungsansprüchen, die die
inflationistische Abwertung der Währung ›kompensieren‹.
Diese Anlagen illiquidieren das System. Das erweist sich
aber erst, wenn die Ära des Inflationismus beendet wird.
An diesem Punkt mögen die Zentralbanken neues Geld in
das System hineinpumpen, um die Illiquiditätskrise zu beheben. Wenn sie das tun, riskieren sie, den Inflationismus
anzuheizen. Sie können diesem Dilemma nicht entgehen.

III

Wie wird die deflationistische Krise enden?

Wird sich die Geschichte derart wiederholen, daß die Regierungen und zentralstaatlichen Autoritäten den innenpolitischen Folgen einer deflationistischen Krise, d.h. der Verunsicherung der politischen Verhältnisse, durch außenpolitische Maßnahmen auszuweichen versuchen? Es sind neue Defizitfinanzierungen über den Einsatz des Sparkapitals der Nation hinaus, eventuell auch des Strukturkapitals, das nicht ausreichend erneuert wurde, zu rechtfertigen. In diesem Fall kann der Zustand der Vollbeschäftigung erreicht werden, wenn auch nur temporär.

Früher gab es rivalisierende Supermächte. Ohne Supermächte gibt es ›nur‹ den ›Ausweg‹ regionaler Konflikte und Interventionskriege von internationalen Institutionen. Auch sie können Rüstungen stimulieren. Es ist aber auch möglich, daß andere Tendenzen dominieren werden. Kapital kann in Kriegen und im Frieden vernichtet werden und damit neue Kapitalanlagen bewirken. Dieser Vorgang der Erschließung neuer Kapitalanlagefelder durch Kapitalvernichtung in anderen Ländern oder im eigenen Land gewinnt an Bedeutung.

Eine relativ lange andauernde deflationistische Weltkrise wird dazu führen, daß die politischen Pläne der Führungskräfte in den Großmachtländern nicht zu realisieren sind und sich statt dessen der Weltkapitalismus wandeln wird.

Die Verluste der amerikanischen Industrie und Banken werden durch den Abbau der industriellen Militärkomplexe vergrößert. Sie können nicht genügend absorbiert werden. Ein Rückzug von internationalen Positionen ist eine finanzielle Notwendigkeit. Gleichzeitig fließen viele Milliarden Dollar Geldkapital in die ›Freizonen‹ des Finanzkapitals in China und anderen Ländern der ›Dritten Welt‹. Die industriellen Weltzentren werden über den Pazifischen Ozean hinweg nach Asien wandern. Die industriellen Strukturen der Welt verändern sich im Verlauf der deflationistischen Krise. Wer die großen Verluste der amerikanischen Großindustrien als einen Triumph überlegener Konkurrenz aus Japan und Westeuropa ansehen will, erfaßt damit nicht den wirklichen Vorgang. Er vergißt, daß eine Überlegenheit der Konkurrenten in Japan und Europa heute nicht von Dauer sein wird.

Die großen Verluste in Amerika sind nur zum Teil eine Folge von Konkurrenzschwäche. Entscheidend ist die außerordentliche Konzentration der industriellen Strukturen in den USA auf einen starken industriellen Militärkomplex, wenn sie auch nicht mit der Ausschließlichkeit erfolgt war, wie in den Ländern der Ex-UdSSR. Aber es gibt kein anderes westliches Land, einschließlich Japan, wo dieser industrielle Militärkomplex im Ergebnis relativ und absolut so stark war wie in den USA.

Das Ende des Kalten Krieges ist ein großes Unglück für die industriellen Militärkomplexe. Der Kalte Krieg hörte auf, weil die gesellschaftlichen Strukturen in den östlichen Ländern zusammenbrachen. Nach dem Abschreiben der ›Fehlanlagen‹ in den militärindustriellen Komplexen wird die Wirtschaftskraft der USA sich erneut darauf konzentrieren, auf den Weltmärkten zu siegen bzw. den Weltmarktanteil zu vergrößern und die eigene industrielle Struktur im zivilen Bereich zu stärken.

Die spezielle Krise der USA ist nicht zu verstehen, wenn

nicht erkannt wird, daß sie besonders schmerzhaft ist und lange dauert, weil sie eine besondere Strukturkrise ist, die in einer Zeit entstand, als die USA die Supermacht der Welt geworden waren. Diese Stellung sollte verteidigt werden.

Der Krieg im Mittelosten (Kuwait/Irak) konnte dem amerikanischen Präsidenten helfen, das Leben des militärisch-industriellen Komplexes zu verlängern und zu beweisen, daß die USA die stärkste Militärmacht der Welt sind. Aber es erweist sich, daß die Kosten für die Erhaltung einer solchen Militärmacht auf Dauer auch die Fähigkeiten der Vereinigten Staaten übersteigen. Die Waffen werden nicht mehr benötigt, weil es keine ausreichende Bedrohung der USA in der Außenpolitik gibt und weil der Kalte Krieg aufgehört hat.

Die deflationistische Weltkrise verschärft den Kampf der Großmächte um Anteile am Weltmarkt. Aber der Weltmarkt selber unterliegt einem Wandlungsprozeß. Er schrumpft mit der Bildung gemeinsamer Märkte in Europa, Amerika und vermutlich auch in Südostasien. Es wird geschätzt, daß der Außenhandel Europas zu 70 Prozent innerhalb des Kontinents stattfindet. Mit der Bildung des Gemeinsamen Marktes wird der Weltmarkt für Europa kleiner werden. Die Binnenmärkte werden sich regional ausweiten. Der Anteil der USA am Welthandel ist bisher nur etwa 10 Prozent gewesen. Er wird wahrscheinlich auf die Hälfte sinken, wenn Kanada und Mexiko, vielleicht auch Länder von Zentralamerika und Australien einen gemeinsamen Markt bilden.

Die Weltmarktkonkurrenz ist eine Bedrohung für den einheimischen Produzenten, der mit teurer Arbeitskraft und bei beschränkter Serienproduktion nicht konkurrenzfähig ist. Aber die Vorteile der überlegenen Weltmarktproduzenten werden schwinden, da neue Technologien es ermöglichen, sich regionalen und lokalen Bedürfnissen bei weiterem Steigen der Produktivkraft der Arbeit anzupassen. Dann wird die Abhängigkeit von Weltmärkten und von der internationalen Arbeitsteilung zurückgehen. Utopisch? Der Innenmarkt wird in nächster Zeit wahrscheinlich wesentlich schneller wachsen als der Außenmarkt. Diese Tendenz erscheint zum ersten Mal in den späten achtziger Jahren in den führenden Industrieländern. Es kann behauptet werden, daß der statistische Abschnitt zu kurz sei, um schlüssige Tendenzen aus einem Jahrfünft abzuleiten. Er ist vielleicht nur eine Eintagsfliege? Aber es bleiben die Grundtendenzen: Das schnelle Wachsen des Sektors ›Dienstleistungen‹, der Elektronik, der Informationstechnologien, der Automatisierung und der Anwendung möglichst ›sauberer‹ atomarer Energie.

Neue Energiequellen und Grundstoffe werden entwickelt, die synthetisch hergestellt werden können und keine Rohstoffe aus fernen Ländern benötigen. Es ist deswegen zu erwarten, daß die inneren Märkte stärker lokal und regional wachsen werden als der ›Weltmarkt‹. Dieser Prozeß ist Vorbote einer Grundtendenz, die sich erst im nächsten Jahrhundert und bei radikaler gesellschaftlicher Umgestaltung voll entwickeln wird.

Das neue Phänomen der Stagflation widerspricht den Theorien und Vorstellungen der Weltordnung, die im Zerfallen ist. Die Verrentung der finanziellen Ansprüche sollte allen sozialen Klassen die vorher fehlende Unsicherheit nehmen, die aus dem Wesen des Marktkapitalismus entspringt. Es beginnt ein Suchen nach neuen Wegen, um die Verunsicherung zu beseitigen. In den Ländern des Realsozialismus war die ökonomische Sicherheit der Menschen weit mehr garantiert, als dies im Westen durch den Prozeß der Verrentung der Fall ist.

Totale soziale Unsicherheit der Menschen breitet sich aus. Die Illusion, daß der Westen dem Osten die fehlende Sicherheit geben kann, zerrinnt. Das ist ein Prozeß, der im Osten begann und ebenfalls im Westen entsteht, wenn auch hier die Lage anders ist. Ich beziehe mich auf die Erwartungen, daß in der westlichen Welt die finanziellen Ansprüche der Reichen und Armen im eigenen Land konsolidiert werden und damit kapitalisierbar würden. Wie vorher ausgeführt, erscheint dies als ein Wandel des Kapitalismus, der alle Ansprüche kapitalisiert und damit scheinbaren finanziellen Reichtum herstellt.

Die ›Friedenskrise‹ hat das Geld- und Kreditsystem erschüttert. Es kann die aufgeblähte Schuldendecke nicht ausreichend ›bedienen‹. Die Regierung kann daran festhalten, daß monetäre Politik der Zentralbank die deflationistische Krise beheben wird. Aber die Zentralbank kann nicht verhindern, daß staatliche Defizite weiter zunehmen. Die Zentralbank soll der Regierung die Finanzierung des budgetären Defizits ermöglichen. Gleichzeitig ist sie verpflichtet, die Kaufkraft des Geldes stabil zu halten und dem Inflationismus auszuweichen. Das ist eine unmögliche Aufgabe. Ein Steigen der Zinssätze verschlechtert die Verwertungsbedingungen für Kapital und wird die Arbeitslosigkeit erhöhen. Das Problem konnte zeitweilig gelöst werden, aber diese Lösung ist jetzt nicht mehr möglich.

Angesichts der mangelnden Fähigkeit der Politiker, ein realistisches Programm zur Bekämpfung der deflationistischen Weltkrise auszuarbeiten, sucht man sich einen Ersatz für den Kalten Krieg – es droht eine neue Intervention der Westmächte im Osten. Der sachkundigste Kommentator der politischen Verhältnisse in den USA, William Safire, hat den Finger auf die Wunde gelegt, als er schrieb: ›Eine Kombination von Rezession, Auflehnen gegen den Status quo und der Verlust der Aufgabe des Antikommunismus bestimmt das Suchen nach einem Wandel oder die Ablehnung der Politik von Politikern, die nicht wissen, wofür ein Wandel erfolgen soll … Sie wissen nur: es muß einen Wandel geben, und sie müssen für den Wandel eintreten. Selbst Präsident Bush präsentiert sich als ein politischer Führer, der für den Wandel eintritt. Das ist ein Witz der Geschichte‹ (New York Times, 15. April 1992).

Die gegenwärtige stagflationistische Weltkrise wird anders verlaufen als die zyklischen Krisen des 19. Jahrhunderts. Es gibt nicht mehr den alten Kapitalismus, der mit jeder zyklischen Krise die Grundlagen für eine Ausdehnung des Weltkapitalismus in Gebiete, die noch nicht erschlossen waren, schuf. Die Weltwirtschaft besitzt kein Zentrum mehr.

In Südostasien und China hat die industrielle Revolution unabhängig vom europäischen Industriekapitalismus Fuß gefaßt. Sie begann mit den letzten Errungenschaften des europäischen Industriekapitalismus und eröffnete dabei neue Wege industrieller Technologien.

Der Wandel des Kapitalismus macht es unmöglich, den alten Krisenzyklus zu erneuern. Der Aufbau von Rentenansprüchen kann nicht durch Deflationismus revidiert werden, sondern wird im Gegenteil in Widerspruch zu den Produktionsverhältnissen geraten.

Der Finanzkapitalismus des Westens wird in unterentwickelten Ländern keine neuen Kapitalanlagefelder mehr eröffnen. Sie entstehen durch Vernichtung von Produktivkräften in den alten Industrieländern und die Herausbildung neuer Industriestrukturen. Dieser Vorgang wird in den kommenden Jahren beim Verfall der alten Strukturen in den Ländern des Ostens mit dramatischer Schärfe beobachtet werden können.

IV

Die innere
Schuldenkrise

Ein explosives Wachsen der inneren Verschuldung in den westlichen Industrieländern in den achtziger Jahren hat die rapide Ausdehnung des inneren Marktes für Konsumgüter und die Ausdehnung des ›Wohlstandskapitalismus‹ ermöglicht. Ein Rückschlag in den neunziger Jahren ist unvermeidbar. Er kann allerdings gemildert werden, wenn durch eine internationale Währungsreform eine nochmalige Abwertung des Geldes z.B. durch Verdoppelung des Goldpreises erfolgen sollte (siehe Kapitel XVII). Das Problem der inneren Schuldenkrise besteht in Norwegen, Schweden und Japan dringlicher als in Frankreich, Deutschland und den USA. Auch hier ist ein kritisches weltweites Strukturproblem entstanden.

Die Begriffe Schulden und Verschuldung haben sich gewandelt. Das zu verstehen, ermöglicht zu erkennen, daß es dem Kapitalismus gelungen ist, die Ungewißheit der Marktzukunft zu benutzen, um die Gegenwart zu genießen. Das klingt mysteriös und verwirrend. Aber das Kapital hat sich in der Tat mystifiziert. Es ist nicht das Kapital der Produktionsmittel, sondern eine Fiktion, ein Wunschtraum, realisiert als Kapitalisierung der Rente. Die Rente kann der Anspruch auf den zukünftigen Profit, das ständige Einkommen sein oder die Pensionszahlung des kleinen Mannes oder das Zinseinkommen aus staatlichen ›Obligationen‹. Der Wert dieser Ansprüche ist das neue fiktive, doch reale Kapital. Mit dieser Kapitalbildung ist die Grundlage für die immense Erweiterung des inneren Marktes erreicht worden.

Die Grundlage für das Ausdehnen des Wohlstandes der Nation ist auf einer Fiktion begründet. Die Fiktion wurde aber zur neuen Realität. Deswegen darf man das System nicht bezweifeln, sonst wird die Fiktion zerstört. Die Realität aber bleibt die Produktion von Waren, die konsumiert werden, von Produktionsmitteln, mit denen produziert wird. Die Realität hat Schranken, die nicht von der Bildung der fiktiven Kapitale und finanziellen Ansprüchen begrenzt werden.

Der finanzielle Wohlstand wird schneller wachsen, als die materielle Basis dies rechtfertigt. Das geschieht periodisch. Dann entsteht eine deflationistische Anpassungskrise.

Der materielle Wohlstand der Massen, auch der Oberklassen, konnte durch Kreditaufnahme und Verschuldung erweitert werden. Es ist kaum bekannt, daß die inflationistische Verschuldung in Japan und den Ländern Westeuropas – einschließlich Deutschlands – weitaus stärker als in den USA geworden ist, obwohl der allgemeine Lebensstandard in allen Ländern außerordentliche Rekordhöhen erreicht hat. Die Zunahme der Verschuldung im Sektor von Industrie- und Handelsgesellschaften stieg von 1975 bis 1989 (Ende des Jahres) in Japan um fast 40 Prozent mehr als in den USA und Deutschland. Die Verschuldung in Prozent des Sozialproduktes war in Japan Ende 1989 etwa zweieinhalbmal und in Deutschland 50 Prozent höher als in den USA. Ein Rekordstand der Verschuldung (in Prozent der verfügbaren Einkommen) wurde Ende 1989 in den skandinavischen Ländern erreicht. Anfang der dreißiger Jahre machte es die erste Zusammenbruchskrise des Westens notwendig, den Staat in einem solchen Umfang als Protektor des Systems einzusetzen, daß sich dadurch die Struktur des Kapitalismus änderte. Der staatliche Anteil am Nationaleinkommen vervielfachte sich. Seit jener Zeit benötigt der Staat in allen Industrieländern 20 bis 50 Prozent des Nationaleinkommens gegenüber 3 bis 8 Prozent am Anfang des 20. Jahrhunderts.

Staatlicher Anteil am nationalen Sozialprodukt
(Quelle: IWF)

A: Zentralstaatliche Ausgaben in Prozent des Nationalproduktes
(Quelle: IWF, Monatliche Statistische Berichte)

B: Regionale, provinzielle und lokale öffentliche Ausgaben in Prozent des nationalen Sozialproduktes.
(Eigene Schätzung)

C: A plus B

	1913	1972	1982	1987
Industrieländer:				
A:	3-6	23,4	27,3	27,4
B:	2-3	7,8	9,1	9,1
C:	5-9	31,2	36,4	36,5
USA				
A:	18,8	21,4	20,6	
B:	6,1	6,7	6,9	
C:	24,9	28,1	27,6	
Deutschland				
A:	25,33	29,92	29,35	
B:	8,45	9,97	9,75	
C:	33,78	39,9	39,1	

	1913	1972	1982	1987
U.K.				
A:	38,27	38,77	37,87	
B:	12,76	12,92	12,62	
C:	51,03	51,69	50,49	
Frankreich				
A:	33,54	40,71	41,93	
B:	11,18	13,57	41,93	
C:	44,72	54,28	55,91	
Italien				
A:	26,96	33,39	35,52	
B:	8,99	11,13	11,84	
C:	35,95	44,52	47,36	
Schweiz				
A:		14,99	19,94	
B:		7,33	6,61	
C:		22,92	26,55	

Diese Zahlen reflektieren den Wandel des Kapitalismus seit dem Zweiten Weltkrieg. Nach den Berechnungen, die allmonatlich vom IWF in Washington veröffentlicht werden, belief sich der Anteil der zentralstaatlichen Ausgaben am Geldwert der gesellschaftlichen Produktion in den Industrieländern des Westens auf 23,4 Prozent im Jahr 1972. Der Anteil bezieht sich nur auf die finanziellen Ansprüche der Zentralregierung. Die erfüllten Ansprüche lokaler, regionaler und provinzieller Regierungen bzw. deren Behörden und von Ländern, deren Ausgaben in den Budgets der Zentralregierungen nicht einbezogen sind, werden auf ein Drittel der Ausgaben der Zentralregierung geschätzt. Dadurch erhöhten sich 1972 die staatlichen Ausgaben auf 40,7 Prozent des Geldwertes der industriellen Produktion. In den folgenden Jahren stieg der vom IWF berechnete Anteil der zentralstaatlichen Behörden um etwa 17 Prozent auf 31,4 Prozent bzw. 54,9 Prozent im Jahr 1987. Der Staat appropriiert also über die Hälfte des Wertes der gesamten industriellen Produktion. Ein Anhalten dieser Tendenz würde den staatlichen Anteil im Jahr 2002 auf 53,4 Prozent erhöhen. Die Verschlechterung der Verwertungsbedingungen für Kapital wird bei einem staatlichen Anteil am Nationaleinkommen von 50 Prozent zunehmende Hemmungen von neuen Investitionen im industriellen Sektor bewirken. Die Notwendigkeit von Defizitfinanzierungen durch inflationistische Geldschöpfung scheint axiomatisch zu werden, wenn der Anteil des Staates am Nationaleinkommen die Ein-Drittel-Grenze übersteigt.

Die staatlichen finanziellen Ansprüche haben die unangenehme Eigenschaft, zu steigen, wenn die Profiterträge in der kapitalistischen Gesellschaft sinken. Der Staat hat Prioritätsansprüche, die erfüllt werden müssen, wenn nötig, durch die Nichterfüllung von Ansprüchen im privatkapitalistischen Sektor. Wenn die Ansprüche des Staates die oben zitierte Ein-Drittel-Grenze überschreiten, wird in der Regel die Notwendigkeit von budgetären Defizitfinanzierungen auftreten. Zeitweilig kann durch attraktive höhere Zinsen das Auslandskapital zur Finanzierung budgetärer Defizite herangezogen werden.

Der Anteil der staatlichen Verschuldung an der Brutto-Inlandsproduktion ist von 1960 bis 1980, also innerhalb von nur zwanzig Jahren, wie folgt gestiegen (Quelle: BIZ):

in den USA	von 29,6 auf	35,8 %
in Japan	von 18,4 auf	33,0 %
in Deutschland	von 26,7 auf	47,7 %
in Frankreich	von 38,0 auf	51,4 %
in Großbritannien	von 35,4 auf	43,1 %
in Italien	von 32,5 auf	49,5 %
in Kanada	von 30,8 auf	46,5 %

Im Durchschnitt der obigen sieben Länder war ein Anstieg von 30,5 auf 39,6 Prozent zu verzeichnen. Den höchsten Anteil hatte Frankreich, den niedrigsten Japan. Ein
Anhalten dieser Tendenzen würde in weiteren zwanzig Jahren bei allen sieben Ländern den Anteil der zentralstaatlichen Ausgaben am Bruttoinlandsprodukt auf über die
Hälfte steigern. In Frankreich, Deutschland und Italien
würde nur noch ein Drittel oder weniger des Bruttoinlands-
produktes außerhalb des zentralstaatlichen Sektors ver-
braucht werden.

In den USA ist die Verschuldung geringer (per Familie)
als in Japan, Deutschland und Frankreich. Das trifft noch
mehr auf den privaten geschäftlichen Sektor zu. In Japan ist
die Verschuldung fast dreimal so hoch wie in den USA.
Eine Zunahme der Verschuldung gab es von 1984 bis 1989
in England, Japan, Norwegen (Haushaltsschulden), bzw. in
England, Schweden und Australien. Die USA hat einen
mittelmäßigen Anstieg erlebt.

Die Zahlen haben mehr Gewicht, als es die Statistik wi-
derspiegelt, denn der Staat hat Prioritätsanrecht auf die Erfüllung seiner finanziellen Ansprüche, d. h. sein Anteil wird
zunehmen, wenn die kapitalistische Produktion zurückgeht.
Die Gesellschaft muß für den Staat in einem Ausmaß arbeiten, das den Staat zum Verbraucher etwa der Hälfte des
Sozialproduktes macht. Dennoch verbleibt die Produktion
von Waren oder das ›produktive Einkommen‹ zu etwa 90
Prozent in der Sphäre des Kapitalismus. Deswegen ist die
Gesellschaft dem Wesen nach kapitalistisch, aber: mit dem
Staat als Hauptkonsument und als vorherrschender Macht
mit Prioritätsansprüchen auf etwa die Hälfte des Geldwertes der gesellschaftlichen Produktion. Wenn der Kapitalismus nicht genug produziert, wird der Anteil des Staates steigen. Der Neo-Keynesianer Galbraith hatte in einem seiner
Lehrbücher verkündet, daß, wenn der Kapitalismus die finanziellen Ansprüche des Staates nicht erfüllen kann, der
Staat die Produktionskraft übernehmen müsse. Das wäre
der zentral geplante ›Kommando-Sozialismus‹.

Verschuldung im nichtstaatlichen Sektor

| | Industrie und Handel in Prozent BSP | | persönliche Haushalte in Prozent verfügb. Einkommen | |
	Ende 1975	Ende 1989	Ende 1975	Ende 1989
USA	36	48	67	96
Japan	94	130	45	92
Deutschland	66	14	62	64
Frankreich	63	65	52	68
GB	47	80	47	105
Kanada	64	71	77	87
Australien	86	132	–	–
Norwegen	–	–	–	154
Schweden	–	91	94	134

Der intensive Anstieg der privaten Verschuldung in allen Industrieländern des Westens fällt mit der Zunahme des staatlichen Anteils am Gesamtprodukt der Nation zusammen. Er ist so groß geworden, daß Quantität in Qualität umschlagen muß, d. h. ein Strukturwandel der Gesellschaft stattfindet. Die privatkapitalistische Klasse muß sich der zentralstaatlichen Macht unterordnen. Diese läßt sich durch eine Staatsbürokratie vertreten, die sich zu einer neuen ›Klasse für sich‹ unter Führung einer Staatspartei (oder einer Koalition von Staatsparteien) entwickelt. Erst dann wird die staatliche Autorität das System beherrschen.

Unter den führenden Industrieländern ist der staatliche Anteil am Sozialprodukt in Frankreich und Italien am höchsten und in den USA am niedrigsten. Überall aber ist er so stark angestiegen, daß die kapitalistische Gesellschaft in einem Ausmaß gegenüber dem Staat tributpflichtig geworden ist, daß er die Verwertungsbedingungen des Kapitals verschlechtert. Es gibt allerdings privatkapitalistische Sektoren, die dank privilegierter monopolistischer Marktpositionen ihre Profitrate relativ hoch halten können. Um so ungünstiger sind die Rentabilitätsverhältnisse in den anderen privatkapitalistischen Bereichen.

Anteil des Staates am Sozialprodukt (in Prozent)

	1960–1969	1970–1979	1980–1989
USA	29,0	32,2	35,8
Japan	18,4	25,2	33,0
Deutschland	36,7	45,0	47,7
Frankreich	38,0	42,1	51,4
GB	35,4	42,5	45,1
Italien	32,5	40,8	49,5
Kanada	30,8	38,6	46,5

In einer deflationistischen Weltkrise werden sich die Verwertungsbedingungen des Privatkapitals durch Abbau der inneren Verschuldung und der finanziellen Ansprüche des Staates verschlechtern. Das stürmische Wachsen des Anteils des Staates am Sozialprodukt der Nation kann indes nicht rückgängig gemacht werden, auch wenn es zeitweilig anders aussieht.

Das Schrumpfen finanzkapitalistischer Börsenwerte bedroht das Kreditgebäude der Vereinigten Staaten. Vergeblich versuchen die Geisterstimmen, die eine illusionäre Zukunft für den Aufbau neuen finanziellen Reichtums benutzen wollen, den Traum der ständig erfolgreichen Kapitalisierung zukünftig erwarteter Profite und damit das Wachsen fiktiver Kapitalwerte sowie von finanziellen Ansprüchen der Staaten zu beleben. Ich zitiere die folgenden Warnungen eines der besten autoritativen ›Inside‹-Berichte auf dem Gebiet von Finanzen und Börsen in den USA (The Holt Advisory):

›Große institutionelle Kapitalanleger werfen rücksichtslos ihre Wertpapieranlagen auf den Markt ... Wir erwarten enttäuschende Gewinnergebnisse bei vielen Gesellschaften ... Der amerikanische Konsument bereitet sich auf harte Zeiten vor, mit viel Arbeitslosigkeit, Bankrotten, Zahlungsunfähigkeit vieler Unternehmer und individueller Personen, die nicht mehr mit Kreditkarten Schulden machen können.‹

Über die Lage der amerikanischen Dienstleistungsindustrien wird berichtet: ›Viele Marktbeobachter ignorieren die Tatsache, daß die Verkaufsorganisationen während der achtziger Jahre überentwickelt wurden und für einen scharfen Abstieg fällig waren. Die Banken und Börsenfirmen hatten sich mit zu vielen Zweigbüros ebenfalls viel zu sehr ausgedehnt. Der Hotel- und Motel-Sektor hat seine Kapazität so stark erweitert, daß er einen geringfügigen Rückgang der Nachfrage finanziell nicht überleben kann. Buchstäblich alle Zweige des Dienstleistungssektors waren an der übermäßigen Ausweitung der Schulden und Kapazitäten beteiligt. Sie alle gingen in die Depression mit einem Rekordstand von Beschäftigten und Raumkapazitäten, illiquiden Anlagen und fälligen Schulden hinein.‹

In den frühen achtziger Jahren war es möglich, im Dienstleistungssektor Arbeitsplätze für Arbeitskräfte zu finden, die im industriellen Sektor entlassen worden waren. Zwischen 1982 und 1990 hatten die Sektoren Finanzen, Versicherung und Grundstücke 900 000 neue Arbeitsplätze angeboten. Diese Bereiche wurden zu Beginn der neunziger Jahre besonders schwer von der deflationistischen Krise getroffen. Sogar die neuen Computerindustrien, die als expansionsfähig galten, müssen sich einschränken. Die führenden Computer-Firmen Apple, IBM, Control Data, Compay, Wang und viele andere entlassen Zehntausende von Arbeitskräften. Es wird erwartet, daß in naher Zukunft 8,4 Millionen Arbeitslose ihre Teilnahme an der Krankenversicherung verlieren werden.

Der Ausspruch eines Mitglieds der ›Gruppe der Dreißig‹, ein ehemaliger prominenter Zentralbankleiter und weltmonetärer Experte, klingt mir noch in den Ohren.

Geoffrey Bell (früher mit der ›Bank of England‹ und der ›Financial Times‹ verbunden) sagte auf einem Meeting von Finanzspezialisten in New York im Herbst 1984 sinngemäß: Die internationale Schuldenkrise ist beendet, denn auf der Zusammenkunft der führenden Schuldnerländer mit den Großbanken-Gläubigern war die Refinanzierung fälliger Schulden und von fälligen Zinszahlungen beschlossen worden. Bell meinte damit, daß der Mangel an Liquidität einiger Schuldnerländer nur eine temporäre Erscheinung sei. Der Teufel sollte mit dem Beelzebub ausgetrieben – die Schuldenkrise durch höhere Verschuldung gelöst werden, als wenn sie lediglich auf Liquiditätsmangel zurückzuführen sei! Tatsächlich aber fehlten Exportmärkte und Konkurrenzfähigkeit, um auf den Weltmärkten erfolgreich bestehen zu können.

Die Fixierung der Geldansprüche steht im Widerspruch zum Wesen des kapitalistischen Systems. Es beruht auf Marktwirtschaft und Marktkonkurrenz. Die Ergebnisse des Konkurrenzkampfes können nicht im voraus fixiert werden. Jedoch operiert das System so, als ob die Gesellschaft die fixierten Ansprüche stets erfüllen würde. Das ist aber aufgrund des ungewissen Ausganges des Konkurrenzkampfes unrealistisch.

Der kapitalistische Unternehmer selber versucht, die Ungewißheit der Unternehmergewinne durch die Gewißheit von Rentenansprüchen zu ersetzen. Als Mono- bzw. Oligopolist kann er erfolgreich der freien Konkurrenz entgehen und feste fixierte Geldansprüche erhalten. Am erfolgreichsten ist der Staat mit seinen Steuerforderungen. Sie sind Prioritätsansprüche gegenüber allen Mitgliedern der Gesellschaft, deren Ansprüche zweitrangig sind. Der Staat ist Gläubiger und Schuldner zur gleichen Zeit. In der gleichen Lage ist der Großkapitalist, der mit Fremdkapital Gewinne erzielt, die mit dem Geldgeber oder ›Gläubiger‹ geteilt werden müssen.

In einem Wettlauf zwischen schleichender Inflation und Zunahme der Verschuldung oder der fixierten Geldansprüche erweist sich die Zunahme der Verschuldung als Sieger. Die finanziellen Ansprüche der Gläubigerländer sowie auch der ›Gläubiger‹ in den Schuldnerländern haben sich ständig vergrößert – absolut und relativ – d.h., die Schuldenansprüche nehmen schneller zu als die Produktion. Deswegen verschlechterten sich die Verwertungsbedingungen für neues produktives Kapital. Sie werden sich erneut verbessern, wenn die Schuldenkrise es notwendig und möglich macht, die finanziellen Ansprüche der Gläubiger auszutilgen oder zu vermindern. Die internationale Verschuldung konnte durch nationalstaatliche Verteidigung der Interessen der Schuldnerländer drastisch verringert werden. Auf die gleiche Art ist aber die innere Verschuldung nicht auszulöschen. Es ist leichter, das Problem der internationalen Verschuldung zu lösen, als das der inneren Verschuldung. Aber ohne eine Lösung dieses Problems kann es keine neue Erholungsperiode des Finanz- und Industriekapitalismus geben.

Die staatliche Verschuldung in den USA (in Prozent des Nationaleinkommens) war innerhalb von anderthalb Dekaden (1970 bis 1986) von 29 auf 42 Prozent des Nationaleinkommens (BSP) gestiegen. Unter dem amerikanischen Präsidenten Eisenhower betrug das jährliche budgetäre Defizit 1,9 Milliarden Dollar. Das Defizit wuchs unter Kennedy auf 5 Milliarden Dollar. Unter dem nachfolgenden Präsidenten Johnson stieg das Defizit auf 9 Milliarden Dollar.

Anfang der neunziger Jahre hatte die innere Verschuldung im privaten Gesellschaftssektor erneut stark zugenommen. Versteckte Anlagewerte sind in Schuldverpflichtungen großen Umfangs in Industriekonzernen umgewandelt worden. Versteckte Gewinne, die vom Management den Aktionären vorenthalten und als ›stille Reserven‹ nicht versteuert wurden, sind durch die Finanzspekulation Schulden der Gesellschaften geworden. Sie haben die stillen Reserveanlagen ausgenutzt, um mit Hilfe von Bankkrediten Industriekonzerne mit versteckten oder ›unterbewerteten‹ Investitionen aufzukaufen. Die Finanzspekulanten konnten durch Auflösung ›stiller Reserven‹ und volle Bewertung der Investitionswerte von Gesellschaften, in denen sie Kontrollmacht erlangt hatten, über Nacht Gewinne von vielen Milliarden Dollar realisieren. Die Gewinne wurden mit den Banken, die die Spekulation finanzierten, geteilt. Als Ergebnis verdoppelte und verdreifachte sich die Verschuldung der betreffenden Gesellschaften. Schuldansprüche des Landes nahmen in der Erwartung zu, daß die Expansionsperiode des Finanzkapitalismus ohne Unterbrechung anhalten werde.

Der Korrespondent des Londoner ›Economist‹ in New York schrieb: ›Die finanzielle Lage Amerikas spiegelt die Lage der größten amerikanischen Konzerne wider. Das Land ist eine große ‚LBO'‹ (Leveraged BUY-OUT – spekulativer Aufkauf der Aktien – G.R.). Im ersten Quartal 1988 hatte die Inlandsverschuldung der USA (ohne die Verschuldung finanzieller Institutionen) einen Betrag erreicht, der 181,4 Prozent des jährlichen Sozialproduktes (BSP) beträgt. Die Verschuldung war von 1940 bis 1983 auf 140 Prozent des BSP gestiegen. Der Schuldendienst muß mit neuer Schuldaufnahme finanziert werden. ›Man kann berechnen, daß, wenn Amerikas Inlandsverschuldung (ohne die Finanzschulden) um jährlich 5,9 Prozent des Sozialproduktes zunehmen wird und wenn der Zuwachs um 11,9 Prozent jährlich während der Periode 1984 bis 1987 anhält, dann werden in 36 Jahren 100 Prozent des Sozialproduktes aufgebraucht.‹

Die amerikanische Geldpolitik war in den siebziger Jahren stärker als in Japan und in Deutschland inflationistisch ausgerichtet. In den achtziger Jahren trat eine Wende ein. 1990 war der Inflationismus in Japan und Deutschland stärker als in den USA. Die Auswirkungen werden sich in den neunziger Jahren zeigen.

Die folgenden Zahlen illustrieren diese Entwicklung. In den Jahren 1978 bis 1980 wurde der Bankkredit für den privaten Geschäftssektor in den USA um 15,4 Prozent gegenüber 12,1 Prozent in Westdeutschland und 10,1 Prozent in Japan ausgedehnt. Im Jahr 1990 nahm die Gewährung von Bankkredit an den privaten Sektor jedoch ab, wenn auch nur um 0,6 Prozent, während die Kreditgewährungen zur gleichen Zeit in Deutschland um 7,6 Prozent und in Japan um 9,2 Prozent zugenommen hatten. Die Gesamtverschuldung in Amerika ist nach Angaben des IWF von Ende 1985 bis Ende 1990 und erneut bis Ende April 1991 von 1,598 Billionen Dollar auf 2,549 Billionen und danach 2,608 Billionen Dollar gestiegen. In Prozent des Nationaleinkommens (offizielle Statistik) gab es einen Zuwachs von 44,9 auf 52,0 und 52,6 Prozent. Von 1987 bis 1991 (April) war das Nationaleinkommen um 40,3 Prozent, die Verschuldung dagegen (ohne Schulden des finanziellen Sektors) um 60,1 Prozent gestiegen.

Im Bemühen, den Verlust des Eigenkapitals, den die meisten Banken während der Krisenzeit in den achtziger Jahren erlitten hatten, auszugleichen, finanzierten die Banken neue Finanzspekulationen. Sie konnten, ohne Einsatz von Eigenkapital, über Nacht Milliardengewinne erzielen. Aber noch größere Gewinne wurden von einer kleinen Gruppe von Finanzspekulanten realisiert. Ende 1988 waren die Börsenkurse in New York etwa 25 Prozent unter dem Stand von Oktober 1987 (nach dem Börsenkrach). LBO-Spekulanten gelang es im Zusammenwirken mit kommerziellen und Investment-Bankern sowie Versicherungsgesellschaften, die über viel Liquidität verfügen, die Kontrolle führender Industriegesellschaften zu übernehmen, um angeblich unterbewertete Anlagen neu zu bewerten. Die Kommissionsgewinne der Banken und die Zinseinnahmen ermöglichen es ihnen, einen Teil der vorher erlittenen Verluste auszugleichen.

In einer einzigen Transaktion wurde in einem weltbekannten Konzern, der führend auf dem Gebiet von Nahrungsmitteln ist (NABISCO), durch Aufwertung der Börsenwerte der Aktien ein Betrag von 25 Milliarden Dollar gewonnen, über das Doppelte des vorherigen Börsenprei-

ses. Die Gesellschaft wurde, als die Kontrolle auf den Aufkäufer der Aktien überging, mit einer Bankverschuldung
von 20 Milliarden Dollar belastet.

Die internationale Schuldenkrise in den Entwicklungsländern hat einen Höhepunkt erreicht. Die Auslandsverschuldung von Brasilien stieg von 1983 bis 1988 von 98,1 auf
115,6 Milliarden Dollar. Die folgende Übersicht zeigt die
Tendenzen dieser Entwicklung auf.

**Gesamtauslandsschuld führender Schuldnerländer
in Milliarden Dollar**

Land	1983	1988	1990
Brasilien	96,1	115,6	113,8
Mexiko	93,0	100,8	96,0
Argentinien	45,9	58,7	60,5
Venezuela	38,3	35,5	36,2
Sowjetunion	26,9	43,0	60,0
Polen	26,3	42,1	46,5

Im Ostblocksektor hat die Netto-Verschuldung weiter zugenommen und wird wahrscheinlich ihren Höhepunkt erst
noch erreichen. Die Schuldenkrise wird eventuell auf die
Produktionsverhältnisse umschlagen, wenn der Bankrott
der Industriekonzerne nicht durch Refinanzierung vermieden wird. Das ist aber nur möglich durch vorzeitige Rückkehr zum Inflationismus. Inflationistische Defizitfinanzierungen werden kurzen Atem haben, wenn nicht die
aufgeblähte internationale und nationale Schuldendecke
radikal verringert wird. Sie erweist sich als unüberwindba-
res Hemmnis für den Eintritt in ein Erholungsstadium des
Weltkapitalismus. Im Jahr 1992 waren die Banken in den
zehn führenden Industrieländern gezwungen, ihre Ausleihungen erneut einzuschränken und ihre Anlagen in staatlichen Schuldpapieren zu erweitern. Neue Vorschriften aller
kommerziellen Banken, ihre Ausleihungen zu beschränken
oder ihr Eigenkapital zu erhöhen – es muß stets mindestens

8 Prozent der Kreditsumme betragen – wurden von der Bank für Internationalen Zahlungsausgleich in Basel ausgearbeitet. Sie haben in mindestens zehn führenden Industrieländern seit 1992 Geltung. Die meisten Banken müssen also entweder ihr Eigenkapital erhöhen oder ihre Kredite entsprechend einschränken. Es wird nur in wenigen Fällen möglich sein, das Eigenkapital zu erhöhen. Deswegen war 1992 ein Testjahr für diejenigen, die von Bankkrediten abhängen.

Die Schuldnerländer sind nicht in der Lage, in der sich Stalin befand, als er in der Zeit der großen Depression 1935/36 fällige Auslandskredite (zumeist deutscher Banken) voll zurückzahlte. In seinem Land herrschte Hungersnot. Das Verteilungssystem war zusammengebrochen. Es fehlten industrielle und Agrargüter. Aber die Schulden, die für industrielle Lieferungen während der ersten beiden Fünfjahrpläne anfielen, wurden mit den Erlösen aus Exporten von Getreide und anderen Agrargütern prompt zurückgezahlt. Sie wurden in großen Mengen auf dem Weltmarkt inmitten der Weltmarktkrise zu Dumpingpreisen, jedoch gegen Zahlungen und Devisen, verkauft. Stalin wußte nicht, daß es für Schuldnerländer zeitgemäß geworden war, in Zeiten der Weltkrise die Auslandskredite nicht zu bezahlen.

In unserer Zeit hatte der ehemalige Diktator Rumäniens Ceaușescu die Auslandsschulden ebenfalls bezahlt, obwohl es in Rumänien Hungersnot gab und Exportwaren fehlten. Das innere Versorgungssystem mit lebensnotwendigen Waren brach zusammen. Waren wurden zur Bezahlung der fälligen Auslandskredite exportiert. Kein anderer Diktator hätte zu dieser Zeit fällige Auslandskredite bezahlen und das eigene Volk verhungern lassen können.

Die internationale Schuldenkrise wird ›bereinigt‹, nicht durch Zahlungen ›à la Stalin‹ und Ceaușescu, sondern durch kumulatives Wachsen der Schuldenlast. Die Schuldendienste wurden mit neuen Auslandskrediten bezahlt. Als Ergebnis ist der Fluß von neuen Krediten an die

Schuldnerländer abgebrochen. Die BIZ (Basel) schreibt deswegen: ›Als Ausblick für das Jahr 1992 ... gibt es bisher nur wenig Anzeichen für Erholung der Wirtschaft. In den Ländern, die in einer Rezession stecken... seit nunmehr 9 Jahren sind die Anstrengungen (der monetären Politik) darauf gerichtet gewesen, aus der Sackgasse der Schuldenkrise herauszukommen. Umschuldungen reichen dazu nicht, es bedurfte einer Verringerung der ausstehenden Schulden und des Schuldendienstes. In einigen wenigen Fällen hat dies zu besseren Wirtschaftsergebnissen geführt, sogar zu spontanen Kapitalzuflüssen einschließlich der Repatriierung von Fluchtkapital und von Direktinvestitionen (z.B. Mexiko – G.R.). Manche glauben, daß sich das Blatt nun gewendet hat, da mehr und mehr Entwicklungsländer in vieler Hinsicht – außer über den Handel – eng mit den entwickelten Staaten verbunden sind...‹

V

Die Entmachtung der Mächtigen

Das Wachsen des Staatskapitalismus geht im Westen inmitten des alten Finanzkapitalismus vor sich. Es ist eine Tendenz, die sich gegen die immer wieder neu bildenden Kräfte des alten unternehmerischen Kapitalismus durchsetzt. Der Staat wird eine autonome Institution, der sich alle sozialen und wirtschaftlichen Gruppierungen unterwerfen. Das bedeutet in den alten Ländern des Finanzkapitalismus die politische Entmachung der Mächtigen, die in den USA z.B. bis zur Zeit der Präsidentschaft F.D. Roosevelts noch eine bestimmende, entscheidende, führende politische Kraft waren.

In allen Ländern des Westens ist die staatliche Bürokratie zu einer Art Supermacht geworden. Sie kann aber als Supermacht nur wirken, wenn eine politische Parteienbürokratie mit einer hierarchischen Spitze die administrative staatliche Bürokratie kontrolliert und führt. Sie unterstellt sich nach und nach alle sozialen Klassen der Gesellschaft.

Nach dem Fall des vorkapitalistischen Feudalismus und der Herrschaft des halbfeudalen ›absoluten Staates‹ königlicher und fürstlicher Macht, gab es eine relativ kurze Übergangsperiode, in der die kapitalistische Oberklasse den entscheidenden Einfluß auf die staatliche Bürokratie gewann und die politischen Parteien mehr oder weniger Vertreter von sozialen Klassen waren. Das ist anders geworden. Die einstmals dominierenden Finanzkapitalisten mußten sich der staatlichen Macht unterordnen, auch wenn sie weiterhin innerhalb der kapitalistischen Klasse dominieren. Die kapitalistische Gesellschaft hat die Verpflichtung, die staatliche Bürokratie und deren Machtbereich zu finanzieren. Die Ausgaben des Staates sind zu einem gesellschaftlichen Selbstzweck geworden.

Bekanntlich hatte der jugoslawische Ex-Kommunist Djilas geschrieben, daß in den Ländern des ›Realsozialismus‹ im Osten die Bürokratie der Staatspartei als neue herrschende Klasse entstanden sei. Sie beherrsche die Arbeiterklasse und beute sie aus. In diesen Ländern gab es auch eine kapitalistische Klasse, die allerdings machtlos war.

Das Entstehen einer neuen herrschenden Klasse von Parteibürokraten, die über die staatliche Bürokratie bestimmen, ist auch eine Erscheinung in den Ländern des demokratischen Westens. Die politischen und administrativen Bürokratien werden von den Strukturen der Parteibürokratien beherrscht. Diese sind zur dominierenden sozialen Klasse geworden. Eine derartige Entwicklung hatte unter Roosevelt zur Zeit des ›New Deal‹ und ähnlich in Deutschland unter Hitler begonnen. Der Staat ist damit als Konsument eine wichtige Stütze des inneren Marktes in allen westlichen Ländern.

Der amerikanische Präsident Kennedy bekam auf der Jahrestagung der für die amerikanische private Industrie und Banken repräsentativen Handelskammer (1962) nur ein einziges Mal ironischen Beifall, als er sagte: »Meine Herren, wir sind daran interessiert, daß wir ausreichend Gewinne erzielen. Schließlich sind wir, der Staat, doch die stillen Teilhaber bei Ihnen.« Er hätten hinzufügen sollen: etwa auf der Basis von 50 zu 50.

Als Mr. Bloué, der leitende Vertreter des größten Eisen- und Stahlkonzerns der USA und der Welt, U.S. Steel Corporation, dem Präsidenten mitteilte, daß die Preise für Eisen und Stahl erhöht werden müßten, ließ der Präsident keinen Zweifel, wer in den Vereinigten Staaten das Sagen hat. Der private Konzern mußte einen Rückzug antreten. Zwar gibt die amerikanische Verfassung dem Präsidenten oder der staatlichen Exekutive nicht das Recht, die wesentlichen Funktionen des privaten Unternehmers, d.h. die Bestimmung von Preisen oder auch von Löhnen zu übernehmen, es sei denn, daß im Fall von Notzuständen, vor allem im Kriegsfall, der Kongreß dem Präsidenten entsprechende außerordentliche Vollmachten gewährt. Davon konnte keine Rede sein. Der Präsident handelte offensichtlich in offener Verletzung der Verfassung.

Mr. Bloué konnte sich auf die konstitutionellen ›Grundrechte‹ berufen. Das tat er auch. Aber diese Haltung war kurzsichtig und unrealistisch. Mr. Bloué hätte sich an einen bekannten Ausspruch von Ferdinand Lassalle, dem Mitbegründer der deutschen Sozialdemokratie, in die er den Begriff des Staatssozialismus hineingetragen hatte, erinnern sollen: ›Die Verfassung hängt von den Machtverhältnissen ab.‹ Die Machtverhältnisse hatten sich in dem klassischen Land des privaten Unternehmerkapitalismus geändert. Die Kräfte, die unter dem alten Finanzkapitalismus zu den Mächtigsten ihres Landes geworden waren, müssen sich nun den höchsten Exekutiven des Staates unterwerfen. Wenn sie es nicht tun, führen sie einen Kampf gegen Windmühlenflügel. Ähnliche Erfahrungen wie Mr. Bloué haben die Großbanken in Wall Street gemacht. Auch sie müssen ihre Segel nach dem Wind, der von Washington aus weht, ausrichten.

Die Entmachtung der alten finanzkapitalistischen Aristokratie ist in ihrer früheren Weltmetropole, der City of London, weiter fortgeschritten als in den USA. Wer heute durch die City of London schreitet, mag noch den Glanz der ›guten alten Zeit‹, als die City Weltmetropole war, spüren. Die Namen der Handels- und Finanzhäuser, der großen internationalen Handelsgesellschaften, die einstmals Schlüsselstellungen im Welthandel innehatten, bestehen noch. Aber sie strahlen nicht mehr die Macht aus, die sie einstmals besaßen. Das trifft nicht nur auf ihren Einfluß nach außen, sondern auch nach innen zu. Das spiegelt sich auch in der veränderten Rolle der Bank of England wider. Sie wurde mit Recht Anfang dieses Jahrhunderts als die zweite Regierung Großbritanniens bezeichnet. Sie konnte die monetäre Politik souverän bestimmen und damit auf die Politik der parlamentarisch gewählten Regierung entscheidend Einfluß nehmen. Das ist anders geworden. Nunmehr bestimmen das Schatzamt oder das Finanzministerium. Ohne Veränderungen in der geschriebenen Verfassung, die in England weniger wichtig ist als die ungeschriebene Verfassung, hat sich das Verhältnis von Zentralbank und Regierung entscheidend gewandelt. Die Zentralbank ist im wesentlichen nur noch ein Instrument der Regierung. In wenigen Ländern des Westens ist die Zentralbank, jedenfalls der Verfassung nach, noch autonom. Das trifft auf die Bundesrepublik Deutschland und auch auf die USA zu. Aber es ist noch nicht probiert worden, was geschieht, wenn die Regierung und die Zentralbank verschiedene Wege der Politik beschreiten wollen. Ich bin mir sicher, daß die Probe nicht zugunsten der Zentralbank ausfallen wird. Im besten Fall kann sie bei einer relativ schwachen Regierung noch Einfluß ausüben.

Über die Entwicklung des alten Finanzkapitalismus und des Staatskapitalismus gab es in den einstmals führenden Kreisen Illusionen. Diese waren oft kostspielig für diejenigen, die den Prozeß falsch einschätzten. So sind mir zahlreiche Persönlichkeiten aus der Welt des Finanzkapitalismus bekannt, die nach dem Zweiten Weltkrieg glaubten, daß Wall Street sich zu dem entwickeln werde, was einstmals die City of London war. Hier würde eine neue Metropolis der internationalen Finanzwelt entstehen. Es schien, daß als Folge der Verschiebung der internationalen Machtverhältnisse im Westen nun eine geographische Verlagerung des Zentrums des internationalen Finanzkapitalismus erfolgen würde – von der City of London nach Wall Street. Die führenden Kräfte in Wall Street sind bescheiden geworden und wissen, daß die Bürokraten in Washington, nicht in Wall Street, auch für sie die Richtung vorgeben.

Die Wiederbelebung internationaler Kapitalmärkte hat Grenzen, die von den führenden Finanziers in Washington zu beachten sind. Der größte Teil der Welt gehört zu den Gebieten mit politischen Risiken, wo man sich nur betätigt, wenn Garantien von der eigenen Regierung gewährt werden. Auf eigenes Risiko hin ist man in größerem Ausmaß nur in den wenigen Ländern der westlichen Welt aktiv, wo die politischen Risiken für das private Finanzkapital übersehbar sind und nicht größer als im eigenen Land erscheinen. Dabei sind die wenigen Länder besonders attraktiv, wo diese Risiken minimal sind, eventuell sogar geringer als in den USA selbst.

Ein neuer ›Realismus‹ ist für führende Persönlichkeiten des Finanzkapitals typisch. Das bedeutet aber auch, daß sie gewillt sind, sich den Entscheidungen der Führer der staatlichen Macht anzupassen. Sie mögen versuchen, auf diese Entscheidungen noch Einfluß auszuüben; aber das gelingt nur, wenn die Einflußnahme Entwicklungen begünstigt, die die Machtstellung der Führer des Staates nicht beeinträchtigt, sondern sie im Gegenteil festigt. Die wenigen Länder, wo diese Entwicklung sich noch nicht durchgesetzt hat, sind gewissermaßen Enklaven. Sie können als Brücken zwischen der alten und der neuen Welt und neutrale Inseln, die auch den Zusammenprall von Großmächten überstehen, erhalten werden.

In orthodox-marxistischen Kreisen stellte man sich vor, daß die Leiter der staatlichen und Staatsparteibürokratie in der westlichen Welt lediglich die Handlanger der privatkapitalistischen Konzerne und Banken seien. Überspitzt stimmt eher das Gegenteil. Die finanziell mächtigsten privatkapitalistischen Gesellschaften müssen die Leiter der staatlichen Bürokratien umwerben und ihnen dienstbar sein. Sie müssen ihre Vertreter in den Zentren der staatlichen Bürokratie haben, damit sie rechtzeitig von Wendungen in der Politik unterrichtet werden und einen angemessenen Anteil an staatlichen Aufträgen erhalten. In Zeiten politischer Krisen drohen ihnen Gefahren staatlicher Eingriffe, welche bis zur De-facto-Enteignung gehen können.

Die Erfahrungen, die die privatkapitalistischen Leiter großer Finanz- und Handelshäuser in den USA oder in Deutschland gemacht haben, sind gewiß sehr unterschiedlich. Die Unterschiede sind prinzipieller Art, wenn das politische System als solches verglichen wird. Aber man kann die Unterschiede auch als graduell bezeichnen, wenn die Tendenz in der Entwicklung erkannt werden soll.

Das ist für die Vereinigten Staaten eine relativ neue Erfahrung. Sie wurde zum ersten Mal während des ›New Deal‹ gemacht, als F.D. Roosevelt einen gewaltigen staatlich-bürokratischen Apparat schuf. Von den führenden Kräften in Wall Street wurde damals Roosevelt als ein Usurpator angesehen, der der Tradition Amerikas widersprach und den Inhalt der freiheitlichen Verfassung aufhob. Zum ersten Mal hatte eine Partei den Staat zu einem Instrument gemacht, das über den Präsidenten die gesamte Wirtschaft bestimmte. Aber die staatlichen Eingriffe in die Wirtschaft brachten unerwartete Ergebnisse für die Regierungspartei. Eine Krise des New Deal am Vorabend des Krieges kompromittierte die neue staatliche Macht. Der Krieg schuf dann die Bedingungen, unter denen der neue Staatskapitalismus sich endgültig konstituierte. Das ist nicht die Revolution der Manager gewesen (James Burnham). Die Regierung war kein Interessenvertreter der ›Klasse der Manager‹ geworden. Sie wurde der Repräsentant einer politischen Verwaltungsbürokratie. Als solche ist sie zentralistisch aufgebaut. Sie duldet nicht, daß irgendeine private Gruppe, weder unter den Finanzkapitalisten noch unter sonstigen Unternehmern noch unter den Gewerkschaften usw. sich so organisiert, daß sie autonom von der Regierung bestimmend auftreten kann. Der gewerkschaftlichen Bürokratie fällt es leichter, sich dieser neuen Lage anzupassen als der finanzkapitalistischen Aristokratie, wenn sie die Sicherheit der Rente sucht.

Unter Stalin und seinen Nachfolgern war die politische Macht im Osten bei einer Gruppe weniger ›Führer‹ konzentriert, die weder Vertreter der Klasse der wirtschaftlichen Manager waren noch der Kontrolle irgendwelcher gewählter Vertretungen unterlagen. Sie repräsentierten weder eine neue aristokratische Militärkaste noch die rein administrative Bürokratie. Sie standen an der Spitze eines zentralistisch aufgebauten ›Parteiapparates‹, der seinerseits die diversen administrativen, wirtschaftlichen und militärischen bürokratischen Apparate durchsetzte, obwohl diese Institutionen Eigeninteressen hatten und sich ständig bemühten, diese durchzusetzen. Die neuen Mächtigen mußten stets so handeln, als ob sie einen großen Plan verfolgen und die Entwicklung ihrer eigenen Gesellschaft frei und unabhängig bestimmen können. Sie müssen vorgeben, eine allgemeingültige Idee zu verkörpern, aber ständig in einer Art und Weise handeln, die im Gegensatz zu ihren Plänen und Ideen steht und die stets für die neuen Mächtigen selber überraschend ist. Tun sie das nicht, kann es kritisch werden. Das galt für die Vergangenheit. Das wird noch mehr für die Zukunft gelten.

Der Inflationismus hat in den letzten zwanzig Jahren die Kluft zwischen Entwicklungs- und Industrieländern überdeckt. Bei steigenden Weltmarktpreisen konnten die meisten Entwicklungsländer ihre Anteile an der Weltmarktproduktion vergrößern und westliches Kapital aufnehmen. Die Schuldendecke wird während einer deflationistischen Weltkrise nicht mehr zunehmen. Im Gegenteil, sie wird verringert werden, aber gleichzeitig wird der Fluß von Kapital in die Entwicklungsländer versiegen. Dieser Prozeß hat bereits begonnen und wird zu neuen Richtungen von Kapitalflüssen führen. Als Zeitgenosse konnte ich häufig die Fehlprognosen von strategischen Planern beobachten, die glaubten, mit der Macht der Finanzmagnaten die Zukunft gestalten zu können. In den zwanziger Jahren hofften sie, den alten Krisenzyklus überwunden zu haben. Statt dessen folgte der Zusammenbruch des Kredit- und Bankensystems und die tiefe Depression als Krise, die nicht mehr durch den alten Konjunkturzyklus beendet wurde. Danach begann der Staat als Interventionist in großem Umfang das kapitalistische System zu stützen. Die Regierungen in den USA und auch in Deutschland unter Hitler wußten nicht im voraus, daß sie vor einer fatalen Wahl stehen würden: einer deflationistischen Krise oder eines neuen Inflationismus, der sich mit budgetären Defizitfinanzierungen ankündigte. Um dieser Wahl zu entgehen, wurde der Zweite Weltkrieg von Hitler ausgelöst. Aber die Konsequenzen wurden falsch eingeschätzt. Am Ende glaubte der amerikanische Sieger, eine neue Weltordnung auf Grundlage eines von ihm kontrollierten und regulierten Weltkapitalismus errichten zu können. Wir wissen jetzt, daß diese Pläne Illusionen waren. Sie beeinflußten jedoch in starkem Maß die Gestaltung der Nachkriegswelt.

Im Osten standen die staatlichen Führungen ebenfalls im Bann von Ideen und Plänen, die scheiterten. Wenn es wahr gewesen wäre, daß sie eine neue sozialistische Gesellschaftsordnung aufbauen, dann hätte sie sich in einer Weise entwickelt, in der sie es nicht nötig gehabt hätte, konkurrenzfähig zu sein. Sie mußte aber konkurrenzfähig werden, weil zuerst unter Stalin und dann unter seinen Nachfolgern die Gesellschaft staatskapitalistischen Charakter trug. Sie kopierte den Industrialismus des Westens und mit ihm die Notwendigkeit, konkurrenzfähig zu sein. Daraufhin wurde sie von den Krankheiten des westlichen Kapitalismus (in noch größerem Ausmaß) angesteckt – budgetäre Defizitfinanzierungen, die unter zentralstaatlicher Planung nicht sichtbar waren und kumulativer Verzehr von Strukturkapital, das nicht erneuert wurde. Die kumulative Wirkung dieses Prozesses machte einen Zusammenbruch des Systems unvermeidbar, aber unter dem Vorzeichen der ›Planwirtschaft‹ konnten die Machthaber ihren Untergang nicht voraussehen.

VI

P. J.

Ich hatte Per Jakobsson in den frühen fünfziger Jahren kennengelernt, zuerst in Basel, wo er Leiter der ökonomischen Forschungsabteilung in der Bank für Internationalen Zahlungsausgleich war. Ich traf ihn später regelmäßig in Washington, wohin er als Exekutiv-Direktor des Internationalen Währungsfonds berufen wurde. Als Chefredakteur von Wochenberichten über Währungen und alle Gebiete des internationalen Finanzkapitals (›International Reports on Finance and Currencies‹) diskutierte ich mit ihm unsere redaktionellen Einschätzungen der Zukunft von Währungen, Zinsraten und internationaler Liquidität. Bei unserer Begegnung im Frühjahr 1962 ahnte ich nicht, daß ich ihn zum letzten Mal sehen würde. Etwa ein Jahr nach unserem Gespräch erschien eine kurze Nachricht in der Presse: Er sei an Herzschlag gestorben. Er machte auf mich den Eindruck eines offenbar gesunden, kräftigen Mannes in den besten Jahren seines Lebens. Er hatte allerdings einen Kampf gegen Windmühlen begonnen, als er im Haus des Präsidenten der USA seine Opposition gegen die Maßnahmen der Regierung zu inflationistischen Defizitfinanzierungen als Mittel der Konjunkturpolitik anmeldete.

P. J. wußte damals noch nicht, daß er der letzte Verteidiger des Bretton-Woods-Systems der Goldwertigkeit des Dollars und der amerikanischen Verpflichtung war, einer

Politik der inflationistischen Geldschöpfung zu widerstehen. Er ahnte aber das bevorstehende Ende des Bretton-Woods-Systems bei unserer letzten Begegnung.

P. J. war eine eindrucksvolle Persönlichkeit, die sich voll für Prinzipien, an die er glaubte, einsetzte. Er fühlte sich als Exekutiv-Direktor des IWF für die Währungsordnung der westlichen Welt, die sich auf den Goldstandard und die Goldwertigkeit des Dollars als internationale Reservewährung gründete, verantwortlich. Ich bin davon überzeugt, daß er in unserem letzten Gespräch befürchtete, daß die Tage der Goldwertigkeit des Dollars und der Dollar-Gold-Konvertibilität gezählt waren. Ich glaube – bin mir aber nicht sicher –, daß er sich bewußt war, mit einer derartigen Änderung seiner Aufgabe nicht leben zu können. In unserem letzten Gespräch überraschte mich P.J. mit einer dramatischen Feststellung. Er sagte:»Die Ära des Inflationismus geht zu Ende, der Deflationismus wird die Hauptgefahr werden. Die Demokratien der westlichen Welt können eine neue deflationistische Weltkrise nicht überleben. Sie wird schlimmer sein als die Krise der frühen dreißiger Jahre, da die Führer der westlichen Welt nicht wissen, wie sie der deflationistischen Krise zu begegnen haben ohne inflationistische Politik von budgetären Defizitfinanzierungen.« An diese Feststellung knüpfte der verantwortliche Leiter des IWF die Frage:»Wie werden die Presse und die öffentliche Meinung sich verhalten, wenn ich mich an die Öffentlichkeit mit einer Erklärung wende, daß nach dem Abschluß der ›Ära des Inflationismus‹ in Europa und Japan die Gefahr einer deflationistischen Krise entsteht?«

Ich war auf diese Frage nicht vorbereitet. Ich wußte, daß eine öffentliche Warnung von P.J. eine Weltsensation darstellen würde und eventuell einen Börsen- und Bankenkrach auslösen könnte. Der Exekutiv-Direktor des IWF mußte einen zwingenden Grund haben, eine derartige Wirkung zu riskieren. Der Grund war offenbar, daß P.J. mit seiner Warnung im Weißen Haus kein Gehör gefunden hatte. Im Gegenteil, die Berater des Präsidenten glaubten, daß die Regierung mit inflationistischer Geldschöpfung und budgetären Defizitfinanzierungen den Zustand der Vollbeschäftigung und der vollen Ausnutzung industrieller Kapazität herstellen könne. Sie waren ›Neo-Keynesianer‹. Deswegen sah P.J. voraus, daß die Tage des Bretton-Woods-Systems gezählt seien. Er wollte offenbar von der Bühne der Weltöffentlichkeit in Washington mit einer Warnung abtreten, die zwar eine Sensation, aber vor allem eine Kompromittierung des Präsidenten gewesen wäre. Eine Ära deflationistischer Krisen stehe bevor und die politische Führung bemühe sich, sie durch Defizitfinanzierungen der Rüstungen und Disziplinierung der Nation unter einer autoritären Führung zu rechtfertigen. Der außenpolitische Auftrag, die westliche Zivilisation vor der Bedrohung durch den Weltkommunismus zu schützen, wurde bemüht, um innenpolitisch in erforderlicher Weise agieren zu können, da der Präsident mit einer deflationistischen Krise im Rücken die kommenden Wahlen verlieren würde. Dem europäischen Exekutiv-Direktor des IWF galten die innenpolitischen Erwägungen des amerikanischen Präsidenten als keinesfalls maßgebend für die internationale Währungspolitik. Er suchte einen dritten Weg, der die deflationistische Weltkrise verhindern sollte, ohne einen neuen Inflationismus zu bemühen. Rückblickend ist es möglich, daß die Nachfolger von P.J. behaupten, daß statt der von ihm erwarteten deflationistischen Krise eine neue Ära des Inflationismus folgte. Aber es gab auch erneut Kriege und Wettrüsten als Stützen der Weltkonjunktur.

Es gibt Persönlichkeiten, die einen Don-Quichottischen Kampf gegen die Politik staatlicher Macht führen, aber dabei den Finger auf tiefe Wunden der Gesellschaft legen. Per Jakobsson war eine derartige Persönlichkeit. Er war Europäer, aus Skandinavien, und galt in Europa als weitblickender welt-monetärer Experte. P.J. vertrat die klassische Grundhaltung, in der monetären Politik die Stabilität der Währung zu verteidigen und dem Inflationismus zu widerstehen. Die Sphäre des Geldes sollte der Zirkulation von Kapital dienen und nicht ein Instrument der Parteipolitik sein, um mit budgetären Defizitfinanzierungen, niedrigen Zinssätzen und inflationistischer Geldschöpfung die kapitalistische Weltwirtschaft zu stimulieren. Ein persönliches Drama spielte sich vor meinen Augen ab. P.J. wollte nicht schweigen, als er erkannte, daß die Kennedy-Regierung der bevorstehenden deflationistischen Krise durch neue Defizitfinanzierungen, durch Aufrüstung ausweichen werde. Er konnte nicht wissen, daß der Präsident der Krise durch einen Interventionskrieg im Fernen Osten entgehen wollte. Die Alternative wäre eine Politik gewesen, der Gefahr einer deflationistischen Krise mit einem rationellen Programm, das allerdings fehlte, zu begegnen.

P.J. war in der Überzeugung nach Washington gekommen, daß die gleichen Prinzipien, die er in Basel in Übereinstimmung mit den anderen Mitgliedern des Beratungsstabes der BIZ vertreten hatte, auch in der USA-Hauptstadt galten. Er hatte die Leitung des IWF in dem tiefen Glauben an die Worte des Präsidenten Roosevelt übernommen, der kurz vor dem Zweiten Weltkrieg verkündet hatte, daß der amerikanische Dollar stets goldwertig sei und nie abgewertet werde. Aber hinter den Kulissen der internationalen Diplomatie, unbeachtet von der internationalen Presse, wurden im Frühjahr 1962 unter dem Präsidenten John F. Kennedy Entscheidungen getroffen, die dem Versprechen des amerikanischen Präsidenten Roosevelt widersprachen und später die Abwertung des Dollars und die Aufhebung der Goldwertigkeit der amerikanischen Währung unvermeidbar machten. Die logische Folge jener Entscheidung im Frühjahr 1962 war die fast zehn Jahre später erfolgte Aufhebung des Abkommens von Bretton Woods.

Damals kämpfte P.J. damit, wie er für sich persönlich die neue Situation bewältigen solle. Er hatte niemanden in Washington, mit dem er offen über seine Befürchtungen sprechen konnte. Auch seine Freunde in Basel hätten ihm die Antwort nicht geben können. Es war offensichtlich, daß er die Verantwortung für den Verrat an seinen Prinzipien und für den Weg in den Inflationismus im Gefolge außenpolitischer Abenteuer und budgetäre Defizitfinanzierungen nicht tragen wollte. Es gab Gerüchte, daß seine Gesundheit angeschlagen war, als ob Gründe für seinen Rücktritt gesucht werden sollten. Seine Tochter, die über ihn ein Buch geschrieben hat, kannte die tragische Lage nicht, in der sich ihr Vater befand. Ich selber mache mir Vorwürfe, daß ich aufgrund seines Abtastens meiner Reaktion während des letzten Gesprächs mit ihm nicht sofort den vollen Hintergrund verstanden und deswegen ausweichend geantwortet hatte. Das ist ein Grund, jetzt offen über die dramatische Lage, in der sich P. J. damals befand, zu schreiben, zumal die Antworten, die er suchte, jetzt erneut gefunden werden müssen.

1962 stand der Weltkapitalismus an einem Scheideweg. Der Wiederaufbau der im Zweiten Weltkrieg zerstörten industriellen Kapazitäten in Westeuropa und Japan war beendet. P. J. glaubte, daß seine Mahnungen, dem Inflationismus abzusagen, von Zentralbanken und Regierungen gehört worden waren. Es schien, daß weltweit die ›Ära des Inflationismus‹ zu einem Abschluß gekommen war. Aber gleichzeitig stießen die neuen industriellen Kapazitäten von Westeuropa, Japan und den USA auf die Schranken des Weltmarktes. Eine neue allgemeine ›Überproduktionskrise‹ und der Deflationismus drohten. P. J. befürchtete, sie werde tiefer und gefährlicher für die westliche Welt sein als die Krise der frühen dreißiger Jahre, und er ahnte, daß die westliche Welt eine derartige Krise nicht überstehen werde ohne ein rechtzeitiges Alternativprogramm.

Die Warnungen von P. J. wurden im Kreis der Berater der amerikanischen Regierung in den Wind geschlagen. Sie glaubten, die Marktschranken durch budgetäre Defizitfinanzierungen und inflationistische Geldschöpfung ausreichend erweitern zu können – ausreichend, um das Versprechen der Vollbeschäftigung und die Ausnutzung aller industriellen Kapazitäten zu erfüllen. ›Schleichende‹, kontrollierte Inflation sollte zum Prinzip der staatlichen monetären Politik werden. P. J. sah darin den Weg zu neuem Inflationismus. Er wollte daher die Öffentlichkeit warnen. Dann aber wäre er als Panikmacher, der einen Börsenkrach und eine Bankenkrise ausgelöst hätte, angeklagt worden. Schwieg er jedoch, hätte er gegen sein Gewissen gehandelt.

Der Exekutiv-Direktor der weltmonetären Organisation, der sich für die Zukunft des Weltwährungssystems verantwortlich fühlte, stand vor einer monumentalen Entscheidung. Eine öffentliche Presseerklärung, die vor der Gefahr einer neuen weltmonetären Krise warnte und einen Ausweg aus dem Hexenkessel von Inflationismus/Deflationismus suchte, wäre eine Weltsensation gewesen. P. J. hätte einen offenen Bruch mit den Beratern des Präsidenten und indirekt mit der offiziellen US-amerikanischen Politik herausgefordert, denn die Regierung war keinesfalls gewillt, auf budgetäre Defizitfinanzierungen zu verzichten. Wie sollte sie sonst die Stellung einer Supermacht mit aktiver Außenpolitik fortführen. Der unerwartete, plötzliche Tod eines offenbar gesunden Mannes, der im besten Lebensalter stand, konnte kein Zufall sein. Es fiel auf, daß die amerikanische Presse, anscheinend dem Rat der höchsten offiziellen Stellen folgend, über das plötzliche Ableben des Leiters des IWF so gut wie nichts veröffentlichte.

Der IWF mußte sich nach dem Tod von P. J. ›keynesianisch‹ umstellen. P. J. wäre ein Hindernis für diesen Wandel gewesen. Als letzter Verteidiger des Bretton-Woods-Systems im IWF führte er hinter den Kulissen der Öffentlichkeit einen bisher unbekannt gebliebenen Kampf gegen die Übernahme des IWF durch die ›Neo-Keynesianer‹. P. J. wurde von ihnen als ein altkonservativer Monetarist angesehen, der die Zeichen der Zeit nicht verstand. Als ›Politiker‹ sollte er gelten, weil er die Theorie der Ausschaltung des Krisenzyklus und der Dauervollbeschäftigung durch monetäre Politik bzw. budgetäre Defizitfinanzierungen nicht teilte. Er war sich bewußt, daß der alte Krisenzyklus oder die Zirkulation des Kapitals gehemmt war. Er glaubte nicht, daß die gehemmte Zirkulation des Geldkapitals bzw. von ›Sparkapital‹ durch Manipulation der Geldpolitik bzw. budgetäre Defizitfinanzierungen ausreichend belebt werden könne. Er suchte nach Wegen, diese Hemmungen der Kapitalzirkulation zu überwinden, ohne das Prinzip der Verteidigung der Währungsstabilität im Sinne der Erhaltung der Kaufkraft des Geldes zu verletzen. An diesem Prinzip festzuhalten war für ihn moralische Pflicht.

P.J. glaubte aber auch, daß die Hemmnisse der Zirkulation des Geldkapitals ohne Konzessionen an den Inflationismus überwunden werden könnten. Ich wußte nicht, wie isoliert er mit seinen Ansichten in Washington war. Ich glaube, er sehnte sich zurück nach seiner Zeit bei der BIZ, als er den Ideologien der ›Monetaristen und Keynesianer‹ und den Abhängigkeiten der ›Politiker‹ unabhängig gegenüberstand. Es schien, daß P.J. ein liberal-konservativer Verteidiger des Kapitalismus war, mit viel Verständnis für soziale Probleme, für die Gefahr einer neuen Marktkrise und die Folgen der Massenarbeitslosigkeit. Er hatte erkannt, daß die verantwortlichen politischen Spitzen in den USA eine deflationistische Krise mehr fürchteten als den Inflationismus, wenn er ›kontrollierbar‹ erschien. P.J. wußte, daß der alte Krisenzyklus nicht mehr wirksam war. Er wollte neue Wege erkunden, die Hemmungen der Zirkulation von Kapital zu überwinden, ohne in die Mausefalle des Zyklus Inflationismus und Deflationismus verstrickt zu werden.

Dieses Suchen nach neuen Wegen brachte ihn in Konflikt mit den ›Politikern‹ im Weißen Haus. Sie waren dem Präsidenten gefolgt, als dieser die Möglichkeiten abtastete, einer deflationistischen Krise aus dem Weg zu gehen, ohne zum Inflationismus zurückzukehren. Er suchte neue Aufgaben für den Staat, um die Ausdehnung staatlicher Ausgaben und budgetäre Defizitfinanzierungen zu rechtfertigen. Sonst hätte der Widerstand im Kongreß gegen das neue Schuldenmachen nicht überwunden werden können.

Roosevelt hatte mit dem ›New Deal‹ den Zustand der Vollbeschäftigung erreichen können – zwei Jahre lang. Dann begann das Wettrüsten und der Zweite Weltkrieg. Ein Dritter Weltkrieg sollte jedoch vermieden werden. Aber der amerikanische Präsident benötigte eine ›Weltmission‹, um die Rolle des Staates und der staatlichen Finanzierungen auszudehnen und den Kongreß unter Druck zu setzen, dem zuzustimmen. P. J. forderte Kennedy und dessen Beraterstab auf, Mittel zu finden, um der Gefahr einer deflationistischen Weltkrise aus dem Wege zu gehen. Statt dessen präsentierte der Präsident für die USA die Aufgabe, die westliche Zivilisation vor dem ›Weltkommunismus‹ zu retten.

Das Vorspiel war der Versuch einer Invasion in Kuba, die abgeblasen wurde, als es schien, daß die Intervention einen Ost-West-Krieg auslösen werde. Der Nachfolger des ermordeten Präsidenten Kennedy eskalierte schließlich die Teilnahme am Krieg in Vietnam, um die versprochene Vollbeschäftigung im eigenen Land erreichen zu können.

Die Mitglieder der amerikanischen Regierung unter Präsident Kennedy – später Johnson – und deren ökonomische Berater glaubten, daß der drohenden deflationistischen Krise ausgewichen werden könne – mit neuen inflationistischen Defizitfinanzierungen. Sie sollten als ›nationale Notwendigkeit‹ mit Anforderungen der Außenpolitik begründet werden. Es war vorauszusehen, daß die Regierung die Goldwertigkeit des Dollars unter dem Bretton-Woods-System nicht verteidigen werde. Der kluge Exekutiv-Leiter des IWF mußte wissen, daß die zu erwartenden kumulativen Defizitfinanzierungen den Inflationismus in den USA mehr als in anderen Industrieländern steigern würde und daß die USA ihre internationale Liquidität gefährdete, wenn sie mit ihren Goldbeständen die Goldwertigkeit des Dollars unter dem Bretton-Woods-System verteidigen würden.

P. J. war für die Erhaltung der Goldwertigkeit des

Dollars. Diese Haltung kam in einem Gespräch zum Ausdruck, das er 1961 mit dem Vorsitzenden der Moskauer Narodni-Bank in London, A.Y. Doubonossov, und dem Vizepräsidenten der Staatsbank der UdSSR, Mr. N. Sveshnikov, führte. P.J. wurde gefragt:»Was denken Sie über den Goldpreis?« P.J. antwortete halbernst:»Ich bin ein Marxist.« Allerdings bezog sich die Antwort lediglich auf die Bestimmung des Goldpreises und des Wertes von Gold. P.J. sagte:»Karl Marx hat geschrieben, daß der Preis von Gold durch die Produktionskosten bestimmt werde. Die Zunahme der Goldproduktion um 3 Prozent im Jahre 1961 und in Südafrika um 7 Prozent beweist, daß der offizielle Goldpreis im Bereich des Kostenpreises liegt.« Die späteren heftigen Ausschläge des Goldpreises waren eine Folge privater Freimarkt-Spekulation und des Inflationismus. Gold wurde als das beste Mittel der Werterhaltung von Geldkapital in einer Zeit des Inflationismus angesehen. Ein hoher Beamter im britischen Schatzamt stellte damals fest:»Jetzt hat die Inflation (in den USA) aufgehört. Eine jährliche Zunahme von Löhnen um 2 Prozent erscheint gerechtfertigt, und vielleicht sollte ein absoluter Stillstand des Lohnniveaus erfolgen.«

Die Ahnungen von P.J. wurden bestätigt, als der Präsident der USA eine ›Weltmission‹ für sein Land suchte und sie in Vietnam fand. Dadurch waren budgetäre Defizitfinanzierungen eine nationale Notwendigkeit geworden. Die Vorzeichen von neuen militärischen Konflikten erschienen in der Innenpolitik, nicht als Bedrohung von außen oder als Kampf für neue Kapital-Anlagefelder in fernen, vom Kapitalismus noch nicht erschlossenen Ländern oder im Kampf für erweiterte Anteile an Weltmärkten oder für internationale Monopolmacht. Dem Vietnam-Krieg folgten die ›goldenen siebziger Jahre‹, ein rapides Wachsen der internationalen Schuldendecke, damit auch des finanzkapitalistischen Reichtums und des allgemeinen Wohlstandes in den industriellen Ländern.

Die Kapitalisierung der Zukunft legt die Grundlage für

die rapide Ausdehnung des Finanzkapitals. Man brauchte nicht neue Weltmärkte zu erschließen, um sich auszudehnen. Geldkapitale konnten zunehmen, verliehen und angelegt werden, unabhängig von den Produktionsverhältnissen. Neue Produktionsanlagen, deren Verwertung ungewiß war, wurden finanziert. Die Erweiterung produktiver Kapazitäten wurde übertroffen durch die inflationistische Ausweitung der inneren und der Auslandsverschuldung der USA.

Die USA als die Supermacht des Westens war der offizielle Behüter der internationalen Liquidität der westlichen Welt. Sie dominierten im IWF, d.h. in der Organisation, die die internationale Liquidität aller Mitgliedsländer überwachte und in Notfällen bedingte internationale Liquiditätshilfe bieten mußte. ›Bedingt‹ – denn das Ziel sollte stets der Verzicht auf inflationistische Geldschöpfung und der Ausgleich der Zahlungsbilanz, einschließlich der Erfüllung der Schuldverpflichtungen des Landes gegenüber dem Ausland sein. Die USA waren damals das große Gläubigerland der westlichen Welt. Dieses Prinzip mußte Ausnahmen zulassen – die wichtigste Ausnahme wurden die USA selbst.

Damals hatte der Vorsitzende des Exekutiv-Direktoriums des IWF größeren Einfluß als heute. Unter dem Bretton-Woods-System war der IWF der Gralshüter der internationalen Liquidität der Welt. Als P. J. den Posten des ersten Exekutiv-Direktors des IWF in Washington annahm, war er in die Spitzenkreise der Intelligenzija in Washington aufgerückt. Er nahm eine einflußreiche Stellung als Berater von Regierungen und Zentralbanken der Welt und besonders der amerikanischen Regierung am Ende einer ›Ära des Inflationismus‹ ein. Aber selbst er wußte nicht, daß ein Wendepunkt fällig war.

Im Frühjahr 1991, in Vorbereitung dieses Buches, besuchte ich erneut die Exekutive des IWF in Washington. Ich fragte den ›Senior Officer‹, der Per Jakobsson persönlich gut gekannt hatte, was seine Ansicht über P. J., die Person und den weltmonetären Experten, sei. Ich fühlte, daß ihm die Frage peinlich war. Er sagte: »Per Jakobsson war ein Politiker ...« Dann schwieg er, als ob er glaubte, er habe bereits zuviel gesagt. Wie konnte P. J. als ›Politiker‹ im IWF bezeichnet werden? Ich verstand, was für den hohen Beamten des IWF das Wort ›Politiker‹ bedeutete: »Er war nicht einer von uns.« Er meinte damit, er war kein ›Neo-Keynesianer‹. P. J. wollte den Inflationismus als eine Krankheit des Kapitalismus bekämpfen. Für den Neo-Keynesiasmus ist der schleichende Inflationismus ein Gesundungsmittel. Deswegen konnte P. J. nicht ›einer von uns‹ unter den Beamten der Monekratie in Washington sein. Meine Frage war herausfordernd, denn mit dem Beginn einer stagflationistischen Weltkrise waren die Ansichten von P. J. eine Häresie geworden.

Die Theorien der Neo-Keynesianer waren während der Ära der schleichenden Inflation und des neuen Phänomens der Stagflation kompromittiert worden. Die schleichende Inflation drohte galoppierend und unkontrollierbar zu werden, wenn der Rat der Keynesianer, mehr budgetäre Defizitfinanzierungen vorzunehmen, befolgt worden wäre. Mit dem Beginn einer deflationistischen Krise glaubten die Neo-Keynesianer, ihre Stunde kommen zu sehen, in der sie berufen wurden, durch Befürwortung von inflationistischen Defizitfinanzierungen der deflationistischen Krise entgegenzutreten. Inzwischen hat der Wandel des Finanzkapitalismus die Rolle des Staates bedeutend erweitert. Die Neo-Keynesianer waren bereit, den Prioritätenanrechten des Staates bei der Verteilung des Brutto-Sozial-Produkts offizielle Geltung zu verschaffen. Aber gleichzeitig sollten die Zentralbanken und die weltmonetäre Behörde dem Inflationismus entgegentreten. Der Inflationismus sollte schleichend bleiben, mit einer Inflationsrate von bis zu 5 Prozent jährlich. In den fünfziger Jahren war es gelungen, die schleichende Inflation, die in vielen Ländern des Westens eine galoppierende zu werden drohte, zurückzuschlagen. In den USA begannen die Vorzeichen einer stagflationistischen Krise zu erscheinen. Hinter den Kulissen der Öffentlichkeit hatte damals P.J. eine Kontroverse mit führenden Neo-Keynesianern. Sie behaupteten, daß die von P.J. befürchtete deflationistische Weltkrise am Ende einer Ära des Inflationismus nicht kommen werde. Denn mit budgetären Defizitfinanzierungen würden Vollbeschäftigung und die Ausnutzung aller produktiven Kapazitäten in den USA und anderen Industrieländern erreicht. Der Staat wurde zum größten Arbeitgeber des Landes. Er erweiterte den inneren Absatzmarkt für Konsumgüter und für Investitionsgüter. Eine Wiederholung der Markt- und Absatzkrise der frühen dreißiger Jahre könne deswegen vermieden werden.

Unter Ausschluß der Öffentlichkeit wurden von den ökonomischen Beratern des Präsidenten die Gewerkschaften angeklagt, den Rahmen von 5 Prozent ›schleichender‹ und ›akzeptierbarer‹ Inflation mit Lohnforderungen von 8 bis 12 Prozent jährlich zu überschreiten. P.J. wandte sich entschieden gegen diese Argumentation aus Gründen, die prinzipieller Art waren. Er trat gegen jeglichen Inflationismus auf. Einzelne Preise, einschließlich Löhne, mochten sich als Folge von freier Marktkonkurrenz verändern, ohne das allgemeine Preisniveau zu beeinflussen. Der Lohn ist ein Preis für die Ware Arbeitskraft. Deswegen gäbe es keine zwingende Notwendigkeit, bei steigenden Löhnen das allgemeine Preisniveau zu verändern. Die neo-keynesianischen Berater des Präsidenten argumentierten, daß die Gewerkschaften in der Position von Oligopolen seien. Die Gesetze der freien Konkurrenz werden mißachtet. Die Verwertungsbedingungen für Kapital werden als Folge einer Erhöhung des Lohnniveaus, die über die Steigerung der Arbeitsproduktivität hinausgeht, verschlechtert. Die ökonomischen Berater des Präsidenten verteidigten indirekt das Argument der Monopolisten und Oligopolisten, daß eine inflationistische Erhöhung des Preisniveaus bis zu 5 Prozent jährlich annehmbar sei, sonst drohe eine deflationistische Weltkrise.

Rückblickend sei festgestellt, daß in den fünfziger Jahren die Kaufkraft des Dollars relativ stabil geblieben war. Aber Anfang der sechziger Jahre begannen in den USA Beschäftigung und industrielle Produktion zu stagnieren. Die Vorzugsstellung der USA auf Weltmärkten wie in den beiden ersten Dekaden der Nachkriegszeit bestand nicht mehr. Der Wiederaufbau der industriellen Strukturen in Westeuropa und Japan war vollendet. Deswegen schrumpfte der Absatzmarkt für amerikanische Investitionsgüter. Die neuen industriellen Kapazitäten in Westeuropa und Japan waren eine Konkurrenz für die USA geworden und drangen in den Weltmarkt ein – in Konkurrenz mit der amerikanischen Industrie. Gleichzeitig war die schleichende Inflation in vielen europäischen Ländern zurückgedrängt worden.

Am Anfang meines vorher zitierten letzten Gespräches mit P. J. hatte er mit Befriedigung gesagt: »Auf meinen zahlreichen Meetings mit den Zentralbank-Leitern und Finanzministern im Ausland hatte ich früher stets gemahnt, dem Inflationismus entgegenzutreten. Jetzt hat die Ära des Inflationismus geendet. Wir stehen an einem Wendepunkt. Statt Inflationismus wird der Deflationismus zur Hauptgefahr für den Westen.« Tatsächlich war der Weltinflationismus auf unter 2 Prozent jährlich gesunken.

Ohne den Krieg in Vietnam (vorher in Korea) hätten Westeuropa und Japan die große Exportkonjunktur und den schnellen Ausbau der industriellen Kapazitäten nicht erlebt und ihre internationale Liquidität (z. T. in Gold, zumeist in Dollar) nicht erweitern können. Sie konnten die internationale Liquidität, die vorher von den USA kontrolliert worden war, übernehmen. Das wurde eine Herausforderung für die USA, deren Antwort später lautete: Kündigung der Dollar-Gold-Konvertibilität.

Paul A. Samuelson und Seymour E. Harris, beide prominente Vertreter des ›Neo-Keynesianismus‹ und Berater des Präsidenten, zuerst von John F. Kennedy, später von Lyndon B. Johnson, traten dafür ein, mit Defizitfinanzierungen und inflationistischer Geldschöpfung den inneren Konsum auszudehnen. Sie empfahlen, den Dollar eventuell abzuwerten. Das konnte unter dem Dollar-Gold-Devisenstandard durch Erhöhung des monetären Goldpreises beschlossen werden. Der Dollar wäre entwertet worden. Für eine derartige Entscheidung wäre die Zustimmung des Kongresses erforderlich gewesen. Der Präsident wollte jedoch nicht die persönliche Verantwortung für die Abwertung der Währung des Landes tragen. Die amerikanische Exportkonkurrenz hätte allerdings vorübergehend profitiert. Die Gegenargumente, die auch heute noch gelten, bestanden darin, daß die Abwertung der Währung als Konkurrenzwaffe auch von den Konkurrenten der USA angewendet werden kann. Durch Einführung neuer Technologien oder das Steigen der Arbeitsproduktivität werden Japan und Westeuropa an Konkurrenzstärke gewinnen und die USA auf technischem Gebiet zurückfallen – eine offensichtliche Folge der Abwertung des Dollars. Dennoch folgte der Präsident dieser Empfehlung seiner Ratgeber.

Über die vielen Gespräche von P. J. mit den monetären Experten der amerikanischen Regierung über die Gefahren neuer inflationistischer Geldschöpfung ist bisher – soweit mir bekannt ist – kein Wort veröffentlicht worden, außer Hinweisen seiner Tochter in der Biographie, die sie nach seinem Tod schrieb. Sie führte an, daß P. J. glaubte, daß ›schleichende Inflation‹ wegen der ›vorauszusehenden Konsequenzen‹ gefährlich sei. P. J. konnte in der Haltung der Berater des amerikanischen Präsidenten besser als andere voraussehen, daß die USA unter dem Bretton-Woods-System ihre internationale Liquidität verlieren würden, wenn sie inflationistischer Geldschöpfung folgen. Die USA konnten später den vollen Verlust ihrer internationalen Liquidität nur vermeiden, indem die Dollar-Gold-Konvertibilität aufgehoben wurde. Damit hörte die USA auf, eine Supermacht auf dem Gebiet der internationalen Finanz zu sein. Fast eine Dekade sollte vergehen, bevor die Regierung in Washington beschloß, die internationale Liquidität der USA durch das formelle Aufheben des Bretton-Woods-Abkommens zu verteidigen (Frühjahr 1972).

In der jetzigen Zeit der stagflationistischen Weltkrise stellt sich auf der Grundlage historischer Erfahrungen folgende gefährliche Frage: Ist ein Krieg oder ist Wettrüsten erforderlich, um den Zustand der Stagflation zu beenden und den Zustand der Vollbeschäftigung zu erreichen? In den vorausgegangenen siebzehn Jahren gab es Inflationismus in Europa und Asien (einschließlich Japan), aber nicht in den USA. P. J. konnte nicht wissen, daß sich dieses Verhältnis sehr bald umkehren werde. Das war unter dem Bretton-Woods-System nicht möglich. Deswegen mußte es scheitern.

Der wirkliche Grund für das Scheitern des Systems war nicht die ›Befreiung‹ der Zentralbanken und Regierungen von der ›barbarischen Versklavung‹ durch die monetäre Rolle von Gold (Keynes), sondern die Gefährdung der internationalen Liquidität der USA zu Beginn der siebziger Jahre, falls die amerikanischen Goldreserven den Regierungen und Zentralbanken anderer Länder voll ausgezahlt worden wären.

Die Tage (oder Jahre) des Bretton-Woods-Systems waren gezählt, als der amerikanische Präsident dem Rat der Neo-Keynesianer, mit budgetären Defizitfinanzierungen der Gefahr einer deflationistischen Krise entgegenzutreten, folgte und mit dem zunehmenden Einsatz in Vietnam verteidigte. Als P. J. der Exekutiv-Direktor des IWF wurde, war sich offensichtlich die staatliche Führung im Weißen Haus und im Schatzamt in Washington nicht bewußt, daß die Weltstellung des Dollar vor einem kritischen Wendepunkt stehen und daß P. J. eher die Stimme Westeuropas als die der USA sein würde.

VII

Die Dollarisierung der D-Mark

Das Geldsystem des Kapitalismus besteht zweimal, national und global. Die Geldkapitale müssen sich frei bewegen können. Sie bewegen sich ungehindert über Grenzen, egal ob es dort Diktaturen oder demokratische Regierungen gibt, vorausgesetzt die betreffenden Währungen sind konvertibel. Das war das Ziel der internationalen Währungsordnung: Die Konvertibilität der Währungen. Sie ist notwendig, damit der internationale Handel und das Geldkapital sich frei bewegen können. Die Geldkapitale dienen nicht nur der Finanzierung des Handels, sie haben ein autonomes Eigenleben, als Geldkapital national und international. Es muß die Freiheit haben, sich im Zirkulationsprozeß des Kapitals zu bewegen – oder auch nicht, d.h. als reines Geldkapital zu leben, das eventuell produktive Anlagen finanziert. Es kann im eigenen Bereich verbleiben. Oder es wird wandern, hinein in Länder und Währungen, wo die Verwertungsbedingungen oder die Renditen besser sind.

Im Niedergang der Verwertungsbedingungen des Kapitals wachsen die nicht angelegten Geldkapitale, die sich dem Zirkulationsprozeß entziehen. Diese Freiheit des Geldkapitals benötigt die Konvertibilität der Währungen. Sie wird als eine große Errungenschaft des Weltwährungssystems nach dem Zweiten Weltkrieg angesehen. Dieser

Fortschritt ist ein Grund für die Zerrüttung der internationalen Währungsordnung. Sie fördert das Entstehen von ›Führungswährungen‹, deren Stärke auf tönernen Füßen steht. Denn sie beruht auf der Fähigkeit der Währung (und des Landes), die internationale Liquidität der anderen Länder aufzunehmen. Diese Gelder müssen frei beweglich sein. Sonst verlieren sie ihre internationale Liquidität. Damit wird das internationale Währungssystem verunsichert. Es tendiert dazu, chaotisch zu werden. Wenn der Versuch unternommen wird, dem Chaos entgegenzutreten und die fremden Geldkapitale zu kontrollieren, wird die Krise die internationale Liquidität von einzelnen Ländern des Weltsystems gefährden. Das ist eine Lage, die an die Zentralbanken und den IWF widerspruchsvolle und unerfüllbare Aufgaben stellt.

Die Benutzung von Nationalwährungen als Grundlage für die internationale Liquidität anderer Länder hat Schule gemacht. Das gilt in erster Linie für die D-Mark. Sie wurde, als der Inflationismus in den USA zunahm, die Ausweichwährung für die Zentralbanken und Regierungen, vor allem in Europa und für den privaten Bankensektor des Auslandes. Damit hat die D-Mark die Rolle des Dollars als monetäre Reservewährung und Träger von internationaler Liquidität übernommen. Die Konsequenzen werden nicht ausbleiben. Aus diesem Grunde ist der Ausdruck ›Dollarisierung‹ der D-Mark voll gerechtfertigt.

Die D-Mark wird die Stärke und Krankheiten des Dollars übernehmen. Der Dollar ist bekanntlich eine Doppelwährung. International dient er als Reservewährung der Welt. Andere Länder halten monetäre Reserven zumeist als Depositen in der amerikanischen Währung. Das haben sie bereits unter dem Bretton-Woods-System getan. Aber damals galt das Gold als primäre Reservewährung. Länder, die nur niedrige Währungsreserven besaßen oder nicht über ausreichende Auslandseinkünfte zum Ausgleich der Zahlungsbilanz verfügten, zogen Dollarreserven dem Gold vor. Denn nur durch Dollar-Depositen konnten sie Zinseinnahmen erzielen. Gold ist totes Kapital, während Dollar-Depositen Geldkapital sind, mit dem Zinszahlungen ›verdient‹ werden.

Während der Zeit des Aufbaus der monetären Reserven anderer Länder, die nach Kriegsende bei fast allen Industrieländern relativ gering waren, verkörperte der Dollar die starke, harte Währung. Gelder aus der ganzen Welt, die nicht im eigenen Land verwertet wurden, gingen in den Dollar hinein. In dieser Periode wurde der Dollar als starke Währung durch die monetäre Politik der USA verteidigt. Der Inflationismus war damals noch keine Erscheinung, die den Dollar entwertete. Die Steigerung des Preisniveaus lag nahe dem Nullpunkt und betrug weniger als 2 Prozent jährlich. Dagegen waren in Nicht-Dollarländern inflationistische Tendenzen vorherrschend. Wer sich gegen den Inflationismus schützen wollte, ging in den Dollar. Offiziell und inoffiziell wurden hunderte von Milliarden Dollar in der Welt akkumuliert.

Kaum 20 Jahre nach dem Zweiten Weltkrieg begann die zweite Periode. Die US-amerikanische Regierung wollte deflationistischen Krisen entgehen. Die neo-keynesianischen Ratgeber versprachen Vollbeschäftigung und Ausnutzung aller produktiven Kapazitäten, wenn der Staat mit Defizitfinanzierungen zusätzliche Kaufkraft in das System hineinpumpt. Die zusätzliche Produktion von Waren sollte es möglich machen, den Inflationismus zu vermeiden. Aber tatsächlich begann eine Ära des Inflationismus für den Dollar.

Der Dollar sollte durch Erhöhung des Goldpreises entwertet werden, um der Flucht aus dem Dollar in Gold entgegenzutreten. Statt dessen beschloß die Regierung, die internationale Reservewährung, die stärker als der Dollar war, zu ›demonetisieren‹. Bei Fortgang der Flucht aus dem Dollar in Gold hätten die USA ihre eigene internationale Liquidität verloren, denn sie beruhte primär auf ihren Goldreserven. Am Beginn einer derartigen Flucht aus dem Dollar dekretierte die Regierung in Washington daher, daß der Dollar nicht mehr offiziell gegen Gold verkauft oder mit Gold gekauft werden kann. Eine mäßige Erhöhung des Goldpreises genügte nicht, um das Vertrauen in den Dollar wieder herzustellen. Im Frühjahr 1972 wurde das sogenannte ›Gold Window‹ (Goldfenster) in Washington geschlossen. Die amerikanische Regierung hörte auf, ihr Gold gegen Dollars zum offiziellen Preis zu verkaufen oder umgekehrt Gold von ausländischen Zentralbanken und Regierungen zu kaufen, die den Dollar als internationale Reservewährung benutzten und ihre internationale Liquidität mit Dollardevisen verteidigten.

Der offizielle Goldpreis, der unter dem Bretton-Woods-System verteidigt werden mußte, wurde aufgehoben. Es begann die Ära der internationalen Dollarwährung. Die internationale Liquidität anderer Länder bestand aus Dollar-Depositen. Dollardevisen konnten gegen Depositen anderer Währungen gekauft und verkauft werden, aber nur zu den jeweiligen flexiblen Marktkursen. Die Dollar-Depositen hatten ihre Gold-Konvertibilität verloren. Diese Veränderung des internationalen Währungssystems beruhte auf einem einseitigen Beschluß der Regierung der USA. Ein Brief der Regierung an den Internationalen Währungsfonds hob die Dollar-Gold-Konvertibilität auf.[*]

*Als die Flucht aus dem Dollar in Gold seitens der Zentralbanken und Regierungen (1962) begann, wollte ich im Bretton-Woods-Abkommen die Bestimmungen über die offizielle Dollar-Gold-Konvertibilität nachlesen. Mein Bemühen war vergebens. Die offiziellen Statuten des IWF und die Beschlüsse von Bretton Woods schwiegen sich über die Dollar-Gold-Konvertibilität aus. Ich suchte den Vertreter der USA im IWF, Mr. Knapp, den ich gut kannte, auf und bat ihn, das Mysterium der Dollar-Gold-Konvertibilität aufzuklären. Er sagte: ›Hier ist die Antwort‹. Er ging an seinen Tresor und entnahm ihm ein Dokument, das ich lesen durfte. Es war der Brief, den der Präsident der USA an den IWF zur Zeit der Gründung der monetären Weltorganisation geschrieben hatte. In dem Dokument bestätigte die amerikanische Regierung die Verpflichtung, an Zentralbanken und Regierungen Gold gegen Dollardepositen zum offiziellen Preis von 32 Dollar per Unze (später 35 Dollar) Gold zu verkaufen und umgekehrt, Gold gegen Dollars aufzukaufen. Dann folgte der entscheidende Satz, den ich sinngemäß wiedergebe: ›Die amerikanische Regierung hat das Recht, jederzeit die Verpflichtung der Verteidigung der Dollar-Gold-Konverti-

Danach gab es den internationalen Dollarstandard. Er führte aber nur ein kurzes Leben. Die amerikanische Regierung wollte während der Ära des Inflationismus die Parität des Dollars gegen andere Währungen nicht garantieren. Der Internationale Währungsfonds hatte versucht, die Bedeutung des Wandels des internationalen Währungssystems zu verdecken.

Die Aufhebung der Bindung des Austauschwertes des Dollars an den Preis des Goldes und der Dollar-Gold-Konvertibilität wurde als ›Fortschritt‹ hingestellt, die Ära des Inflationismus begann. Zentralbanken und Regierungen seien nicht mehr vom Gold ›versklavt‹. Sie seien ›frei‹, die Geldmenge zu vermehren und Defizite durch inflationistische Geldschöpfung zu finanzieren.

Offiziell wurde eine neue internationale Reservewährung geschaffen, die allerdings keinen materiellen Wert hatte. Sie bestand aus einem Anrecht auf Währungsgelder der Mitgliedsländer des IWF (›Sonderziehungsrechte‹/SZR), als ob ein Anrecht dieser Art eine neue internationale Währung darstellen könnte.* Nur ein winziger

bilität zu kündigen. Die Regierung ist nur verpflichtet, schriftlich den IWF von der Kündigung der Dollar-Gold-Konvertibilität zu benachrichtigen.‹ Im Frühjahr 1972 erhielt der IWF diesen Brief.

*Offiziell wurden die SZR zur neuen Reservewährung erklärt. Die monetären Experten des IWF glaubten, daß die Mitgliedsländer in Zukunft ihre internationale Liquidität in SZR halten und daß der IWF die Institution sein würde, die die internationale Liquidität der Mitgliedsländer verwaltet und damit auch kontrolliert. Alle Mitgliedsländer weigerten sich, ihre internationale Liquidität dem IWF zu übergeben. Sie haben die Freiheit der Wahl ihrer internationalen Reservewährung behalten. Sie können frei wählen, andere Währungen, z. B. die D-Mark, als internationale Reservewährung zu benutzen. Das ist bisher nur kontinental, d.h. in Europa geschehen, obwohl auch auf anderen Kontinenten die D-Mark als Reservewährung benutzt wird.
Es sei vermerkt, daß Goldreserven aus den statistischen Berichten des IWF nach der Aufhebung des Bretton-Woods-Systems und der Einrichtung der SZR verbannt wurden. Ohne eine offizielle Erklärung wurden fast 20 Jahre später Goldreserven als Mittel der internationalen Liquidität in die Statistik des IWF wieder aufgenommen.

Teil der internationalen Liquidität besteht aus SZR-Depositen. Der Löwenanteil an der internationalen Liquidität wird vom Dollar und Gold eingenommen, obwohl der IWF den Besitz von Gold nicht mehr offiziell als internationale Liquidität anerkennt. Es galt fast als ein Verstoß gegen die guten Sitten in dieser Zeit, in den Räumen des IWF von einer monetären Rolle des Goldes zu sprechen. Stillschweigend hat sich dieses Verhalten geändert.

Das mystische Nichtsystem des IWF galt als Vorbild für die Institution des EMS (Europäisches Monetäres System), obwohl hier die monetäre Rolle von Gold nicht völlig gebannt wurde. Historisch war die Gründung des EMS ein wichtiger Abschitt bei der Auflösung und beginnenden Regionalisierung der internationalen Währungsordnung. Sie war vom IWF nicht erwartet worden. Damit begann aber ein neues unlösbares Problem. Die Nationalwährungen Europas sollten ein festes Verhältnis innerhalb des EMS mit den anderen europäischen Währungen haben. Sie konnten ein Austauschverhältnis mit dem US-Dollar durch die Festlegung der inter-europäischen Währungswerte indirekt fixieren. Das geschah via der ›Reservewährung‹ des EMS, dem ECU. Die einzelnen Währungsmitglieder des EMS können direkt Dollar kaufen und verkaufen, ohne den Umweg über den ECU. Sie können es aber auch via des ECU tun.

Ich fragte die monetären Autoritäten, ob es eine Vereinbarung zwischen dem EMS oder der EG und dem IWF über das Verhältnis der regionalen Reservewährung, dem ECU und der offiziellen internationalen Reservewährung des IWF, den SZR gibt. Ich erfuhr zu meinem Erstaunen, daß es eine derartige Vereinbarung nicht gibt. Es wurde bestätigt, daß die Gründung der regionalen Reservebank und Reservewährung eine europäische Initiative war. Der IWF wurde nicht befragt.

In gleicher Weise wie die USA hat Deutschland den Status eines Landes, dessen Währung für internationale Reservehaltung benutzt wird, eingenommen. Das ist nie offiziell vereinbart worden. Es gibt keine Verpflichtung des Reservewährungslandes, den internationalen Status der Reservewährung zu verteidigen. Das würde bedeuten, daß die Reservewährung niemals entwertet werden darf oder ein EMS-festes Wertverhältnis zu einem anerkannten internationalen Wert hat, z. B. Gold. Die zweite Verpflichtung wäre, stets die Konvertibilität der Reservewährung bedingungslos zu verteidigen. Die anderen Länder müssen jederzeit imstande sein, ihre monetären Reserven frei zu benutzen, ihre eigene Währung oder andere Währungen zu transferieren, um damit Gold oder Devisen zu kaufen, um Importe auch in internationalen Notlagen zu finanzieren. Aber weder die USA noch Deutschland haben die souveräne Kontrolle über ihre eigene Währung aufgegeben oder beschränkt. Das wäre notwendig gewesen, um die Erfordernisse einer Reservewährung zu befriedigen.

Die Reservewährungen, die gleichzeitig Nationalwährungen sind, müssen als eine Art Zwittergebilde gelten. Sie bestehen international und national. Aber der eine Teil (national) ist dem anderen (global) überlegen. Wann immer das nationale Interesse verlangt, die Konvertibilität der Währung einzuschränken oder den Abfluß oder Zufluß von Geldkapital zu kontrollieren, wird das geschehen, ohne daß die Staaten, die ihre monetären Reserven im Dollar oder der D-Mark halten, andere Regierungen oder Staaten um Erlaubnis fragen.

Es scheint, daß eine derartige Beschränkung der Konvertibilität der beiden Reservewährungen theoretisch möglich ist, aber in der Praxis nicht erwartet werden kann. Es gab z. B. eine Zeit unter dem neuen internationalen Währungssystem, als die USA den Abfluß von Dollar oder den Kauf von Nicht-Dollar-Devisen durch eine Extra-Steuer bestraften. Das geschah, um die amerikanischen Banken zu veranlassen, nicht aus dem Dollar herauszugehen. Aber im Prinzip war es eine Beschränkung der Konvertibilität des Dollars ohne Rücksicht auf seinen Status als internationale Reservewährung.

Es stimmt, daß die D-Mark eine starke Währung ist, d. h. sie soll weniger inflationistischem Entwertungsdruck unterliegen als die Währungen in den anderen Industrieländern. Aber die D-Mark hat den ersten Platz bei der Verteidigung der Kaufkraft des Geldes verloren. Der Bundesbank droht die Kontrolle über die Stärke oder Schwäche der D-Mark im Fall großer Bewegungen des Auslandes in die D-Mark oder aus ihr heraus zu entgleiten. Diese Bewegungen sind nur in geringem Maße kontrollierbar. In einem Gespräch mit einem führenden Mitglied des Bundesbankdirektoriums wurde mir bestätigt, daß die Benutzung der D-Mark als Reservewährung durch andere Länder Deutschland immer wieder in die Position eines Schuldnerlandes des Auslandes bringen wird.

In den ersten drei Quartalen 1991 gab es Netto-Zuflüsse von kurzfristigen Geldern aus dem Ausland in die Bundesrepublik von 55,4 Milliarden D-Mark gegenüber 10,0 Milliarden in der gleichen Zeit des Vorjahres. Im letzten Quartal gab es einen Nettoabfluß von Geldkapital von 19,5 Milliarden DM gegenüber 20,9 Milliarden DM im Vorjahr. Die vorherrschende Tendenz ist eine weitere Zunahme der Auslandsgeldkapitale in Deutschland. Die Tendenz wird enden, wenn ein erhebliches Sinken der Zinssätze erfolgen sollte. Ich fragte den Bundesbankdirektor, was denn geschehen werde, wenn ein beträchtlicher Teil der offiziellen Dollarreserven in der Welt in D-Mark Platz findet und große Bewegungen aus der D-Mark später erfolgen werden. Mein Gesprächspartner aus der Bundesbank vertraute der Wirksamkeit des internationalen Kreditmarktes. Dieser sei im Stande, Liquiditätsmangel in einem Land wie Deutschland schnell durch Zinspolitik auszugleichen. Ich sagte, das stimme, solange die Zinspolitik der Zentralbank nicht durch Mangel an Liquidität behindert wird. Dann wird sich innenpolitischer Widerstand gegen die Anwendung der Zinspolitik als Waffe entwickeln. In Erwartung dieser Probleme zögerten Bundesregierung und Bundesbank in Frankfurt lange Zeit, die Benutzung der D-Mark als internationale Reservewährung zu befürworten. Sie haben das offiziell auch nie getan, aber sie konnten dem Drang anderer Länder, die D-Mark als internationale Reservewährung zu benutzen, nicht widerstehen. Schließlich wurde gute Miene zum bösen Spiel gemacht, weil das Land, dessen Währung für internationale Liquidität anderer Länder benutzt wird, nicht nur an Prestige gewinnt, sondern auch eine Zunahme an Geldkapital, das dem Ausland gehört, aber international benutzt werden kann, verzeichnet. Dennoch ist die Bundesbank in Gefahr, die Freiheit der Bestimmung der monetären Politik zu verlieren, wenn die D-Mark eine internationale Reservewährung geworden ist.

Die Zentralbank muß darauf vorbereitet sein, daß jederzeit große Mengen von Geldkapital aus ihrer Währung hinaus- oder hineingehen. Deutschland ist in hohem Maße auf den Weltmärkten konkurrenzfähig. Es gibt keine Zahlungsbilanznot, weder innerhalb Europas noch gegenüber der Welt.

Die Stärke der D-Mark kann aber auch ihr Verhängnis werden. Das hängt nicht nur von Entwicklungen in Deutschland ab, sondern auch von eventuellen Notlagen anderer Länder. Wenn z.B. eine amerikanische Regierung eine Politik des Inflationismus aktivieren würde oder ein anderer ›Vietnam-Krieg‹ zu befürchten ist, wird der Dollar erneut abgewertet und es zu einer ›Flucht in die D-Mark‹ kommen. Die D-Mark würde als Auffangwährung in die kritische Lage geraten, dem Dollar gegenüber so stark zu sein, daß der Welthandel kritisch getroffen würde. Die ausländischen Besitzer von Dollar würden in größerem Umfang Verlierer sein, die Zinssätze würden tief sinken. Als Alternative könnte die Bundesbank den Dollar unterstützen. In diesem Falle würde es in Deutschland eine importierte Inflation geben. Als dritte und sehr wahrscheinliche Alternative bleibt in Deutschland die Kapitaleinfuhr beschränkt oder die Erlöse aus dem Verkauf der Fremddollars werden auf eingefrorenen Konten ›sterilisiert‹. Davon wäre der Status der D-Mark als internationale Reservewährung betroffen.

Eine gefährliche Lage für die internationale Liquidität der Bundesrepublik Deutschland entsteht, wenn sie die ausländischen Gelder, die internationale Liquidität anderer Länder repräsentieren, nicht ständig flüssig hält. Sonst ist sie nicht auf das potentielle rasche Abfließen dieser Gelder vorbereitet. Sie können die D-Mark verlassen, z.B. weil die Zinssätze anderer Währungen attraktiver sind. Aber auch aus anderen Gründen müssen die Auslandsgelder liquide bleiben, denn sie sind monetäre Reserven anderer Länder und werden zum Ausgleich von Zahlungsbilanzdefiziten der Besitzer dieser D-Mark-Konten benötigt. Es ist aber ungewiß, inwieweit die Mittel des Geldmarktes für langfristige Anlagen benutzt werden, z.B. für die Finanzierung budgetärer Defizite in der Bundesrepublik Deutschland als Folge der deutschen Wiedervereinigung. Dann muß die deutsche Zentralbank, in diesem Fall die Deutsche Bundesbank, Liquidität beschaffen, beispielsweise durch Erweiterung des Kreditgeldes mit dem Risiko von neuen Inflationen. Ein Exekutiv-Direktor der Deutschen Bundesbank sagte mir: »Wir können das Hereinströmen von Auslandsgeldern stimulieren, indem wir die Zinssätze erhöhen.« Das bedeutet, relativ hohe Zinssätze werden benötigt, um die internationale Liquidität zu verteidigen, ähnlich wie in den USA. Als internationales Reservewährungsland verliert die Regierung die Selbstbestimmung der monetären Politik, wenn sie die internationale Liquidität verteidigt. Es kann nicht mit Sicherheit vorausgesagt werden, wie stark oder schwach die D-Mark in den neunziger Jahren sein wird. Es gibt besondere Gründe für ihre Schwäche im unmittelbaren Gefolge der Wiedervereinigung. Frankreich, Belgien und der nordische Block verzeichneten 1992 niedrigere Inflationsraten als Deutschland. Die Bundesbank wird die traditionelle Verteidigung einer harten D-Mark nicht aufgeben und eine Führungsstellung unter den harten Währungen der Welt halten wollen. Dem steht die Notwendigkeit entgegen, die hohen Defizitfinanzierungen zu unterstützen. In dieser Hinsicht befindet sich die Bundesbank in einer Lage, die der der amerikanischen Zentralbank in den USA ähnelt. Für beide besteht die Notwendigkeit, mit niedrigen Zinssätzen die kranke Wirtschaftskonjunktur zu stützen, der Regierung zu helfen, budgetäre Defizite zu finanzieren und gleichzeitig mit hohen Zinssätzen dem Inflationismus entgegenzutreten. Damit wird der Zufluß von Geldkapital aus dem Ausland begünstigt, die Auslandsverschuldung wächst.

Das Problem der internationalen Liquidität der USA wird auch für Deutschland entstehen. Die innere Geldmarktfülle erleichtert es der Regierung, ihre Defizite zu finanzieren. Es entsteht die Gefahr, daß die Auslandsgelder, die in Deutschland angelegt sind, illiquide investiert werden, auch wenn sie für die ausländischen Gläubiger liquide bleiben müssen. Im Falle eines Rückzuges von Auslandsgeldern muß die Bundesbank mit Mitteln ihrer internationalen Liquidität intervenieren. Sie hat in dieser Hinsicht breiten Spielraum, z.B. durch Aufnahme von Auslandskrediten oder mit höheren Zinssätzen den Einfluß von Geldkapital zu stimulieren. Es bleibt jedoch festzustellen, daß die Grundprobleme der D-Mark zunehmend denen des Dollar ähneln.

Die freien ›non-residential‹ Geldkapitale, die jederzeit – über Nacht – in andere Währungen eindringen können, sind so gewaltig, daß eine Bewegung auch nur eines kleinen Teils dieser ›vagabundierenden‹ Geldkapitale in eine andere Währung Notlagen für die jeweilige Zentralbank hervorrufen wird. Deswegen muß die Zentralbank, deren Währung als internationale Reservewährung benutzt wird, bei jeder Veränderung der Zinspolitik die Auswirkungen auf die internationalen Geldmärkte beachten. Sie muß sensibler als andere Länder auf Veränderungen der monetären Politik der USA reagieren.

Diese Fragen sind nicht rein theoretischer Natur. Sie werden in der Praxis eine Antwort finden müssen, wenn die deutsche Zahlungsbilanz nicht mehr die Stärke der vergangenen 20 Jahre aufweist.

Allgemein gilt, daß die Zentralbanken der führenden Währungsländer mehr internationale Liquidität benötigen als in früheren Zeiten. Denn das außerordentliche Anwachsen der ›freien‹ vagabundierenden Geldkapitale macht es möglich, von den Zentralbanken nicht kontrollierbare Flüsse von Geldkapital von einer Währung in eine andere auszulösen, besonders in Zeiten von internationalen Bankenkrisen. Bekanntlich wurde die D-Mark mehrmals nach dem Krieg innerhalb des EMS aufgewertet. Das wird erneut verlangt werden für den Fall des Anhaltens großer Exportüberschüsse der Bundesrepublik. Die Erwartung einer derartigen Revision der Währungswerte würde erneut große Geldkapitalbewegungen in die D-Mark hinein auslösen. In diesem Fall würde die internationale Liquidität der Bundesrepublik sich kurzfristig verbessern. Eine außerordentlich starke Gegenbewegung würde jedoch folgen, denn die D-Mark würde gegenüber den meisten anderen Währungen eher schwächer als stärker werden.

Die internationale Liquidität der BRD wird übermäßig vom Einfluß von kurzfristigen Auslandsgeldern abhängig werden. Indirekt wird damit die D-Mark temporär an Stärke gewinnen, während gleichzeitig ihre Kaufparität sinkt. Die BRD wird zu einem Land relativ hoher Preise und Produktionskosten werden. Der Einfluß auf die Zahlungsbilanz kann für lange Zeit durch Kapitaleinflüsse überspielt werden oder durch Reflationismus in anderen Industrieländern.

Die deflationistische Krise hat alle Länder sehr schwer getroffen. Die Vertrauenskrise im internationalen Bankensektor gegenüber Japan und den USA kommt der D-Mark zugute – temporär. Die Lage der deutschen Großbanken wird nicht in ähnlicher Art kritisch werden, wenn der Staat die ›weichen‹ Auslandskredite (vor allem im Osten) garantiert oder finanziert. Indirekt wird damit der Steuerzahler den Bankensektor und die D-Mark stützen.

Die USA und der US-Dollar haben unter der Verschlechterung der amerikanischen Zahlungsbilanz im Gefolge der internationalen Schuldenkrise schwer gelitten. Die Vereinigten Staaten waren der Hauptverlierer bei der wachsenden Verschuldung Lateinamerikas, Japan auch teilweise, aber in geringerem Maße, und Deutschland war noch weniger davon berührt. Es besteht die begründete Aussicht, daß in den nächsten Jahren die Entwicklung der Zahlungsbilanzen von Deutschland dem Beispiel der USA folgen wird. Was Lateinamerika für die USA und für den Dollar bedeutet, bedeutet Osteuropa und das Gebiet der Ex-Sowjetunion für Deutschland.

Eine derartige Entwicklung ist nicht nur ein Zeichen der Schwäche, sondern auch der Stärke des Landes der internationalen Reservewährung. Deutschland muß Defizite in der Zahlungsbilanz haben, wenn andere Länder ihre internationale Liquidität durch bilaterale Exportüberschüsse im Handel mit Deutschland oder Einfuhr von deutschem Kapital erzielen. Ähnlich wie die USA in Lateinamerika große Ausfälle von Krediten, die nicht zurückgezahlt wurden (also einseitige Wertübertragungen) zu verkraften hatte, wird Deutschland einen großen Teil seiner Kredite oder Anleihen an den Osten abschreiben müssen.

Der Konkurrenzkampf der Finanzblöcke wird an Schärfe verlieren, wenn IWF und EMS in einem Reformprogramm beschließen, gemeinsam und zugleich die internationalen Reservewährungen des IWF und der EWG goldwertig zu machen. Die Schwierigkeit ist dabei nicht die Kompliziertheit eines derartigen Programms, sie liegt vielmehr auf einem anderen Gebiet. Die Goldwertigkeit der internationalen Währungen würde ein Hemmnis für jeglichen Inflationismus darstellen. Es ist aber möglich, daß die internationalen Währungsbehörden autorisiert werden, periodisch den Goldpreis zu erhöhen. Damit würde die schleichende Inflation legitimiert und offiziell eingeführt werden. Es würde damit erreicht, daß automatisch alle Länder und untergeordneten Nationalwährungen in gleichem Schritt dem Inflationismus folgen. Die Gefahr eines sich automatisch beschleunigenden Inflationismus könnte vermieden werden, wenn feststeht, inwieweit die Währung periodisch abgewertet werden soll, d.h. eine Legitimierung der schleichenden Inflation stattfindet.

Die Stärke der D-Mark in der Vergangenheit ist keine Garantie dafür, daß sie stets eine internationale Führungswährung bleiben wird. Der ECU als Euro-Währung jedoch, der nur die Summe der Schwächen und Stärken der Nationalwährungen ist, eine Art ›Korb-Index-Währung‹, würde nicht ebenso attraktiv sein wie die starken Nationalwährungen. Die D-Mark, nicht der ECU, wird auf den Devisenmärkten mit dem Dollar konkurrieren. Der Rivale des ECU sind die SZR des IWF. Aber beide sind eine Art von ›Indexwährungen‹, die als Reservewährungen vom internationalen Devisenhandel wenig beachtet werden.

Ein Vereinheitlichung der Geld- und Kapitalmärkte der Einzelländer Europas würde eine Breite und Tiefe annehmen, die der des Dollarraumes ebenbürtig oder überlegen ist. Ich werde darauf weiter unten zurückkommen.

Die Zunahme der deutschen Auslandsverschuldung hat begonnen und wird anhalten, obwohl sie nicht unbedingt das Ausmaß der amerikanischen Auslandsverschuldung erreichen wird. Aber die Tendenz wird in dieselbe Richtung gehen. Deutschland wird in hohem Maß ein Land der Kapitaleinfuhr aus dem Westen und der Kapitalausfuhr in den Osten werden. Dadurch ist die internationale Liquidität des Reservewährungslandes gefährdet, ähnlich der Gefährdung der USA.

Japan wird ähnliche Erfahrungen in der Zahlungsbilanzgestaltung gegenüber Südostasien und Lateinamerika machen. Japanische Außenstände oder Anleihen müssen als Verlust abgeschrieben werden. Eine derartige Entwicklung wird eine ›Dreiheit‹ des internationalen Währungssystems ergeben. Ein Sonderverhältnis unter den drei Schlüsselwährungen wird entstehen.

Wer soll die D-Mark gegenüber dem Dollar verteidigen, Deutschland oder Amerika oder das EMS oder der IWF? Die Rolle der D-Mark als europäische Reservewährung gibt es in den Statuten der EG nicht, genausowenig, wie es in den Statuten des IWF eine Rolle des Dollars als internationale Reservewährung gibt.

Die praktische Entwicklung wird nicht von zentralen Planern bestimmt. Niemand kann die Mitglieder des IWF zwingen, die Dollarreserven in SZR umzuwandeln, genausowenig wie in Europa niemand die Mitgliedsländer des EMS zwingen kann, die internationalen Reservegelder in ECU statt in D-Mark zu halten. Die D-Mark ist der Sieger über den ECU geworden, genau wie der Dollar die Rolle der SZR übernommen hat. Der Sieg der D-Mark und des Dollars als internationale Reservewährungen war nicht gewollt, weder von den internationalen monetären Instituten noch von den Reservewährungsländern. Auf deutscher Seite z.B. wollte man ursprünglich kein Reservewährungsland sein. Damit entstand eine übergroße Liquidität des Landes und gleichzeitig eine Auslandsverschuldung, die auf deutscher Seite mehr internationale Liquidität erfordert als sonst zwingend wäre. Das Halten übergroßer internationaler Liquidität ist ein Aktivposten, aber auch eine Schuldenlast, die leicht zu übergroßen Geldzu- und -abflüssen führen kann. Es wächst die liquide Verschuldung an das Ausland. Die Verteidigung stabiler Währungsverhältnisse durch die Zentralbank wird dadurch erschwert. Aber ernste Probleme treten nur auf in Zeiten von Krisen, Kriegen oder tiefen Erschütterungen der monetären Lage in wichtigen Ländern.

Die USA haben nach fast 20 Jahren harter Währung eine Aufweichung durch Inflationismus während der folgenden zwei Dekaden erlebt. Jetzt beginnt eine Periode der relativen Härte des Dollars gegenüber anderen Schlüsselwährungen. Es kann sein, daß Deutschland diesem Vorbild folgen wird, aber in umgekehrter Reihenfolge. Nach zwanzig Jahren des Wiederaufbaus der deutschen Wirtschaft und von Währungsverhältnissen im Banne des Dollars folgte ein Stadium der Härte der D-Mark parallel mit der Schwäche des Dollars. Es beginnt eine Periode der Aufweichung der D-Mark als Währung parallel mit der Periode der relativen Stärke des Dollars. Dieser Prozeß wird ›manageabel‹ sein. Er wird eine Begleiterscheinung zur Ausrichtung des innereuropäischen Ost-West-Handels werden.

Die Aufweichung der Schlüsselwährungen, die als internationale Reservewährung benutzt werden, führt zu einem günstigen Boden für eine internationale Währungsreform, deren Ziel darin bestehen muß, eine internationale Reservewährung herzustellen, die nicht eine gebundene Nationalwährung ist. Als Fernziel wird es den Versuch geben, einen europäischen Währungs- und Finanzblock zu bilden, der der Finanzmacht eines von den USA geführten Dollar-Blocks ebenbürtig oder sogar überlegen ist. Deswegen ist zu erwarten, daß die deutsche Regierung die Möglichkeiten prüft, die internationale Stellung der D-Mark in einer Euro-Währung aufgehen zu lassen. In diesem Fall werden die Kapitalströme der Euro-Länder in einen europäischen Kapitalmarkt fließen, der unter deutscher oder deutsch-französischer Führung stehen wird.

Die Erwartungen der englischen Regierung, daß die City of London die Kapitalströme Europas aufnehmen und verwalten werde, ist irrig. Andererseits würde Frankreich auf dem Gebiet der internationalen Finanzen sich nicht ein Finanzzentrum Frankfurt oder Berlin einfügen wollen. Es lockt die Möglichkeit, einen einheitlichen Euro-Geld und Kapitalmarkt zu schaffen, der die liquiden Geldkapitale Europas anzieht. Dieses Ziel kann nicht erreicht werden, wenn die D-Mark als Nationalwährung gleichzeitig die internationale Währung des Euro-Raumes verkörpert.

VIII

Die Spaltung
des Finanzkapitals

Die offiziellen Leiter der weltmonetären Institutionen und der nationalen Zentralbanken wissen, daß das internationale Währungssystem zunehmend durch die unkontrollierbaren Ströme des Geldkapitals gefährdet wird. Sie haben wiederholt nach dem Zweiten Weltkrieg versucht, diese Kapitalströme zu kontrollieren. Sie mußten mit Recht befürchten, daß leicht explosive Lagen für die nationalen Währungen und das Weltwährungssystem entstehen können, wenn sich die zusammengeballten Geldkapitale der Welt frei bewegen. Die Versuche, das System kontrollierbar zu machen, sind gescheitert. Als Ergebnis ist ein System entstanden, in dem national die Staatsmacht überlegen und übermächtig ist, wo es aber dem Finanzkapital möglich ist, der staatlichen Kontrollmacht zu entgehen. Daraus können leicht Krisenlagen für wichtige Währungen entstehen oder neue internationale Konflikte einen Zusammenbruch des Weltwährungssystems herbeiführen. Das ist das Ergebnis einer Entwicklung, die kaum bekannt ist. Der Finanzkapitalismus hat eine Doppelnatur entwickelt, weil die Finanzkapitalisten eine gespaltene Klasse geworden sind. Sie besteht aus zwei Kategorien, die beide Finanzkapitalisten sind. Sie sind national und international. National sind sie eng verbunden mit den nationalen Staatsinteressen und der herrschenden Klasse, der Oberschicht der Staatsbürokratie und der Staatspartei. Als Internationalisten jedoch sind sie staatenlos, dafür aber frei und unabhängig. Beide, die Nationalisten und Internationalisten, sind Antagonisten, doch miteinander verflochten.

Die Spaltung im internationalen Finanzkapitalismus war für die Planer des weltmonetären Systems völlig unerwartet erfolgt. Es ist ein Phänomen, das von den Theoretikern nie vorausgesehen wurde und das ein neues Licht auf die nächsten Perspektiven für den Finanzkapitalismus wirft. Beide Systeme bestehen Seite an Seite, voneinander getrennt und doch vereint, mit offiziellen aber unsichtbaren Grenzen und doch vielen Brücken, auf denen Finanzkapital im Umfang von vielen Hunderten von Milliarden Dollar nationalstaatlicher Macht entgehen kann. Vergeblich ist von den Gründern des IWF und von Zentralbanken versucht worden, die großen Flüsse der liquiden Gelder zu kontrollieren. Gegen ihren Willen ist ein zweites System entstanden, mit dem das Finanzkapital der Aufsicht internationaler Institutionen entgeht.

Der internationale Geld- und Kapitalmarkt, der sich von den kontrollierten Geld- und Kapitalmärkten aller Nationalstaaten abgespaltet hat, erhielt einen Namen, der irreführend ist: Euro-Dollar und allgemein Euro-Gelder. Das Wort ›Euro‹ bezieht sich auf den europäischen Ursprung von ›Euro-Dollar‹. Aber der geographische Ursprung ist ein Zufall gewesen, er hätte auch in einem anderen Teil der Welt entstehen können. Es ist eine Art Flucht in das heimatlose, staatenlose Niemandsland, das keinen Namen hat. Es kann überall bestehen, überall dort, wo der Staat die Einrichtung von Konten für staatenlose Gelder gestattet.

Eine Europäische Zentralbank wird nicht imstande sein, die hinter dem Rücken der Zentralbanken bestehenden Geld- und Kapitalmärkte zu kontrollieren. Der Markt hat seine eigenen Risikobewertungen, die mit den Zielrichtungen der staatlichen Autoritäten kollidieren. Der Markt umgeht solche Kollisionen, wenn möglich, indem er relative Sicherheit bei der Erfüllung von Ansprüchen sucht und sie mit entsprechender Zinsgestaltung belohnt. Eine Rivalität der Blockmächte Europa gegen die USA wird durch von staatlichen Autoritäten unabhängige Geld- und Kapitalmärkte umgangen werden. Die Internationalität des Finanzkapitalismus wird weiter bestehen – aber als eine Parallelität entsprechend der Doppelnatur des gespaltenen Finanzkapitalismus.

Der freie internationale Geld- und Kapitalmarkt ist in der Lage, die Steuerlast der nationalen staatlichen Autoritäten zu umgehen. Das Bestehen des freien Geld- und Kapitalmarktes wirkt als eine unsichtbare Schranke für Steuern, die der nationale Staat für Geld- und Kapitalmarkttransaktionen erhebt. Je höher die Steuern sind, um so mehr wird Geldkapital den Märkten für das staatenlose Geldkapital zufließen.

Ein derartiges System wurde in der Frühzeit der Gründung des Bretton-Woods-Systems von den Regierungen und internationalen Institutionen bekämpft, allerdings erfolglos. Das System hat eine Methode entwickelt, mit der Industrie- und Finanzkapitalisten zentralstaatlichen Kontrollen entgehen können.

Ich habe die Spaltung des Finanzkapitalismus bereits in den Anfängen dieser Entwicklung, nach dem Ende der City of London als Metropole des internationalen Finanzkapitalismus im Gefolge des Ersten Weltkrieges beobachten können. Damals stand ich am Anfang meines lebenslangen Studiums des ›Finanzkapitalismus‹.

Mein erster Eindruck war der Gegensatz zwischen Theorie und Praxis des Finanzkapitalismus. Das traf auf alle Theorien zu, die mehr oder weniger aus den jeweiligen besonderen Verhältnissen in Großbritannien, den USA und Deutschland abgeleitet wurden. Es ist hier nicht der Ort einer theoriegeschichtlichen Abhandlung, aber einige Bemerkungen zum Thema scheinen angebracht.

Die marxistischen Konzepte von Hilferding, Lenin und Bucharin über Finanzkapitalismus und Imperialismus müssen revidiert werden, nicht nur aufgrund der zutreffenden

Bemerkung, ›daß ihnen ein Irrtum gemeinsam war, die Auffassung vom revolutionären Reifegrad der kapitalistischen Ordnung‹*.

Durch das genaue Kennenlernen der Realitäten des Finanzkapitalismus im Ergebnis von Studien in London, Paris, Washington und New York seit den dreißiger Jahren war ich mit den neuartigen Entwicklungen recht vertraut.** Meine Untersuchung der Verhältnisse der City of London machte offensichtlich, daß Hilferding – den ich ebenso wie Hobson persönlich kennenlernte – den Finanzkapitalismus so beschrieb, wie er ihn zu Anfang des 20. Jahrhunderts in Deutschland vorgefunden hatte, ohne den krassen Unterschied zur City of London wahrzunehmen und den späteren Wandel vorauszusehen.

Die City-Banker in London waren kaum mit dem industriellen Kapital des eigenen Landes verbunden. Die von Hilferding beschriebene intime Verbindung der Großbanken, der ›Finanzaristokratie‹, mit dem Industriekapitalismus war zur Zeit der Abfassung des ›Finanzkapitals‹ (1909/10) im Hauptland des Finanzkapitalismus relativ unbedeutend.

Die meisten britischen Industrie-Gesellschaftsunternehmen waren am Anfang des Jahrhunderts noch Familienunternehmen, wenig kartelliert und noch nicht von Banken beherrscht, wenngleich zahlreiche Familien der Industriellenklasse begannen, sich als Finanzkapitalisten in der City und in Übersee zu betätigen.

Aus der Rückschau scheint es erstaunlich, wie wenig Kenntnisse die führenden Marxisten Deutschlands und Österreichs, aber auch Frankreichs, allgemein auf dem Kontinent, über die Entwicklung des anglo-amerikanischen Finanzkapitalismus besaßen. In seinem klassischen Werk hatte Hilferding z.B. das wichtige Buch von Hobson

---

*Georg Fülberth: Sieben Anstrengungen, den vorläufigen Endsieg des Kapitalismus zu begreifen. Hamburg 1991, S. 20.

** Siehe Günter Reimann: Germany. World Empire or World Revolution. London 1938 und The Vampire Economy. New York 1939.

›Imperialism. A study‹ (1902) ignoriert, ebenso wie später Kautsky, im Unterschied zu Lenin, das Werk von Hobson nicht zur Kenntnis genommen hatte. Allerdings war umgekehrt auch Hobson nicht mit den andersartigen Entwicklungen auf dem Kontinent vertraut, vor allem, weil er wie fast alle englischen Kenner des Finanzkapitalismus die deutsche Sprache kaum beherrschte und Hilferdings Buch erst nach dem Ersten Weltkrieg übersetzt wurde. Die falschen oder besser unzulänglichen Theorien bezogen sich allerdings stets auf zeitgenössische Erscheinungen. Die Theorie von Hobson über die Zukunft des Finanzkapitalismus wäre gerechtfertigt gewesen, wenn nicht in anderen Ländern (vor allem in Deutschland) durch nationalstaatliche Protektion eine überlegene Konkurrenzmacht erschienen wäre. Hilferding konnte daher die enge Verbindung zwischen heimischem Industrie- und Bankkapital sowie staatlicher Protektion beobachten, die dem Finanzkapital die Fähigkeit zur erfolgreichen Konkurrenz mit England bis hin zur Bildung von Weltkartellen gab. Hobsons Theorie wurde nicht durch die Praxis in Deutschland bestätigt und umgekehrt Hilferdings nicht durch die Entwicklung des Finanzkapitals in England.

Ich lernte Hobson, ein echter Liberaler und ›Freidenker‹ in bester englischer Tradition und ein bis ins hohe Alter sehr jugendlich denkender Kopf, in den dreißiger Jahren kennen. Er verschloß sich in unseren Gesprächen keinesfalls den in seiner Theorie nicht vorhergesehenen Tendenzen, hatte er doch Anfang des Jahrhunderts geglaubt, daß die City of London weit über seine Zeit das Zentrum der kapitalistischen Welt bleiben werde. Er weinte später dem sich auflösenden Empire keine Träne nach und befaßte sich vor allem mit dem Problem, wie durch den Einsatz staatlicher Finanzhilfe ungenutzte Kapazitäten der Industrie und insbesondere der menschlichen Arbeitskraft gesellschaftlich nutzbar zu machen sind. Die später von Keynes veröffentlichte Theorie zur budgetären Defizitfinanzierung für die Bewältigung der Wirtschaftskrise wurde, das wird von

Keynesianern oft und gern übersehen, weitgehend von ihm vorweggenommen. Im Gegensatz zu Keynes war Hobson kein Anhänger einer anglo-amerikanischen Partnerschaft der Finanzkapitalisten. Er sah die Bildung eines Europäischen Gemeinsamen Marktes voraus und war überzeugt, daß die Nazis und Hitler nicht die Zukunft Europas bestimmen würden. Nach dem Fall des ›Dritten Reiches‹ erwartete er eine anglo-deutsche Partnerschaft.

Mit Hilferding sprach ich Ende der dreißiger Jahre. Zur Zeit des Münchner Abkommens fragte ich ihn in Paris, wohin er als politischer Flüchtling und führender Sozialdemokrat vertrieben war, ob er seine Theorie des Finanzkapitalismus auf Grund der Entstehung des Nazi-Regimes revidiert habe. Hilferding antwortete wie folgt*: »Das faschistische Regime ist kein ›Kapitalismus‹, deswegen gelten die Ausführungen in meinem ›Finanzkapitalismus‹ nicht für die neue Entwicklung in Deutschland. Hier sind die Gesetzmäßigkeiten des Kapitalismus nicht gültig.« Ich wollte mit Hilferding nicht argumentieren, sondern die Gründe für diese Ansicht verstehen. Seine Logik bestand darin, daß die totalitäre Staatsmacht sich alle Klassen, einschließlich der kapitalistischen, in einem Umfang untergeordnet hatte, daß sie als soziale ›Klassen‹ nicht mehr bestanden. Dasselbe galt aus seiner Sicht für die Sowjetunion; beide Gesellschaftssysteme sah er unter diesem Aspekt als miteinander verwandt an.

Die marxistische Theorie des Finanzkapitalismus fand ihre Krönung in Bucharins Konzept vom ›Ultraimperialismus‹, das er nach der Niederlage der revolutionären Bewegung in Deutschland 1919/1921 entwickelt hatte. Im Fall einer Niederlage der sozialistischen Weltrevolution glaubte Bucharin, daß die erfolgreichsten Finanzkapitalisten die Kontrolle der Welt übernehmen würden. Ich wurde an diese Vorstellung erinnert, als ich am Ende des Zweiten

*Ich zitiere auf der Grundlage von Aufzeichnungen sinngemäß, aber nicht wörtlich. Dieses Gespräch mit Hilferding hatte ich in Vorbereitung meines Buches ›Vampire Economy‹ notiert.

Weltkrieges als Journalist den Versuch der USA beobachten konnte, die überlegene Weltstellung durch ein System
von Kontrollen der internationalen Liquidität aller Nationalstaaten und der großen Flüsse von finanziellem Anlagekapital zu befestigen. Ich hatte besondere Möglichkeiten,
den Wandel der Verhältnisse zwischen Wall Street und
Washington zu verfolgen. Die führenden Finanzmächte
von Wall Street mußten sich der staatsbürokratischen
Macht in Washington unterordnen und ihre ›Kooperation‹
stets erneut bestätigen. Der Finanzkapitalist steht mit
dem anderen Fuß auf einem Gebiet, wo er der staatlichen
Obrigkeit seines Landes entgeht, wo er sich die Freiheit
und Unabhängigkeit der Kapitalisten erhalten kann und
wo er nicht ausgebeutet wird, sondern selber Ausbeuter
ist.

Der Finanzkapitalismus hat den Kapitalismus gewandelt, indem er mit seinem Begriff von Kapital und Werten
alle Sektoren der kapitalistischen Gesellschaft erfaßte. Im
Triumph des Finanzkapitalismus über den alten Industriekapitalismus haben die Finanzkapitalisten die politische
Führung verloren. Sie mußten sich der überlegenen autoritären Staatsmacht unterordnen, die ihrerseits von einer
neuartigen hierarchischen Bürokratie der Staatspartei oder
einer Koalition von Staatsparteien geführt wird.

Ein Sektor der finanzkapitalistischen Klasse ist jedoch
diesem Schicksal entkommen. Er wurde international, ist
aber ohne eigene politische Macht und kann in der deflationistischen Krise nicht selbständige Initiativen entwickeln.

Den Zentralbanken und Regierungen ist die Kontrolle
über die freien, von Nationalstaaten unabhängigen Geldkapitale entglitten. Die ›freien‹ Geldkapitale sind in den
letzten dreißig Jahren in einem Ausmaß gewachsen, das für
Zentralbanken frustrierend ist. Ich werde Zahlen an-
führen, die beweisen, daß das System durch einen unkontrollierbaren Geld- und Kapitalmarkt undurchschaubar geworden ist. Liquide Geldkapitale, die den Kontrollbereich

der Nationalbanken verlassen, verringern die Liquidität der kontrollierten Geldmärkte. Das Wachsen der Liquidität als Folge der deflationistischen Weltkrise wird behindert. Deswegen bleiben die Zinssätze auf einem höheren Niveau als in den dreißiger Jahren, auch wenn die Prämie für die Absicherung des Inflationsrisikos ausbleibt.

Die weltmonetären Reformprogramme werden an Liquiditätsmangel ohne Teilnahme der unkontrollierten Liquiditätsreserven der staatenlosen Geldkapitale scheitern. Die souveräne Staatsmacht wird den Finanzkapitalisten bestrafen, wenn dieser sich nicht unterordnet. Der Finanzkapitalist liebt persönliche Freiheit und Unabhängigkeit. Er verliert sie, wenn er dem Staat hörig sein muß. Er wagt es nicht, zu konspirieren und sich mit den Gegnern des Systems zu verbinden. Das ist riskant. Er will nicht riskieren, im Lager der Feinde seiner eigenen Klasse zu landen. Das will er vermeiden. Es gibt das Land, das ihm Sicherheit gewährt und wo er die Freiheit und Unabhängigkeit, die er im eigenen Land verloren hat, wiedererlangen kann.

Das wirkliche Ziel der Besitzer staatenloser Kapitale ist das Niemandsland, wo sie ihr Kapital anlegen können, wo die Profite oder die Rente gesichert sind und die persönliche Freiheit und Unabhängigkeit unbeschränkt bleibt. Ein Ideal muß unerreichbar sein. So muß der Finanzkapitalist bei seiner Flucht in das Niemandsland die persönliche Freiheit und Unabhängigkeit mit Kapitalanlagen im Feindesland, das er verlassen hat, erkaufen, aber als Auslandskapitalist – ›non-residential‹. Seine Klasse ist ohne politische Macht. Dennoch ist er mächtig als Geldkapitalist, der frei bestimmen kann, wo er sein Geldkapital anlegen wird und die Anlage verweigern kann, wenn die ›returns‹ nicht hoch genug und nicht sicher sind.

Die Doppelseele in der Brust des Finanzkapitalisten, der Sicherheit für sich und seine Klasse sucht und die Sicherheit nicht finden kann, weil er seine Anlagen im ›Feindesland‹ anlegen muß – oder auch nicht, besteht darin, daß er die persönliche Freiheit des Anarchisten liebt und die Profite des Kapitalisten und die Sicherheit des Monopolisten sucht.

Das heimatlose, staatenlose ›Niemandsland‹, in das das Geldkapital sich flüchtet, hat keinen Namen, weil es überall entstehen kann, wann immer ein Staat die Einrichtung von Konten für staatenlose Gelder gestattet. Als Ergebnis gibt es jetzt das gespaltene System des Finanzkapitalismus mit einem Teil unter zentralstaatlicher Kontrolle und einem anderen Teil, unabhängig von jeglichem nationalstaatlichen Kontrollsystem.

Es gibt keinen Platz in der Welt, der nicht zum Gebiet eines Nationalstaates gehört, mit Ausnahme von unbewohnten Gebieten in der Antarktis oder einer Insel, die noch nicht entdeckt wurde. Es mag als ein Wunder erscheinen, innerhalb des Raumes eines Nationalstaates, wo jeder Bürger und alle Betätigungen staatlicher oder gesetzlicher Regelung unterstehen, eine Institution zu finden, die keinem Staat unterstellt und im besten Sinne des Wortes ›heimatlos‹ und ›staatenlos‹ ist. Eine Art exterritoriale freie Marktzone ohne offizielle Gesetze oder Bestimmungen ist für Depositengelder oder Leihkapital in fremden Währungen entstanden. Nur eine Regel muß eingehalten werden: Die betreffenden ›Euro-Gelder‹ oder ›non-residential funds‹ dürfen nicht im monetären Systems des Asyllandes verwendet werden, weder in der betreffenden ›Euro-Währung‹ noch in der Währung des monetären Asyllandes. Sie dürfen den monetären Kontrollbereich der Zentralbank nicht betreten. Wenn sie es dennoch tun, verlieren sie den Status von ›Euro-Geldern‹. Es erscheint dem Außenstehenden mysteriös, wie ein unkontrollierbarer Geld- und Kapitalmarkt von der dreifachen Größe des Gesamtbetrages der offiziellen Devisenreserven aller Zentralbanken (IWF-Mitglieder) bestehen kann. Ein Bruchteil der Euro-Gelder führt, wenn er in Bewegung kommen sollte, dazu, daß es unmöglich wird, das System der Konvertibilität der harten Währungen zu verteidigen.

Dieser Markt hat einen Umfang von astronomischen Zahlen erreicht. Die Bank für Internationalen Zahlungsausgleich, die die internationale Berichtsstelle für die ›Euro-Banken‹ ist, hat errechnet, daß Depositen des Euro-Marktes Ende 1990 einen Betrag von 5851 Milliarden Dollar erreicht hatten. Dieser Betrag schließt aber ›Doppelzählungen‹ ein, d. h. Ausleihungen unter den Euro-Banken. Ohne diese ›Doppelzählungen‹ ergibt sich immer noch ein Betrag von 3350 Milliarden Dollar. Die Größe dieses Betrages ist so gewaltig, daß sie die stärkste Währung erschüttern kann, wenn politische oder andere Ereignisse Anlaß geben, einen Bruchteil dieser Gelder aus dem Dollarbereich in eine ›Schutzwährung‹ zu übertragen. Ein großer Teil der Gelder ist flüssig. Sie können blitzschnell von einer Währung in eine andere transferiert werden. Zentralbanken und internationale Währungsbehörden haben sich bemüht, Kontrollsysteme zu errichten, so daß diese Märkte nicht einzelne Währungen in unerwünschter Weise überschwemmen oder verknappen können. Es ist nicht gelungen, ein effektives Kontrollsystem einzurichten. Der Umfang dieser staatenlosen, heimatlosen Gelder beträgt über 3800 Milliarden Dollar, jedoch schließt diese Zahl ›Doppelzählungen‹ ein. Die Banken leihen sich gegenseitig Gelder. Aber nach Abzug dieser ›Doppelzählungen‹ hat dieser Markt Depositen von etwa 2700 Milliarden Dollar. Dieser Betrag gleicht dem Dreizehnfachen der Devisenreserven der USA und übersteigt den Gesamtbetrag der Devisenreserven aller Industrieländer um etwa 70 Prozent.

Die Gesamtsumme, zumeist langfristiger oder mittelfristiger Bankkredite im Euro-Banksektor (Nettobeträge) hat von 1652 Milliarden Dollar Ende 1985 auf 3866 Milliarden Dollar Ende 1990 zugenommen. Der Nettobetrag des globalen Volumens von Bankkrediten stieg von 1480 auf 3380 Milliarden Dollar. In der gleichen Zeit war der Nettobetrag der Emission von neuen kurzfristigen Euro-Kreditpapieren von 16 auf 111,2 Milliarden Dollar gestie-

gen. Japanische Banken hatten den größten Anteil (Jahres-
berichte der BIZ 1990/91, S.121). Sie sind von der Illiquidisierung stärker betroffen als amerikanische oder deutsche
Banken, obwohl auch bei ihnen die illiquiden Kreditaktiva
stark zugenommen haben. Von Ende 1985 bis Ende 1990
sind die Ausleihungen bei den japanischen Banken von 707
auf 2120 Milliarden Dollar gestiegen, bei den amerikanischen Banken von 593 auf 712 Milliarden Dollar, bei deutschen Banken von 191 auf 601 Milliarden Dollar. Die Zunahme war ebenfalls phänomenal bei französischen
Banken, von 245 auf 555 Milliarden Dollar; bei italieni-
schen Banken von 113 auf 328 Milliarden Dollar; bei britischen Banken von 191 auf 272 Milliarden Dollar. Im Welt-
maßtab war das ein Ansteigen von 2713 auf 5969 Milliarden
Dollar. Der Anteil am Gesamtvolumen war auf Seiten
Japans von 26 auf 35 Prozent gestiegen, dagegen bei amerikanischen Banken von 22 auf 12 Prozent gesunken. Bei
deutschen Banken erfolgte eine Zunahme des Anteils von
6 auf 12 Prozent. (ebd., S. 125)

Diese Zahlen künden ein Anhalten der deflationistischen Liquiditätskrise an. In Japan wird in erster Linie der
finanzielle Sektor, weniger der industrielle Sektor betroffen, obwohl die Auswirkungen auf letzteren nicht ausbleiben werden.

Japan hatte die Führung auf den internationalen Kapitalmärkten in den achtziger Jahren übernommen. Neue
Anleihe-Emissionen in Japan waren von 1987 bis 1990 von
42,4 auf 57,9 Milliarden Dollar gestiegen, etwa das Zwei-
einhalbfache der Emissionen amerikanischer Banken, die
in der gleichen Periode von 22,5 auf 21,9 Milliarden Dollar
sanken. Der japanische Anteil an neuen Anleihen des internationalen Kapitalmarktes war von 23 auf 26 Prozent
gestiegen, der amerikanische Anteil jedoch von 13 auf 8
Prozent gesunken. Viele Versuche sind unternommen worden, die Spaltung des Finanzkapitalismus zu überwinden.

Die neuen, nicht kontrollierten internationalen Geld-
und Kapitalmärkte sollten in das Kontrollsystem der natio-

nalen Staatsmacht oder internationaler Institutionen hineingezwungen werden. Die Versuche sind mißlungen, auch wenn in den führenden Ländern die Banken unter Druck begannen, ihre ›Töchter im Ausland‹ in das nationale Reservesystem einzubeziehen. Es gibt aber Länder, wo diese Verpflichtung nicht besteht. Außerdem sind ›Mindestreserven‹ nur eine beschränkte Absicherung gegen inflationistische Ausdehnung des Kreditgeldes und von Liquiditätskrisen.

Durch Teilnahme der eigenen Banken wollten die Regierungen und Zentralbanken in den führenden Industrieländern den Außenmarkt beschränken oder kontrollierbar halten. Tatsächlich haben die Zentralbanken aber damit den parallelen Geld- und Kapitalmarkt nicht kontrollieren können. Sie hatten versucht, wirksame Kontrollen einzuführen, z. B. sollten die Regierungen in den Ländern, wo der Staat heimatlosen Geldern Zuflucht bot, den Markt kontrollieren oder unterdrücken. Der Versuch mißlang. Die britische Regierung hat entschieden ein solches Ersuchen abgelehnt. Sie wußte, daß sonst die neue Blüte der City of London im Keim erstickt worden wäre. Letztlich wurde beschlossen, dem unkontrollierbaren Markt eine Zufluchtsstätte zu gewähren, auch in den Ländern, die ihn unterdrücken wollten. Die amerikanische Regierung hat durch Sondergesetze dem Markt eine gesicherte Zuflucht in New York und anderen Finanzzentren ermöglicht. Amerikanische Großbanken können frei an diesem Markt teilnehmen – in anderen Ländern und auch in New York –, müssen aber getrennt Buch führen über Depositen und Kredite, die im Bereich des nationalen Währungssystems erfolgen oder im Bereich des überstaatlichen Geld- und Kapitalmarktes für ›non-residential funds‹.

Es bleibt dabei, daß die neuen internationalen Geld- und Kapitalmärkte sich außerhalb des Bereiches nationaler und internationaler Kontrollen befinden.

Es gibt viele andere gastliche Herbergen für die heimatlosen, staatenlosen Geldkapitale, z. B. Steueroasen auf den Bahamas, den britischen Kanalinseln, in Luxemburg, auch in Madeira, wo ich als Konsultant der Regionalregierung die Einrichtung einer Freizone für den internationalen Warenhandel und Geld- und Kapitalmarkt vorbereitet hatte. Aber die Zentralbank von Portugal, die der Freizone für Geldkapitale zustimmte, bemüht sich, das Bankgeheimnis besser zu bewahren als die Bank of England. Diese Freizone besteht gegenwärtig. Sie wird von Inlands- und Auslandsbanken, großen Industrie- und Handelsgesellschaften benutzt. Die Zentralbank von Portugal hat der Errichtung der ›Freizone‹ für ›staatenlose‹ Geldkapitale zugestimmt. Als relativ kleines Land und Spätmitglied in den Einrichtungen der Europa-Union, die dem unterentwickelten Land beträchtliche Kapitalhilfe zugesichert hat, sind offensichtlich die monetären Autoritäten sensibler gegenüber der Anerkennung des ›Niemandslandes‹ für ›non-residential funds‹ als die Regierung von Großbritannien oder der USA.

In Deutschland haben die ›Euro-Gelder‹ noch kein Domizil gefunden aus Gründen, die auf die beschränkte Souveränität des Landes in der ersten Nachkriegszeit zurückzuführen sind. Aber der volle Anschluß an die internationalen Geld- und Kapitalmärkte wird sicherlich in naher Zukunft ermöglicht werden, statt den Bankensektor zu zwingen, ›via Luxemburg‹ oder ›via London‹ einen Ausweg zu suchen.

Die City of London hatte ihre Weltstellung als finanzielle Metropole mit dem Ende des britischen Empire und der Aufgabe des englischen Pfundes als Schlüsselwährung der Welt verloren. Sie ist aber in neuem Glanz als Weltzentrum für staatenloses, heimatloses ›non-residential‹ Geldkapital auferstanden. Es hat ihr mehr internationale Finanzstärke gegeben als sie zur Glanzzeit als Metropolis des britischen Empire gehabt hatte. Die Regierung von Großbritannien schützt den überstaatlichen Status dieser neuen Geld- und Kapitalmärkte besser als andere Länder.

Die heimatlosen Geldkapitale stammen nur in geringem Maße aus Steuerflucht oder von der Mafia, deren Teilnahme relativ unbedeutend ist. Die Hauptquellen sind industrielle und Handelsgesellschaften der Welt, Banken und auch Regierungen, die ihre Reservegelder oder allgemein Auslandsgelder so anlegen wollen, daß sie nicht einer nationalen Kontrolle in einem anderen Land unterliegen. Diese Geld- und Kapitalmärkte können als Symbol für das Prinzip eines vom Staat übergeordneten Kapitalismus gelten.

Es ist nicht denkbar, daß Geldkapitale in einem leeren, staatenlosen Raum angelegt werden. Zentralbanken und die internationalen monetären Autoritäten haben versucht, den neuen Freimarkt von Kapital zu kontrollieren und zu unterdrücken, das ist allerdings nicht gelungen. Aber weil die Verwendung der freien staatenlosen Geldkapitale nicht im luftleeren Raum erfolgt, sondern in den Ländern, in denen eine nationale, staatliche Autorität wirksam ist, wird versucht, die Anlagen von staatenlosen Geldern im eigenen Raum, d. h. innerhalb nationaler Grenzen zu kontrollieren. In den führenden Anlageländern sind deswegen die Banken gezwungen, über ihren Einsatz von staatenlosen Geldern bei Zweigbanken im Ausland zu berichten, und die Verpflichtung für die Bildung offizieller monetärer Reserven muß unter Einschluß der Ausleihungen der Zweigbanken im Ausland erfolgen. Aber damit wird die Freiheit und Unabhängigkeit dieser Geldkapitale nicht aufgehoben.

In der Geldsphäre unterliegt das Anlagekapital den Folgen von schwankenden Geld- und Währungswerten, den Folgen von Inflationismus und monetären Schranken staatlicher Autoritäten. Das ist eine relativ neue Erscheinung in der Geschichte des Kapitalismus.

Im 19. Jahrhundert bis zum Ersten Weltkrieg gab es häufig Krisen und heftige Schwankungen der Produktion und von Marktpreisen, aber der monetäre Sektor in der Zirkulation von Kapital konnte mit relativ stabilen Geldwerten –

an den Preis von Gold gebunden – operieren. Die Produktions- und Beschäftigungskrisen sind durch ›Keynesianische‹ Ausdehnung des staatlichen Sektors gedämpft worden.

Der Steuerstaat appropriiert ein Drittel bis zur Hälfte, häufig noch mehr vom gesellschaftlich produzierten ›Profit‹. Entsprechend haben sich die Verwertungsbedingungen für den kapitalistischen Anleger verschlechtert, es sei denn, daß Monopole den Profit des Kapitalanlegers schützen. Die Flucht vor der staatlichen Steuerbelastung ist für die Bewegung der Geldkapitale, die Kapitalanlagen anstreben, bedeutungsvoller als die abstrakte ›Profitrate‹. Sie ist zu einer Massenerscheinung für die im nationalen Rahmen produzierten Geldkapitale geworden. Die Möglichkeiten dafür ergeben sich aus der Zirkulation des Kapitals. Sie beginnt und endet stets im Zustand von Geldkapital.

IX

Die gehemmte Zirkulation des Kapitals

Die schleichende Krise der kapitalistischen Gesellschaft erzeugt einen Wandel, der die politische Machtstruktur zum Herrn der ökonomischen Basis macht. Der Überbau kann nichts produzieren – außer ›Dienstleistungen‹. Er kann die Verteilung des gesellschaftlichen Einkommens oder der Gewinnproduktion bestimmen. Deswegen werden die privaten Eigentumsrechte beschränkt oder aufgehoben, auch wenn das nicht formell geschieht. Der Staatskapitalismus triumphiert, ohne Produzent zu sein (außer im Dienstleistungssektor). Für die Produktion ist der Kapitalist verantwortlich, ohne voll Herr über sein Eigentum zu sein. Der ›Overlord‹ ist der autoritäre Staat oder Hierarch der Staatspartei. Dieser Prozeß des Wandels kann durch revolutionäre Erhebungen der proletarisierten Massen unterbrochen oder abgebrochen werden. Sie können, wenn die Herrschaft der Staatsparteibürokratien aufgebrochen ist, siegen. Die kapitalistische Klasse kann der Übermacht des staatlichen ›Overlord‹ als Geldkapitalist entgehen. Es entsteht die gehemmte Zirkulation des Kapitals.

Eine wenig beachtete Folge der schleichenden Krise des Weltkapitalismus sind die Hemmungen in der Zirkulation von Geldkapital. Das industrielle Kapital, das zur Produktion von Waren benutzt wird, erscheint im letzten Stadium der Zirkulation als Geldkapital nach dem Verkauf der Waren. Die spätere Verwertung des Geldkapitals entgeht dem staatlichen Zugriff im nichtstaatlichen Sektor. Als Anlage von Geldkapital kann eine Rendite oder ein Profit erzielt werden, der bei relativ hohen Zinssätzen zumeist größer als die Dividende ist, die man als Aktionär erwarten kann. Diese unkontrollierten und unkontrollierbaren Geldmärkte erweitern sich ständig, besonders in Zeiten konjunkturellen Niedergangs, internationaler Konflikte, regionaler Kriege etc. Dieses Fluchtkapital erscheint auf den internationalen Geld- und Kapitalmärkten. Es wird eventuell in das Ursprungsland zurückkehren als ›Auslandskapital‹, das politischen Risiken, z. B. der Geldentwertung oder Blockierung von Inlandskonten etc. entgeht oder sich gegen diese Risiken absichern kann.

Die nationalstaatlichen Autoritäten, die zu verhindern suchen, daß das freie Geldkapital sich in unkontrollierbares ›Niemandsland‹ flüchtet, hätten die Bildung von Geldkapital im Zirkulationsprozeß des Kapitals aufheben müssen, um erfolgreich im ›Kampf‹ gegen das ›Niemandsland‹ aufzutreten. Sie wollten nicht gegen ein Grundgesetz des Kapitalismus verstoßen. Als Alternative hätten sie die Verwertungsbedingungen für Kapitalanlagen so günstig gestalten müssen, daß die Geldkapitale, die aus dem Zirkulationsprozeß des Kapitals hervorgehen, sich im eigenen Land fortsetzen. Das konnte angesichts des disproportionalen Wachsens der staatlichen Ausgaben und der Steuern nicht geschehen. Deswegen werden viele Geldkapitale vorzugsweise im nicht-produktiven Sektor der Kapitalanlagen angelegt, steuerbegünstigt oder steuerfrei. Nur der Staat kann derartige Bedingungen bieten. Er hat Prioritätsansprüche. Der produktiv-industrielle Sektor kann mit den Prioritäten des Staates nicht konkurrieren.

Die Geldkapitale der neuen internationalen Geldmärkte kommen zwar aus allen Teilen der Welt; die Ausleihungen oder Anlagen werden aber fast ausschließlich in Ländern getätigt, in denen die Verwertungsbedingungen für Kapital günstig sind. Deswegen werden diese Geldkapitale vorzugsweise in entwickelten Industrieländern angelegt. Länder mit ungünstigen allgemeinen Verwertungsbedingungen für Kapital oder mit hohem politischen Risiko können diese Märkte nur unter Vorzugsbedingungen anzapfen. Den Kapitalanlegern müssen Prioritätsrechte bei der Zuteilung von Devisen und der Realisierung von Gewinnen geboten werden. Das geschieht in großem Umfang.

Diese Art Protektionismus dehnt sich erneut aus. Er übergeht die Einrichtungen, die offiziell nach dem letzten Weltkrieg geschaffen wurden und die die Freizügigkeit des Kapitals unter kontrollierbaren Bedingungen sichern sollen.

Als Kind der Krise der Produktionsverhältnisse wachsen die Verzerrungen in der Zirkulationssphäre des Kapitals und schlagen auf die Produktionsverhältnisse zurück. Internationale Währungskrisen verunsichern das weltmonetäre System. Regierungen und Zentralbanken der führenden Industrieländer können nicht mehr autonom ihre Währungsverhältnisse durch Zinspolitik sichern. Über Nacht, mitunter sogar noch schneller, können von außen Geldkapitale eindringen, die Inflation hervorrufen, es sei denn, daß monetärer Protektionismus die Freizügigkeit der Geld- und Kapitalbewegungen aufhebt. Umgekehrt können Geldkapitale das Land und die Währung mit dem Ergebnis vertiefter Deflation verlassen.

Alle großen Industriegesellschaften mit Zweigunternehmen im Ausland oder internationaler Verflechtung können die im Produktionsprozeß entstehenden Geldkapitale (Anfang und Ende der Zirkulation von Industriekapital) im Markt für staatenlose Gelder anlegen. Auch Inlandsgesellschaften können sich durch die Vermittlung der Auslandskontrakte der Banken, die selber mit dem Markt für heimatlose Gelder verbunden sind, daran beteiligen.

Die kapitalistischen Unternehmen in allen Industrieländern unterliegen Steuerlasten, die entscheidend die Verwertungsbedingungen des Kapitals beeinflussen (vom Standpunkt des privaten Kapitalisten). Auch Zinseinnahmen aus internationalen Geldmarkt-Anlagen unterliegen den nationalstaatlichen Steuern. Es gibt aber ›Steueroasen‹, wo das Finanzkapital nationalstaatlichen Kontrollen entgehen kann. Die klassischen Verwertungsbedingungen von Finanzkapital haben sich dadurch geändert. ›Fluchtkapital‹ wird zunehmend institutionalisiert und entgeht der Verschlechterung der Verwertungsbedingungen des Kapitals durch nationalstaatliche Steuern. In allen Ländern mit relativ hohen Steuersätzen – das gilt für alle Industrieländer – entwickelt sich eine innere Kapitalflucht vor politischem Risiko. Es schließt die staatlichen Steuern ein. Fluchtkapital ist zu einer normalen Einrichtung von internationalem Geldkapital geworden, die allen Besitzern von Geldkapital zur Verfügung steht. Deswegen wird die Zirkulation des Anlagekapitals durch die Flucht von Geldkapital in die Sphäre des staatenlosen, heimatlosen Fluchtkapitals gehemmt.

Der internationale Banksektor hatte durch das Auffangen der liquiden Euro-Geldkapitale in den achtziger Jahren eine derartige Fülle von Geldkapital erzeugt, daß die Banken der Versuchung nicht widerstehen konnten, die liquiden Euro-Gelder in illiquiden Kapitalmarktanlagen anzulegen. Die Illiquidisierung von vielen beteiligten Banken ist gut bekannt, auch die Verluste, die vielfach größer für die ursprünglichen Kapitalanleger waren als für die beteiligten Banken. Sie können von der Regierung ihres Heimatlandes finanzielle Unterstützung erwarten. Das System als solches bleibt bestehen.

Die Belastung der beteiligten Banken mit illiquiden Anleihen wird eventuell ›manageable‹ werden. Neue Euro-Geld-Anleger können die illiquiden Anlagen der Banken mit hohen Abschlägen erhalten oder als Beteiligungen an Industriegesellschaften verwerten. Eine neue Schicht von Kapitalanlegern löst eine alte ab. Die eigene Kapitalbasis des Bankensektors ist enger geworden. Sie kann durch neue Kapitalaufnahme zu Vorzugsbedingungen erweitert werden. Dieser Prozeß wird mehrere Jahre dauern. Statt der erwarteten Wende am Anfang der neunziger Jahre wird die ›Re-Liquidisierung‹ bis Mitte des Jahrzehnts dauern.

›Non-residential‹, heimatlose staatliche Geldkapitale stammen aus vielen Geldquellen – von Nationalstaaten, Regierungen, ›sozialistisch‹ und kapitalistisch, wo Staatsoberhäupter eine höhere Rendite für flüssige Reservegelder erzielen wollen oder Anlagen bei fremden Staatsbanken scheuen, von Konzernen und großen Industriegesellschaften mit verzweigtem internationalen Besitz, aus persönlichem Reichtum von Rentierkapitalisten, aus anonymen Quellen der Mafia oder Steuerfluchtgeldern. Sie alle bilden eine brüderliche Gemeinschaft, wiewohl sie sich persönlich nicht kennen und nicht kennen wollen.

Die kleine Schar von Bankern, die über diese Hunderte Milliarden von Dollars verfügt, stellt die wichtigste Gruppe von Managern des Finanzkapitalismus. Jeder von ihnen ist persönlich finanziell unabhängig, sonst würde er nicht das Vertrauen der Besitzer der ›Euro-Gelder‹ erhalten. Der persönliche Reichtum des Euro-Bankers macht ihn finanziell unabhängig, ist aber dennoch nicht groß genug, um ihn in den Stand zu setzen, den Markt zu kontrollieren. Das will er auch nicht, denn seine persönlichen Anlagen liegen zumeist außerhalb des Bereiches des Euro-Marktes.

Der typische ›Euro-Banker‹ hat einen persönlichen Reichtum von 50 bis 500 Millionen Dollar. Das bedeutet, daß er über ein zum großen Teil steuerfreies Einkommen von etwa 4 bis 20 Millionen Dollar jährlich verfügt. Es reicht aus, um frei und unabhängig im Luxus leben zu können, mit einer Wohnung in New York und einer zweiten in London oder Paris, einem Ferienhaus an der Riviera, an der Costa del Sol, vielleicht auch in Ceylon. Der Lebensstil ist unterschiedlich, aber sie zeigen eine gemeinsame liberale Haltung untereinander. Es gibt fromme Juden, gläubige Christen, Mohammedaner und Mitglieder anderer Religionsgemeinschaften oder Atheisten. Sie stellen eine Art internationale Bruderschaft dar, die persönliche Freiheit und die Freiheit eines unabhängigen Lebensstils schätzt. Die meisten sind ›kultiviert‹, besitzen kunstvolle Wertgegenstände, hochwertige Gemälde von Klassikern und Modernen, auch dadaistische Kunstwerke. Der Hauptfamiliensitz eines derartigen Finanzkapitalisten kann sich in der teuersten Gegend von London oder New York befinden, z.B. am Central Park East mit Aussicht auf den Park. Das Haus wird Tag und Nacht von bewaffneten Mitgliedern einer Schutzgesellschaft bewacht. Im Eingangsportal wird der Besucher kritisch als Eindringling betrachtet, bis ein Telefonanruf beim Gastgeber den Besuch autorisiert. Die Wohnung besteht aus breiten, großen Räumen mit Kunstwerken und Gemälden wie ein Museum à la miniature. Alle Kunstrichtungen sind vertreten. Die Auswahl ist mehr durch ›Anlagewerte‹ als durch einen Sinn für Kunst bestimmt. Es gibt keine ›billigen‹ Kunstwerke. Sie bestimmen den persönlichen Komfort. Man befindet sich in einer Luxuswohnung, die nicht den Eindruck einer komfortablen, eigenen Wohnung macht.

Die Besucher, Freunde und Bekannte, oft von hohem Rang, vielleicht auch Finanzminister eines Anlagelandes oder einer Quelle von Euro-Geldern werden über die Erschließung oder Ausnutzung von Anlagemöglichkeiten sprechen. Schnell werden im Gespräch ›Syndikate‹ gebildet für eine neu entdeckte Finanzierung oder Geldanlage. Jedes Mitglied beteiligt sich. Wer weniger als eine Million gibt, gilt als ›arm‹. Mit Telefonanrufen werden sich in wenigen Minuten Syndikatsmitglieder anschließen. Die persönliche Stimme am Telefon gegenüber dem Direktor der Euro-Bank genügt, um viele Millionen Dollar auszuzahlen. Die Telefonstimme gilt als Ausweis. Täglich werden auf diese Art Milliarden Dollar verliehen, angelegt, von Land zu Land übertragen.

Der Euro-Banker, den ich aufgesucht hatte, kann mit einer Transaktion einen Betrag verdient haben, der für sein Jahresbudget ausreicht. Der Vorgang dauerte vielleicht eine halbe Stunde. Wenn er zwei oder drei solcher Transaktionen im Jahr ausführt, hat er einen ›Verdienst‹, der das

Mehrfache von dem beträgt, was er benötigt, um im persönlichen Luxus zu leben.

Ein Mitglied der neuen internationalen Finanzaristokratie, dessen Aufstieg ich gut kenne, scheut politische Macht. Sie würde es ihm unmöglich machen, unparteiisch international auf seinem Gebiet tätig zu sein. Er wurde gefragt: »Was ist Dein Ziel im Leben? Warum jagst Du Tag und Nacht dem Geld nach, obwohl Du bereits finanziellen Reichtum besitzt, der für ein Leben in Luxus ausreicht?« Er sagte: »Mein Ziel ist, eine Familiendynastie herzustellen, wodurch ich und alle Familienmitglieder finanziell für alle Zeiten unabhängig sein werden.«

Viele Einzelfälle können zitiert werden. Sie alle bezeugen das Hineinstreben in die neue Klasse der Finanzkapitalisten. Sie sind aber nicht die ›herrschende Klasse‹. Wie im Feudalstaat, unter der absoluten Macht von Königen und Fürsten, war der jüdische Banker, der dem Herrscher mit Anleihen die Finanzierung von Kriegen oder persönliches Luxusleben finanzierte, ohne politischen Einfluß. Die herrschende Macht war der König.

Die Geldflüsse in den neuen, nicht kontrollierbaren Geld- und Kapitalmärkten sammeln die Gelder der Kapitalflucht. Aber noch größere Beträge stammen, wie bereits festgestellt, aus dem Zirkulationsprozeß des Kapitals der Industrieunternehmen in vielen Ländern.

Die gespaltenen Geld- und Kapitalmärkte geben die Möglichkeit der Ausnutzung von Zinsdifferenzen, national und international, von Differenzen von Währungswerten, von Abschlägen und Prämienzahlungen, die wie im Mittelalter Handelsgewinne sind. Dadurch kann mehr finanzieller Reichtum erzielt werden als durch Industriekapitalisten in produktiver Warenproduktion. Wer auf diesem Gebiet tätig ist, braucht nicht strategisch über Marktaussichten, die Folgen neuer politischer Entwicklungen oder die Zukunft allgemein nachzudenken. Es genügt für ihn, den Computer zu besitzen. Er muß die Möglichkeiten und die Sprache des Computers kennen. Als Folge gibt es einen

Wandel in der Qualität der Elite in der internationalen Bank- und Finanzwelt. Wer Karriere machen will, braucht nicht strategische Weisheit zu besitzen. Im Gegenteil, die Kenntnis von Weltmarktaussichten, politischen Risiken und allgemein globalen Entwicklungen ist unwesentlich. Der Leiter der Exekutive auf dem Gebiet der internationalen Finanz soll nicht unabhängig denken. Er muß wissen, wie der Computer benutzt werden kann und soll mit dessen Hilfe und ohne Zeitverlust Zinsdifferenzen berechnen sowie die Kosten der Abdeckung von Risiken auf den Termin-Geldmärkten schnellstens in Erfahrung bringen. Der Computer gibt ihm die Antwort.

Das Computerdenken begünstigt die Karriere. Ein guter Kenner der Euro-Geld- und Kapitalmärkte, der erfolgreich an ihnen teilnimmt, sagte mir:»Seit Einführung des Computers hat sich das intellektuelle Niveau der leitenden Banker, auch von Großbanken, geändert. Sie sind nicht mehr strategische Denker allgemein und auf ihrem Gebiet. Sie denken mit dem Computer und glauben, daß er ihnen die Antwort über die Zukunft der Geld- und Kapitalmärkte, die Bewegung von Zinsen und die Spannen zwischen Devisenwerten gibt. Es ist für sie wichtiger, den Computer zu kennen und seinen ›output‹, als ob der ›input‹ nicht entscheidend wäre.«

Die Überfülle des liquiden internationalen Finanzkapitals erzeugt einen fruchtbaren Boden für den ›Kasino‹-Kapitalismus. Wie in einem Spielkasino werden spekulative Finanzwerte gekauft und verkauft zu Preisen, die keinen Realwert besitzen. Den Gewinnen stehen stets Verluste in gleichem Ausmaß gegenüber. Das Ergebnis ist eine Umverteilung des Besitzes von Finanzkapital unter den Finanzkapitalisten.

Diese Erscheinung ist die Frucht eines Systems, das Geldkapitale ansammelt, die aus dem Produktionsprozeß hervorgehen, aber aus Gründen politischen und allgemeinen Anlagerisikos nicht zu ihm zurückkehren. Es werden dadurch erweiterte Möglichkeiten für die inflationistische

Ausdehnung des Geldumlaufs geschaffen. So beteiligen sich die internationalen Geld- und Kapitalmärkte an staatlichen Defizitfinanzierungen von Nationalstaaten. Auf diese Art wird Fluchtkapital, z. B. aus Südamerika, der Finanzierung von budgetären Defiziten der USA dienen. In allen Ländern mit relativ hohen Steuersätzen gibt es eine ständige Flucht von Geld oder flüssigem Anlagekapital.

Die Kapitalflucht ist zu einer normalen Erscheinung des Finanz- und Staatskapitalismus geworden. Länder mit starkem Kapitalmangel (›Entwicklungsländer‹) weisen deswegen einen ›Kapitalexport‹ in beträchtlichem Ausmaß auf, der statistisch nur zum Teil erfaßt wird. Aber auch aus den reichen Industrieländern gibt es Kapitalflucht in großem Stil. Die hohen Steuersätze bewirken, daß ein großer Teil des flüssigen Geldkapitals in das Gebiet der staatenlosen, heimatlosen, steuerfreien oder steuerbegünstigten Geldkapitale abfließt. Als Geldkapital amortisiertes Industriekapital und akkumulierte Profite können lange Zeit im Zirkulationsprozeß als Geldkapital verbleiben. Die Ausdehnung internationaler Geldmärkte erscheint gleichzeitig als Liquiditätsnot im Sektor des Industriekapitalismus, besonders in Entwicklungsländern. Die gehemmte Zirkulation des Industriekapitals ist zu einer Dauererscheinung geworden.

Im industriellen Anlagesektor kann der Kapitalist dem politischen Risiko von hohen Steuern, staatlichen Prioritäten, von Preiskontrollen, Marktrisiken etc. nicht entgehen. Als Geldkapitalist hingegen ist er liquide und kann leicht dem staatlichen Sektor entfliehen.

Das Gewicht der Systemkrise wird zunehmend von der Sphäre der Produktion auf die der Zirkulation des Kapitals verlagert. Das ist eine Tendenz, bei der die Zirkulationskrise auf die Produktionsverhältnisse zurückschlagen wird. Deswegen beginnt eine neue Krise nicht mit der allgemeinen Überproduktion von Waren oder der Marktüberfüllung (fehlende Kaufkraft), sondern mit Mangel an Liquidität im industriellen Sektor, obwohl Liquiditätsüberfluß im Geldmarktsektor besteht. Es gibt zuviel Liquidität auf internationalen Geldmärkten und zuwenig Liquidität für industrielle Unternehmer, die zumeist nicht genügend ›kreditwürdig‹ für den Finanzsektor sind. Diese Erscheinung schlägt auf die internationalen Währungsverhältnisse zurück. Die Zirkulation von Kapital wird im westlichen Kapitalismus wie auch im Staatskapitalismus zunehmend gehemmt. Die Erwartung neuer staatlicher Defizitfinanzierungen durch inflationistische Geldbeschaffung wird erneut belebt. Diese Erwartungen sollen ausgeräumt werden. Das kann nur durch deflationistische Politik geschehen, denn der Zirkulationsprozeß von Geld in Industriekapital erscheint als nicht genügend attraktiv oder ist übermäßig politisch riskant.

Das Geldkapital wird sich auf den internationalen Geldmärkten auch in Zukunft anstauen. Geldkapitale, die auf den internationalen Geldmärkten als überstaatlich oder ›heimatlos‹ erscheinen, sind ein Phänomen, das zur Verunsicherung des internationalen Währungssystems beiträgt. Diese Gelder, die zumeist in Dollar, aber auch in anderen Währungen, besonders D-Mark oder dem Yen angelegt werden, können über Nacht ein Währungsgebiet verlassen und ein anderes erreichen. Wenn das geschieht, leidet das Land, in dem diese Gelder angelegt werden, unter ›importierter Inflation‹.

Die Zentralbank will die Stabilität ihrer Währung verteidigen, indem sie den Einfluß von Auslandsgeldern verbietet oder die entsprechenden übertragenen Gelder ›sterilisiert‹. Dann wird die Konvertibilität der Währung aufgehoben oder beschränkt und eine neue internationale Konvertibilitätskrise beginnen.

Das Damoklesschwert der internationalen Geld- und Kapitalflüsse schwebt über Zentralbanken und Währungsautoritäten aller Länder. Sie versuchen untereinander, eine Art Alarmsystem einzurichten, um gemeinsam rechtzeitig den Folgen übergroßer Geldflüsse von einer Währung in eine andere entgegentreten zu können. Aber wie bei einem Feuer, das in einem Gebäude, gefüllt mit Explosivstoffen, ausbricht, kann das Alarmsystem nur das Ausmaß und die Folgen des Brandes beschränken, aber nicht das Unglück selber verhindern.

X
Stippvisite in die Theoriegeschichte

Die in den vorigen Kapiteln beschriebene Spaltung des Finanzkapitals erfordert eine Revision bzw. Erweiterung der theoretischen Konzepte des Finanzkapitalismus. Die bekannten marxistischen Theorien sind aus der praktischen Entwicklung des deutschen und englischen Finanzkapitalismus vor dem Ersten Weltkrieg abgeleitet worden. Damals bestanden unterschiedliche Tendenzen im Verhältnis zwischen Finanzkapitalismus und Staat in Deutschland im Vergleich zu England. Diese Unterschiede wurden in den Theorien über den Finanzkapitalismus ignoriert. Die englische Erfahrung der City of London wurde als der Prototyp für das Verhältnis zwischen Finanzkapitalismus und Staat gehalten. Das erwies sich jedoch als falsch.

Ein Verständnis des historischen Standorts des Finanzkapitalismus wird erleichtern, seine Zukunft vorauszusehen. In den Theorien des Finanzkapitalismus wurde der jeweilige Standort des Systems als die Zukunft angesehen. Die Theorien über den Finanzkapitalismus können die Zukunft des Systems nicht erfassen, wenn sie sich an temporäre Erscheinungen klammern.

In der Frühperiode des Finanzkapitalismus befaßten sich lediglich die Marxisten mit den grundlegenden Tendenzen des Finanzkapitalismus. Der führende marxistische Theoretiker vor dem ersten Weltkrieg, Rudolf Hilferding, hatte mit Recht die Bildung von Monopolen als ein grundlegendes Merkmal der Bildung von Finanzkapital angesehen. Die Kapitalisierung zukünftiger Gewinne wird durch Monopolbildung gerechtfertigt. Die zunehmende Bildung von Kartellen der deutschen Großindustriellen veranlaßte Hilferding zu der Voraussage, daß eine Grundtendenz des Finanzkapitalismus die Bildung eines ›Generalkartells‹ oder der ›organisierte Kapitalismus‹ sei. ›Es gibt nicht eine absolute Grenze für die Kartellierung. Vielmehr ist eine Tendenz zu ständiger Ausdehnung der Kartellierung vorhanden. Die unabhängigen Industrien geraten immer mehr in Abhängigkeit von Kartellierten, um schließlich von ihnen annektiert zu werden. Als Resultat dieses Prozesses ergäbe sich dann ein Generalkartell. Die ganze kapitalistische Produktion wird bewußt geregelt von einer Instanz, die das Ausmaß der Produktion in allen ihren Sphären bestimmt. Dann wird die Preisfestsetzung rein nominell und bedeutet nur mehr Verteilung des Gesamtprodukts auf die Kartellmagnaten einerseits, auf die anderen Teile der Gesellschaft andererseits. Das Geld spielt dann keine Rolle. Es kann völlig verschwinden. Mit der Anarchie der Produktion verschwindet der sachliche Schein … Das Kartell verteilt das Produkt … Es ist die bewußt geregelte Gesellschaft in antagonistischer Form.‹

Der ökonomische Raum der Nichtmonopolisten werde sich ständig verengen. Im letzten Stadium des Finanzkapitalismus werde ein Generalkartell die gesamte gesellschaftliche Produktion erfassen. ›Das Modell einer ‚sozialistischen‘ Gesellschaft ist vom Finanzkapitalismus geliefert worden. Sobald das Finanzkapital die wichtigsten Produktionszweige unter ihre Kontrolle gebracht hat, genügt es, wenn durch ihr bewußtes Vollzugsorgan, den vom Proletariat eroberten Staat, sie sich des Finanzkapitals bemächtigt, um sofort die Verfügung über die wichtigsten Produktionszweige zu erhalten … Von diesen Produktionszweigen sind alle anderen abhängig … Die Besitzergreifung von sechs Berliner Großbanken würde ja heute schon die Besitzergreifung wichtigster Sphären oder Großindustrien bedeuten‹, und weiter: ›In der ‚sozialistischen' Gesellschaft, der der Finanzkapitalismus den Boden vorbereitet hat, wird die gesamte Produktion und Konsumtion der Gesellschaft staatlich geplant und realisiert. Marktgesetze des Kapitalismus werden nicht mehr gelten. Die Theorie der Gültigkeit des Marx'schen Wertgesetzes im Sozialismus müsse als Generalunsinn gelten. Der Preis ist dann nicht Resultat einer sachlichen Beziehung, die die Menschen eingegangen sind, sondern eine bloße rechnungsmäßige Art der Zuteilung von Sachen von Personen an Personen. Das Geld spielt dann keine Rolle. Es kann völlig verschwinden.‹

Tatsächlich hat der Finanzkapitalismus sich anders entwickelt, als es sich die früheren Theoretiker des Finanzkapitalismus – in allen Lagern – vorgestellt hatten. Die staatsbürokratische Macht hat sich, wie einstmals im ›absoluten Staat‹ des Frühkapitalismus unter Königen, Fürsten und den Spitzen imperialistischer Macht, alle sozialen Klassen tributpflichtig und untertan gemacht. Alle mußten der zentralstaatlichen Macht einen Tribut zahlen, ihr dienen, sonst verloren sie das Recht, als Kapitalisten oder Feudalherren zu existieren. Ihre Privilegien wurden allerdings vom Staat geschützt, wenn sie sich der zentralstaatlichen Macht unterordnete. Aber als Finanzkapitalismus ist die oben beschriebene Ordnung innerlich widerspruchsvoll, denn der Kapitalismus muß auf Weltmärkten konkurrenzfähig sein. Die Finanzkapitalisten selber stehen unter dem Druck von Rivalitäten. Ihre Konkurrenzfähigkeit leidet, wenn der Tribut an den Staat übermäßig groß wird. Das System hat durch die Bildung des Finanzkapitals die Verrentung aller Einkommen erreicht, wie bereits erklärt. Je mehr das gelingt, um so mehr leidet die Konkurrenzfähigkeit des Systems auf Weltmärkten und in der internationalen Finanz. Dieser innere Widerspruch verhindert die Konsolidierung eines ›organisierten Kapitalismus‹. Er entwickelt seinen eigenen bürokratischen ›Apparat‹ mit einer hierarchischen

Spitze, der das autonome Eigeninteresse der Parteibüro-kratie verteidigen muß. Es lockt die Teilnahme an der Re-gierung oder deren Übernahme. Dadurch gewinnt die Par-teihierarchie/Bürokratie die Leitung und Kontrolle über die gesamte staatliche Bürokratie. Sie ist eine Macht ge-worden, die alle Sektoren der kapitalistischen Gesellschaft regulieren, kontrollieren, überwachen und tributpflichtig machen kann. Damit gewinnt die Regierungspartei eine Macht, die sie in der Zeit, als die staatliche Bürokratie nur 5 statt 30 bis 50 Prozent des Sozialproduktes der Gesell-schaft appropriierte, nicht hatte; eine Macht, mit der sie ef-fektiv ihre Eigenmacht konsolidieren kann. Das ist das Ziel aller Regierungs- oder Staatsparteien.

Die marxistischen Konzepte von Hilferding, Lenin und Bucharin über Finanzkapitalismus und Imperialismus müs-sen revidiert werden.

Der Finanzkapitalismus hatte sich anfangs des 20. Jahr-hunderts, zu einer Zeit, als Hilferding sein grundlegendes Werk ›Der Finanzkapitalismus‹ schrieb, in Deutschland an-ders entwickelt als in England. Die Verbundenheit des na-tionalen Bankkapitals mit dem einheimischen Industrieka-pital traf auf Deutschland, nicht aber auf England zu. In England hatte andererseits die finanzkapitalistische ›Ari-stokratie‹ den führenden Einfluß auf die Außenpolitik und damit allgemein den entscheidenden politischen Einfluß. In Deutschland dagegen mußten die Banken und großen Industriekonzerne sich der autonomen Staatsmacht unter-ordnen. Sie taten dies bereitwilligst. Sie konnten damit ihre eigenen internationalen wirtschaftlichen Interessen wahr-nehmen.

Die marxistischen Theoretiker in Europa und Amerika klammerten sich an die These, daß der Finanzkapitalismus den Staat beherrscht – die Wirklichkeit war umgekehrt. Der Staat war eine Eigenmacht geworden, im Westen und Osten.

Wer das Konzept der freien Marktwirtschaft im Finanz-kapitalismus verteidigt, kann sich auf den Sektor der freien

Konkurrenz berufen. Ohne ihn können Monopolmacht und staatlicher Protektionismus nicht bestehen. Deswegen hat Frederick A. Hayek in der in Massenauflage erschienen Schrift ›The Road to Serfdom‹ viel über die Übel der Bürokratie und der staatlichen Kommandoplanung, nicht aber über das Wesen des Finanzkapitalismus und die Doppelexistenz zweier Systeme unter der Decke des Staatskapitalismus geschrieben. Er vergaß, daß kapitalistische Monopole und staatliche Vormacht einen breiten Sektor von kapitalistischen Unternehmen, einschließlich selbständiger Handwerker, Bauern usw., die in der ›freien Konkurrenz‹ ihre Selbständigkeit verteidigen, benötigen.

Hayek berücksichtigte ebenfalls nicht, daß die besten Verfechter der freien Konkurrenz die Monopolisten sind. Sie benötigen einen breiten Wirtschaftssektor, wo die kleinen und Mittelunternehmen ›frei‹ konkurrieren. Denn wenn alle Monpolisten wären, gäbe es keinen ›Lebensraum‹ für die Monopolisten. Sie sind die besten Anhänger von Hayeks Argumenten zugunsten der freien Konkurrenz. Ich sah in New York auf dem Auto eines kleinen unabhängigen Elektro-Reparaturunternehmens die Worte angeschrieben ›Death to the Competition‹ (›Tod der Konkurrenz‹).

Das Wiederauferstehen der Altväter des freien Marktkapitalismus nach dem Zusammenbruch des ›Realsozialismus‹ im Osten sollte nicht als Zeichen des Rückzuges des Staates interpretiert werden. Die Verfechter der freien Konkurrenz und des ungestörten freien Marktes stehen keineswegs im Gegensatz zum System, das weitgehend von der ›Gemeinschaft‹ von Staat und Monopolen geprägt ist. Stehen wir am Anfang einer neuen Blüteperiode, die mehr in Südostasien als im alten Europa Fuß faßt? Ist der Wohlfahrtsstaat in Westeuropa und Nordamerika das Zeichen für einen Wandel des Kapitalismus, d.h., ist das Schicksal des vogelfreien Proletariers, der nie einen gesicherten Arbeitsplatz eingenommen hat, abgelöst worden von dem Typ des Sozialrentners in der Gesellschaft der staatlich verrenteten Klassen? Eine derartige Gesellschaft ist nicht fähig, erfolgreich im internationalen Konkurrenzkampf um größere Weltmarktanteile zu bestehen. Die Institutionen des Wohlfahrtsstaates werden in den Ländern, die gezwungen sind am Konkurrenzkampf um Weltmarktanteile teilzunehmen, in tiefe politische Sozialkrisen geraten. Oder werden die hohen Belastungen im internationalen Konkurrenzkampf durch den Wohlfahrtsstaat von allen Ländern des Westens getragen werden müssen? Wird ein universeller neuer Standard der Konkurrenzbedingungen hergestellt werden? Die Antwort ist ›Nein‹, wenn wir den westlichen Ratgebern im zusammengebrochenen Staatssozialismus (oder Staatskapitalismus) glauben sollen. Der einzelne Mensch muß im freien Konkurrenzkampf des Kapitalismus sich seinen Platz der ökonomischen Sicherheit erkämpfen. Muß die gesellschaftliche Entwicklung mit dem ›Fürsorgestaat‹ und der Herrschaft der bürokratischen Oligarchien enden? Was kommt danach?

Die theoretischen Konzepte können keine Antwort geben. Sie alle vertreten Einzelerscheinungen, die in verschiedenen Zeiten vorherrschend waren, die aber abgelöst wurden durch neue Entwicklungen, die stets unerwartet das System änderten. Das drückt sich aus in dem Auf- und Niedergang der Mitglieder der herrschenden Klasse, der Finanzkapitalisten und der politisch tätigen partei- und staatsbürokratischen Aristokratien. Das Modell für den Sozialismus/Kommunismus wurde nicht von Karl Marx oder Lenin gegeben, sondern von einem Theoretiker der deutschen Vorkriegssozialdemokratie.

Ich denke in diesem Zusammenhang auch an eine Debatte, die in der Wohnung von Professor Karl August Wittvogel Mitte des Zweiten Weltkrieges (1942) stattgefunden hatte. Ich hatte K.A.W., den ich vor dem Krieg gut kannte, aufgefordert, die marxistischen Konzepte des Kapitalismus/Imperialismus und Staatssozialismus zu überprüfen. Damals vertrat K.A.W. noch die Ansicht, daß der Stalinismus in der ehemaligen Sowjetunion eine sozialistische Gesellschaft aufbaue. Er hatte noch nicht seine Ansichten über die ›asiatische Despotie‹ auf den stalinistischen ›Sozialismus‹ bezogen. Ich sprach auf dieser Zusammenkunft von dem Doppelwesen des ›sozialistischen‹ Staates unter Stalin und allgemein des ›Staatssozialismus‹. Er könne sich nicht konsolidieren als industrielle Gesellschaft mit der komplexen Arbeitsteilung des Industrialismus, ohne kapitalistische Marktwirtschaft aufzunehmen. Es entstehe eine Art Doppel- oder Triangelgesellschaft von ›Staatssozialismus‹, Despotismus und Privatkapitalismus und primitiver Selbstversorgung. Die kapitalistischen Werte von Preisen und Märkten erscheinen mehr verzerrt als im ›Monopolkapitalismus‹ des Westens. Diese Gesellschaften können sich nicht konsolidieren. Sie werden auseinanderbrechen. In dieser Debatte wandte sich K.A.W. sehr heftig gegen die Ansicht, daß die stalinistische Gesellschaft im Osten nicht ›Sozialismus‹ sei und daß diese Gesellschaft ein Doppelwesen habe. Die Symbiose von ›Staatssozialismus‹ und Kapitalismus könne es nicht geben.

XI

Kopf an Kopf
in der Triade

Im April 1992 erschien in den USA ein Buch, das man – wenngleich nicht explizit ausgewiesen – durchaus als programmatische Antwort führender nordamerikanischer Wirtschaftskreise auf zwei Standardwerke imperialer Strategiediskussion ansehen kann. Mit seinem Bestseller ›Head to Head. The Coming Economic Battle among Japan, Europe and America‹ bezieht sich Lester Thurow, einer der bekanntesten Politökonomen des Landes, auf das Buch ›Triad Power‹ (1985) von Kenichi Ohmae. In diesem Werk analysierte der Leiter des Tokioer Büros von McKinsey den Trend der Globalisierung der Wirtschaft und die Triebkräfte, die Unternehmen zu globalen Investitionen und Allianzen antreiben. Diesen Fehdehandschuh aufnehmend, antwortete Konrad Seitz, langjähriger Planungschef des ehemaligen deutschen Außenministers Genscher und Experte für europäische Hochtechnologie- und Raumfahrtpolitik, 1991 mit dem inzwischen in vierter Auflage veröffentlichten, sehr charakteristischen Titel ›Die japanisch-amerikanische Herausforderung. Deutschlands Hochtechnologien kämpfen ums Überleben‹. In der Rezensentenschar zu diesem Buch fanden sich mit dem SPD-Vorsitzenden Björn Engholm, dem Historiker Arnulf Baring und dem Direktor des Max-Planck-Instituts Stuttgart, Hans J. Queier, sehr unterschiedliche Autoren zusammen, die aber bei allen Differenzen im Detail offensichtlich Seitz' Aufforderung zur Schaffung einer ›winning culture‹ der Deutschen teilen. Im folgenden möchte ich auf die Perspektiven und die Rolle Japans in der ›Triade‹ eingehen.

Japan ist ein Land des sozialen und finanziellen Wohlstandes geworden. Das japanische Wirtschaftswunder wurde möglich, weil es eine fleißige Arbeiterklasse und dynamischen Unternehmergeist der kapitalistischen Klasse gab – eingebettet in die spezifischen historischen Entwicklungen in Japan. Eine neue Klasse von Rentenkapitalisten ist im Entstehen. Die Grundlagen für den alten Kulturimperialismus können nicht wieder hergestellt werden. Damit ist klar, daß Japan nicht als neue Supermacht auftreten wird, wie oft und allgemein erwartet.

Die Bildung unabhängiger Nationalstaaten in Südostasien ist nicht umzukehren. Japan müßte als Militärmacht einen unerträglich hohen Einsatz zahlen, wenn es versuchen würde, als Supermacht aufzutreten. Das japanische Beharren auf Rückgabe der Kurileninseln wird allerdings nicht vergeblich sein. Die Forderung Japans, als Vorbedingung für eine Partnerschaft bei der Erschließung der Rohstofflager Sibiriens und der Industrialisierung dieses Territoriums einen Friedensvertrag mit Rußland abzuschließen, macht sich bezahlt. Die Ex-Sowjetunion kann nach dem Ende des Kalten Krieges die Kurilen nicht mehr als strategische Drohung benutzen, ohne die dringend benötigte japanische Kooperation für die Erschließung der reichen Rohstoffquellen in Sibirien und die Herstellung einer Infrastruktur mit neuen verarbeitenden Industrien zu gefährden.

Sibirien wird ein wichtiges Anlagefeld für japanisches Kapital und für die Erschließung eines neuen Marktes sein. Die japanisch-russische Kooperation auf den Weltmärkten, vor allem im pazifischen Raum hat gute Aussicht, relativ stark zu werden. Damit wird die japanische Abhängigkeit von einem Verteidigungsbündnis mit den USA aufhören. Die Perspektive einer engen Zusammenarbeit Japans mit

Rußland findet ihr Gegenstück in einer engen Liaison des internationalen Finanzkapitals mit China unter wohlwollender Unterstützung der USA. Die politische Entwicklung in China mag die amerikanischen Politiker irritieren. Aber das wird die Strategen in Washington nicht davon abhalten, langfristig den Boden für eine Zusammenarbeit auszubauen, gerade angesichts der Positionen, die sich für Japan in Sibirien nach einem Abkommen über die Kurilen abzeichnen.

Die pazifischen Inseln, auf denen das amerikanische Sternenbanner weht, werden von japanischen Touristen erobert. Die schleichende deflationistische Krise der USA wird sich auf die pazifischen Inselländer ruinös auswirken, wenn nicht die reichen Japaner als Aufkäufer von Grund und Boden, von Industrieanlagen, Hotels und Banken sowie als Touristen eingreifen. Ein stiller amerikanisch-japanischer Kampf hat begonnen, der manches Paradoxon erzeugt. Das Sternenbanner wird über Ländern wehen, wo die besitzende Klasse japanisch spricht.

Die Räumung der militärischen Basen auf den Philippinen ist symbolisch. Nach dem Rückzug bleibt ein Grenzgebiet zwischen zwei Großmächten, in dem die deflationistische Weltkrise chaotische politische Verhältnisse hinterläßt. Traditionell konservative Führer verlieren ihre Gefolgschaft und stehen hilflos vor dem finanziellen Ruin des Landes, das keinen Platz in der Weltwirtschaft in der Zeit der deflationistischen Weltkrise finden kann. Extremisten und Fundamentalisten werden den sozial entwurzelten Massen das Heil im Jenseits und ›Neuverteilung‹ des Vermögens der ›Reichen‹ versprechen sowie neue Staatsparteien bilden – die kommenden Staatsparteibürokratien. Ihre finanzielle Grundlage wird nicht ausreichen. Ein Retter wird erwartet, aber Japan wird zögern, denn die Kosten direkter Beherrschung sind zu groß. Eine neue herrschende Klasse wird benötigt. Ähnliche Situationen sind in allen Gebieten, aus denen die Ex-Supermächte sich zurückgezogen haben, im Entstehen begriffen.

Die Grenzen bestehen nicht mehr wie im Kalten Krieg zwischen Ost und West. Sie werden von den Blockmächten des Finanzkapitalismus gezogen. Das Finanzkapital meidet die Länder, wo die herrschenden Klassen fehlen oder nicht imstande sind, aufständische Elendsmassen zu kontrollieren. In diesen Ländern ist durch den Fortschritt des Weltkapitalismus die alte soziale Ordnung aufgelöst worden. Jetzt kann das Land keinen Platz in der kranken Weltwirtschaft finden. Die Massen konzentrieren sich in wenigen Großtädten. Man kann an einer Hand die größten Slum-Zentren der Welt aufzählen, in denen mehr als 100 Millionen Menschen ein sub-proletarisches Dasein fristen. Sie verkörpern eine Zeitbombe, auch wenn sie derzeit aufgrund fehlender politischer Führung nicht rebellieren. Aber es gibt Fanatiker und Fundamentalisten, die den Kampf gegen die weißen und Ex-Kolonialmächte führen werden.

Der Versuch, das im Krieg besiegte Japan in ein von den USA geführtes Nachkriegssystem einzubauen, ist mißlungen. Japan stieg zu einer unabhängigen Industrie- und Finanzmacht auf, die auf vielen Gebieten der industriellen Konkurrenz und des Finanzkapitalismus Europa und die USA überflügelt hat. Aber das bedeutet nicht, daß Japan eine Supermacht wird mit dem Anspruch, selbst eine neue internationale Ordnung herzustellen. Japan ist zwar auf dem Weg, erneut eine militärische Großmacht zu werden und wird versuchen, die Seewege im ostasiatischen pazifischen Bereich zu beherrschen und die Kapitalanlagen im Ausland in Einflußsphären Japans zu konzentrieren, aber der alte japanische Militarismus mit seiner feudalkapitalistischen Tradition besitzt keine Chance mehr.

In Japan hat sich die alte Klassenstruktur verändert, die feudalkapitalistische Samurai-Klasse besteht nur noch aus Fragmenten. Aber die finanzkapitalistische Klasse, die durch die amerikanische Siegermacht gefördert wurde und die sich nach dem Krieg den Interessen der amerikanischen Führermacht unterordnete, wird ihre Verbundenheit mit den anglo-amerikanischen Finanzinstitutionen revidieren und sich der strategischen Führung der japanischen staatskapitalistischen Macht unterordnen müssen.

Die Vormacht der staatlichen bürokratischen Hierarchie gegenüber den privaten kapitalistischen Interessen ist eine alte Tradition in Japan. Die unter amerikanischem Einfluß nach dem Zweiten Weltkrieg erfolgte Reform des traditionellen Verhältnisses zwischen Staat und Finanzkapital, d. h. die scharfe Trennung zwischen den privaten finanzkapitalistischen Interessen und der Regierung, wird rückgängig gemacht. Die privaten Finanzkapitalisten, die intim mit amerikanischen Finanz- und Industrieinteressen verbunden waren, haben an politischem Einfluß verloren. Sie müssen die nationalstaatlichen Autoritäten als überlegene Macht respektieren, sonst riskieren sie, ›diszipliniert‹ zu werden. Das würde sehr kostspielig und persönlich erniedrigend sein. Die neue Finanzsupermacht, die in den vergangenen drei Jahrzehnten entstand, wird sich aus den anglo-amerikanischen Geld- und Finanzmärkten zurückziehen. Sie wird gezielt unter strategischer staatlicher Führung für den Aufbau einer japanischen Machtsphäre eingesetzt werden.

Die Abhängigkeit der Großbanken in den USA von staatlicher Stützung und Liquiditätshilfe hat die Vormacht des Staates gegenüber dem ehemals politisch eigenmächtigen Finanzkapitalismus immens gestärkt. Dies ist eine weltweite Entwicklung, die auch in Japan historische Wurzeln hat. Die Auflösung der Führerstellung der anglo-amerikanischen Finanzmärkte hat begonnen. Die Teilnahme Japans an diesen Märkten war entscheidend für die Expansion der anglo-amerikanisch geführten Geld- und Kapitalmärkte in den siebziger und achtziger Jahren. Es findet immer noch ein Abzug der japanischen Teilnehmer von den internationalen Geld- und Kapitalmärkten statt. Dieser Vorgang ist weitgehend von den Finanzstrategen in Tokio beeinflußt, wenn nicht sogar dirigiert worden. Der Rückzug der japanischen Finanzkapitalisten aus den internationalen Geld- und Kapitalmärkten des Westens, wo angloamerikanische strategische Interessen dominieren, ist der Beginn einer Neuformierung des japanischen Finanzkapitalismus, der sich den staatskapitalistischen strategischen Interessen anpassen muß.

Die großen Verluste der ›Gläubigerländer‹ in den achtziger und den beginnenden neunziger Jahren haben auch die japanischen Finanzinstitute schwer getroffen. Deshalb befaßt sich jetzt in Tokio ein Führungsstab mit der Ausrichtung des Finanzkapitalismus Japans auf strategische Ziele. In Zukunft werden die flüssigen Geldkapitale vorzugsweise in Länder gehen, wo japanische Einflußphären bestehen, d. h. vor allem im Raum von Südostasien.

Die Bedeutung der 1991/92 aufgedeckten japanischen Finanzskandale ist im Ausland vielfach mißverstanden worden. Es handelte sich nicht um betrügerische Finanzmanipulationen, Unterschlagungen, Diebstahl oder Korruption, sondern um Vorgänge, die die führenden Exekutiven der großen Finanz- und Börsenfirmen seit Jahrzehnten mit Kenntnis der Behörden als ihr gutes Recht und normale Geschäftspraxis ansahen, wenn auch die Ausnutzung von ›insider‹-Kenntnissen und die bevorzugte Behandlung von Großaktionären gegen die offiziellen Gesetze verstießen. Die staatliche Initiative im Namen von ›Recht und Gesetzlichkeit‹, die Exekutiven führender Finanz- und Börsengesellschaften wie Kriminelle vor Gericht zu stellen und verurteilen zu lassen, war eine Regierungsaktion, die sich besonders gegen die führenden Finanzkapitalisten des Landes, die in intimer Allianz und persönlicher Verbundenheit zu ›internationalistisch‹ geworden waren, richtete.

In Japan war der Aufstieg finanzkapitalistischer Werte zu historischen Höhen schneller als in Europa oder Amerika erfolgt. Wenn finanzielle Macht ein Adäquat in Weltmacht fände, müßte Japan die Supermacht der Welt sein. Bereits 1987 gab es mehr Milliardäre in Japan als in den USA. Eine neue finanzkapitalistische Oberklasse bildete sich in einem Land heraus, das eine Generation früher halb zerstört, von einer Siegermacht besetzt war und die Samuraitradition

nicht abgeschüttelt hatte. Nach der Eroberung von Exportmärkten durch Anwendung neuer Technologien, welche
die privilegierten Weltmarktpositionen der amerikanischen Großindustrie erschütterten, wurden die Erfolge des
Industriekapitalismus kapitalisiert. Über Nacht hatte sich
eine breite Schicht von neureichen Kapitalisten gebildet,
deren finanzieller Reichtum Amerika und Europa in den
Schatten stellt.

Japan ist das kapitalistische Land, in dem mehr Sparkapital gebildet wird als in allen Konkurrenzländern, bis zu
30 Prozent des Sozialprodukts gegenüber weniger als 5 Prozent in den USA. Der Yen galt am Ende der achtziger Jahre
als die stärkste Währung. Aber finanzielle Anlagewerte in
Japan stiegen inflationistisch stärker als in Amerika oder
Europa. Auf dem Höhepunkt der spekulativen Anlage-
konjunktur warnte ein Mitglied der japanischen Zentralbank: ›Wir befürchten, daß eines Tages der Damm birst und
die deflationistische Wirkung für die Wirtschaft katastro-
phal sein wird.‹ Diese Warnungen wurden in den Wind geschlagen. Am Ende der achtziger Jahre hatten Grundstückswerte in Japan einen Gesamtbetrag erreicht, der
doppelt so hoch war wie in Amerika, obwohl die verwert-
bare Grundstücksfläche in Japan weniger als 4 Prozent der
verwertbaren Fläche in den USA gleichkommt. Ein Qua-
dratfuß Grund und Boden in Japan wurde fünfzig Mal
höher bewertet als in den USA. Eine Korrektur der fiktiven Tauschwerte hat begonnen. Sie muß aufgehalten werden, sonst bricht das Pyramidengebäude von Kredit und erfüllbaren Geldansprüchen zusammen. Das System duldet
die Realität der Werte nicht.

Die Mittelklasse und ein großer Teil der Arbeiterklasse
strebt nach der Sicherheit der Rente. Die Lebensversiche-
rungsgesellschaften konnten 8,8 Milliarden Dollar monat-
lich aufnehmen (1987) und einen Betrag investieren, der
das japanische Staatsbudget übersteigt. Sie müssen jährlich
7 bis 8 Prozent des Einzahlungsbetrages an die Versiche-
rungsnehmer auszahlen und verdienen mit ihren finanziel-

len Investments weniger als 5 Prozent. Die Differenz wird mit neuen Einzahlungen für Versicherungen finanziert.

Hohe Steuern fördern Anlagen, die durch Steueransprüche nicht zu erreichen sind. Deswegen dehnten sich die Anlagen im Ausland schneller als die einheimischen aus. Die Japaner verhalten sich heute wie die Engländer in den siebziger Jahren des vorigen und die Amerikaner in den fünfziger Jahren dieses Jahrhunderts. Sie haben einen großen Kapitalüberfluß gegenüber der Außenwelt. Nur ein Teil dieser Investitionen wird für die Finanzierung von Fabriken benutzt. Der übrige Teil wird in reinen Finanzwerten angelegt. Bereits Anfang 1987 waren Japans Auslandsinvestitionen größer geworden als die aller OPEC-Länder. Die weltbekannte Börsenfirma Solomon Brothers, New York, bewertete Japans langfristige ausländische Investitionen 1990 auf 700 Milliarden Dollar, während die Investitionen der OPEC-Länder (im Ausland) im Jahr 1983 einen Höhepunkt von 380 Milliarden Dollar erreicht hatten.

Japan wird der größte Verlierer in der deflationistischen Revision des Kapitals sein, da es den Löwenanteil nord- und südamerikanischer staatlicher Schuldenpapiere erwarb. Es hat aufgehört, das amerikanische budgetäre Defizit zu finanzieren. Aber die Japaner sitzen auf den größten Auslandsinvestitionen der Welt, auf Aktien und Anleihepapieren einschließlich Schulden der Dritten Welt. Der Zusammenbruch der Finanzspekulation hat begonnen. Ein internationaler Finanzexperte in Hongkong schrieb in einem vertraulichen Bericht über die Finanzmärkte in Asien (1987): ›Jedes Land erlebt in seiner Entwicklung wenigstens eine Boom- und Bust-Periode des Finanzkapitals. Die Eisenbahnen in England in der Zeit von 1857, der Wertpapier- und Grundstücksboom in Wien 1873, in den USA 1927/29, in Hong Kong 1972/73. Jetzt ist Japan an der Reihe.‹ Die privaten Finanzkapitalisten Japans, die vorher mit den von Amerika dominierten internationalen Geld- und Kapitalmärkten verbunden waren, benötigen staatliche Protektion und Hilfe in ihrem Heimatland. Der Preis dafür ist die Unterordnung unter die strategischen staatlichen Planer in Tokio.

Der Wiederaufbau des japanischen Industrialismus nach dem Zweiten Weltkrieg wurde durch die Möglichkeit begünstigt, in den amerikanischen Markt zu einer Zeit einzudringen, in der die amerikanischen industriellen Kapazitäten für die Marktbedürfnisse während der Kriege in Korea und Vietnam nicht ausreichten. Danach nutzten die japanischen Finanzstrategen die Schwächen des alten Industrialismus, der im Zeitalter des Vorherrschens von Kohle, Eisen, Stahl und der Eisenbahnen entstanden war, aus.

Die Bedingungen, unter denen das Wiederauferstehen der japanischen Industriemacht nach dem Zweiten Weltkrieg erfolgte, waren temporär. Es sind weltwirtschaftliche und finanzielle Abhängigkeiten entstanden, die abgeschüttelt werden müssen. Die deflationistische Weltkrise wird die USA stärker treffen als Japan. Der japanische Finanzkapitalismus muß zwar schwere Verluste in Kauf nehmen, hat aber finanzielle Reserven aufgebaut, die es ermöglichen, die Einbußen an Kapitalwerten und Liquidität besser in Kauf zu nehmen als die amerikanische Konkurrenz. Ein Liquiditätsschock der internationalen Banken im Euro-Sektor hat die beteiligten japanischen Banken schwer getroffen. Die Banken haben illiquide Anleihen akkumuliert, die viele Banken selber illiquide gemacht haben.

Nach einer Expansion von über 10 Prozent jährlich in den achtziger Jahren folgte eine Kontraktion in den neunziger Jahren. Ein Rückzug aus den finanziellen Beteiligungen in den USA hatte begonnen. Die japanische Finanzierung amerikanischer budgetärer Defizite wird anhalten, solange im Außenhandel mit den USA große japanische Exportüberschüsse bestehen. Dennoch sind die Auslandskäufe von amerikanischen Schatzanweisungen und Anleihen tief gefallen, von 54,2 Milliarden im Jahr 1989 auf 19,9 Milliarden Dollar im Jahr 1990 und weiter auf eine jährliche Rate von 4 Milliarden Dollar Anfang 1991. 1989 betrugen japanische Käufe von amerikanischen Wertpapieren 3,3 Milliarden Dollar (netto). Im folgenden Jahr (1990) war Japan Verkäufer von amerikanischen Wertpapieren im Nettobetrag von 2,9 Milliarden Dollar Anfang 1991 setzten sich diese Nettoverkäufe fort. Im ersten Quartal 1991 betrugen die Netto-Verkäufe 639 Millionen Dollar, das entspricht einem Verkauf von etwa 2,5 Milliarden Dollar Wertpapieren jährlich. Der Ausbau der staatlichen Macht gegenüber den einheimischen privaten Banken, kapitalistischen Konzernen und den erfolgreichen Finanzkapitalisten wird durch die hohen Verluste des Finanzkapitals und besonders durch den Liquiditätsmangel während der deflationistischen Weltkrise gefördert. Das trifft besonders auf die Liquiditätskrise zu, die die Finanzkonzerne von staatlicher oder staatlich garantierter Kredithilfe abhängig machen.

Die internationale Banken- und Finanzkrise hat in den USA begonnen. Sie hat mit zwei Jahren Verspätung Tokio und London erreicht, obwohl die Globalisierung der Geld- und Devisenmärkte schneller als früher Börsenspekulationen, aber auch Finanzkrisen weltweit überträgt. Die Banken- und Finanzkrise in Japan erinnert in Umfang und Tiefe an die Verhältnisse in den USA, mit dem Unterschied, daß die Reserven der finanziellen Institute in Japan größer sind und daß sie die Verluste leichter als in den USA werden absorbieren können. Das führende Forschungsinstitut Japans im Kreditwesen (›Teikoku Databank‹) berichtete, daß sich in den ersten zehn Monaten 1991 die Bankrotte im japanischen Bankensektor auf das Dreifache des Vorjahres, insgesamt auf 49 Milliarden Dollar belaufen haben. Die japanische Regierung hat versichert, daß es keinen Zusammenbruch des japanischen Finanzsystems geben wird. Die Regierung ist in der Lage, entsprechend zu handeln. Es wird erwartet, daß die meisten kleinen oder mittelgroßen Finanzgesellschaften untergehen werden. Das Ergebnis wird eine weitere Zentralisierung im Sektor Banken und Finanzen sein. Die Abhängigkeit dieses Sektors vom Staat wird zunehmen. Dr. Misuki, Präsident des privaten Marktforschungsinstituts Mikkuxi & Co. in Tokio, schrieb, daß ›das Kreditrisiko von der Regierung sozialisiert worden sei‹. Die Banken haben die schnelle Zunahme der Konsumkraft der Nation finanziert. Von 1970 bis 1989 war die Verschuldung des Staates wie auch die Verschuldung der Familienhaushalte um über 150 Prozent gestiegen. Die Überschuldung der Banken hat parallel mit der unerträglich hohen Verschuldung der Industriekonzerne zugenommen. Die Verschuldung bankrotter Industriegesellschaften war in Japan 1991 auf 100 Milliarden Dollar gegenüber 50 Milliarden im Jahr 1990 und 15 Milliarden im Jahr 1989 gewachsen. Der Staat wird erneut budgetäre Defizitfinanzierungen in einem Ausmaß vornehmen, daß die internationale Lage des Yen sich entscheidend verschlechtern wird. Die Mehrzahl der Banken muß den vollen Umfang ihrer Verluste der Zentralbank und den Überwachungsbehörden für das Bankensystem aufdecken. Die meisten ›Elite-Banken‹ hatten die Finanzspekulation, besonders in Grundstücks- und Bodenwerten, finanziert. Jetzt erleben sie ein Schrumpfen ihres Eigenkapitals.

Der europäische Industrialismus konnte einst Weltmärkte erschließen, die noch nicht vom Kapitalismus erfaßt waren, und im wahren Sinn des Wortes internationale Vorzugsstellungen einnehmen. Die neuen Industrie- und Produktionszentren in Japan werden nur beschränkt mit den Industriezentren in Europa konkurrieren und vor allem die bisher unerschlossenen Konsum- und Absatzmärkte in Asien eröffnen. Hier haben sie mehr Entwicklungszukunft als Europa in den noch zu erschließenden Gebieten Afrikas erwarten kann. Kühnes neues perspektivisches Denken wird benötigt, um die Möglichkeit neuer ökonomischer Strukturen zu erkennen. Die Geschichte des europäischen Industrialismus wird sich in Südostasien nicht wiederholen. Japan wird große Anstrengungen unternehmen, um im wichtigsten Staat Asiens, in China, wirtschaftliche Führungspositionen zu erringen. Das wird aber aufgrund nationaler und kultureller Gegensätze nicht gelingen. Noch wichtiger ist, daß der Beistand der heimatlosen Geldkapitale des Mittleren Ostens und anderer Länder mit Hilfe neuer Bankstrukturen die nationalstaatlich projektierten japanischen Finanzinteressen überflügeln werden. Peking ist weniger vom japanischen Finanz-und Industriekapital abhängig, als es vielen in Europa erscheint.

Inzwischen arbeitet das Weltsystem der Warenproduktion mit viel Leerlauf und Kapitalverlusten. Ständig müssen alte Kapitalwerte abgeschrieben werden. Die Vernichtung überflüssig gewordener oder durch ruinösen Konkurrenzkampf beschleunigt abzuschreibender alter Kapitalwerte wird durch die Fähigkeit der großen Konzerne verdeckt, die Vernichtung alter Kapitalwerte als ›normale‹ Kosten des Produktionsprozesses zu registrieren und den Kostenpreis hoch genug zu halten, um die Kapitalverluste kompensieren zu können. Das bedeutet, daß die Konsumenten für die Vernichtung der alten Kapitalwerte aufkommen müssen. Das deflationistische Sinken der Kostenpreise bleibt aus. Andererseits sind die im internationalen Konkurrenzkampf erfolgreichen Finanz- und Industriekapitalisten von Südostasien mit Japan an der Spitze imstande, vom Hochhalten der Kostenpreise in Europa und Amerika zu profitieren. Sie können dadurch einen Extraprofit einkassieren und schneller als ihre transatlantischen Konkurrenten neues Finanzkapital akkumulieren. Zunehmend wird in diesem Prozeß staatlicher Protektionismus benötigt, der auch gewährt wird, um die strategische Vormacht der Nationalstaaten gegenüber dem Finanzkapitalismus des eigenen Landes zu stärken. Der Vorsprung, den der japanische Industriekapitalismus auf den Weltmärkten des Westens erreicht hat, kann nicht von Westeuropa oder den USA überholt werden. Er beruht auf der Fähigkeit, neue Technologien besser und schneller einzuführen als die Konkurrenz in Europa oder Amerika.

Japan wird weniger als die alt-industriellen Länder durch die ›vested interests‹ der alten industriellen Strukturen belastet als die Konkurrenz in Europa und Amerika. Das gleiche gilt für das Entstehen der neuen industriellen Basen in anderen Ländern von Südostasien. Die neuen Technologien machen zum großen Teil die Anlagen in den alten Industriestrukturen überflüssig oder konkurrenzunfähig. Sie sind in der Ära der

Verarbeitung von Eisen, Kohle und anderen Mineralien, später der Werkzeugmaschinen und der Eisenbahnen als Verkehrs- und Transportmittel entstanden. Große Kapitalwerte (›moralischer Verschleiß‹ von Kapital) müssen abgeschrieben werden. Die Verluste sind in den alten Industrieländern vielfach größer als in Südostasien.

Es ist Japan gelungen, die alten Industriemonopole von Europa und den USA zu durchbrechen. Der auch unter den Marxisten weit verbreitete Glaube, daß der kranke amerikanisch-europäische Kapitalismus nicht imstande sei, eine zweite und dritte industrielle Revolution nach der Erfindung der Dampfmaschine, von Eisenbahnen und Schwerindustrie-Komplexen einzuführen, erweist sich als falsch. Aber das Zerbrechen der alten Industriemonopole Europas und Amerikas bedeutet mehr als das Abschreiben von alten industriellen Kapitalwerten. Ein fieberhafter Drang wird erweckt, die Verluste der ›Abschreibungen‹ des veralteten Strukturkapitals durch erhöhte Monopolprofite auszugleichen. Die Zerstörung alter Kapitalwerte eröffnet Kapitalanlagefelder in den alten wie auch in den neuen Industrieländern. Industrie- und Finanzkonzerne, die sich auf den alten Anlagewerten ausruhen, sie nicht schnell genug abschreiben und durch Gewinnakkumulation ersetzen, gehen unter. Bereitwillig werden neue Großanlagen finanziert, staatlich gefördert oder garantiert. Sie unterliegen einer internationalen Konkurrenz, die national nicht durch Protektionismus beschränkt werden kann. Staatshilfe und staatliche Garantien werden für neue Risiko-Investitionen, die sich als ruinös für die alt-industriellen Länder erweisen, benötigt. Einzelkapitalisten werden keine Viel-Milliarden-Investitionen ohne staatliche

Garantien mehr riskieren. Auf der Ebene der höchsten Entwicklung des Staatskapitalismus erscheint Japan als Bannerträger neuer technischer Revolutionen. Aber der japanische Versuch, die amerikanisch-europäische Konkurrenz auszuschalten und den Vorsprung zu benutzen, um die alten industriellen Monopole von Euro-Amerika durch japanische Weltmonopole zu ersetzen, wird an dem Entstehen neuer staatlich vorangetriebener Konkurrenz scheitern. Sie ist in den Ländern von Südostasien im Entstehen und wird besonders in China kräftigen Nährboden finden. Die Konkurrenz für die neuen Industriemächte droht für alle Konkurrenten ›ruinös‹ zu werden. Die strategischen Planer sind im Begriff, mit dieser Erkenntnis die Entwicklungsstrategie im Bezug auf neue Technologien und Industrien zu revidieren. Strategische Umstellungen von industriellen Investitionen im Ausland sind zu erwarten. Dem amerikanischen Verlangen nach Entwicklung neuer japanischer Industrien und der Anwendung neuer Technologien innerhalb der Grenzen der USA wird nur in beschränktem Maße Rechnung getragen. Nur ein Land, das nicht mit den alten schwerindustriellen Strukturen von Eisen, Stahl, Kohle und den entsprechenden Verarbeitungsindustrien belastet ist, kann eine industrielle Revolution bewerkstelligen, welche die alten industriellen Strukturen durch neue Produkte überflüssig macht. Deswegen gibt es objektive Gründe dafür, daß die wichtigen Erfindungen der neuen technischen Revolutionen von Elektronik, Atomenergie etc. in den alten Industrieländern entwickelt, aber hier nicht in umfassendem Maße ausgenutzt werden konnten, da sie die alten Strukturkapitale gefährdeten. Das könnte nur in dem fernen pazifischen Land geschehen, das kaum von den alten Kapitalstrukturen belastet war. Damit zwingt es die alten Industrieländer, ihr Strukturkapital abzuschreiben. Nur dann werden sie wieder konkurrenzfähig.

In Japan entstehen neue industrielle Anlageinteressen. Ein weiterer technologischer Fortschritt wird die neu geschaffenen industriellen Anlagewerte bedrohen. Die kapitalhungrigen unterentwickelten Länder in Südostasien sind nationalbewußte Regionalmächte geworden, mit einer national verwurzelten Führerklasse, die den Willen des Landes zu nationaler Unabhängigkeit verteidigen wird. Die Zeit eines japanischen Kolonialreiches wird daher nicht wiederkehren. Aber es wird Einflußsphären geben, in denen japanisches Anlagekapital dominieren wird. Die deflationistische Weltkrise wird das Finanzkapital zwingen, den Staat als Protektor zu gewinnen. Der Prozeß wird mit den nicht-kompensierten Verlusten, die japanische Finanzkonzerne und private Kapitalanleger erleiden werden, vollendet. Praktisch bedeutet das u.a. einen stärkeren Ausbau der industriellen Basen in Gebieten, die zur japanischen Einflußphäre gehören, also vor allem in Südostasien. Weiterhin werden die internationalen Finanzmärkte, die außerhalb japanischer Einflußsphären liegen, weniger japanisches Finanzkapital als in den siebziger und achtziger Jahren erhalten. Tokio oder Singapur werden die alten internationalen Finanzzentren in London und Wall Street nicht überflügeln. Statt dessen wird eine Regionalisierung der Zentren als Aufbruch der alten internationalen Finanzmärkte beginnen. Die ›Globalisierung‹ der Geld- und Kapitalmärkte wird diese Entwicklung begünstigen, aber keineswegs aufheben. Nachdem Japan im Zweiten Weltkrieg besiegt, aber als Nationalmacht nicht vernichtet wurde, konnte die arbeitsame, intelligente Nation unter Führung einer staatlich privilegierten Intelligenzklasse die industriellen Vorzugsstellungen und Monopole Europa-Amerikas durchbrechen.

Die neuen technischen Revolutionen sind nur ein Anfang. Sie lassen weitere Umwälzungen ahnen, die den alten Industrialismus endgültig verdrängen werden. So versuchen die führenden japanischen Konzerne auf dem Gebiet der elektronischen ›chips‹, die mit der Informationstechnologie weitere zukunftsweisende industrielle Revolutionen auslösen, die monopolistische Beherrschung des Weltmarktes zu konsolidieren. Er wird zukünftig von vier japanischen Elektronikkonzernen dominiert werden: EC, Toshiba, Hitachi und Fujitsu. Sie verfügten im Jahr 1991 über einen Weltmarktanteil von 80,2 Prozent, während Südkoreas Anteil 13,2 Prozent betrug. Kein Produzent hat im letzten Jahr mit Profit gearbeitet. Dennoch fallen die Preise weiter; 1991, mit einem Marktanteil von über 80 Prozent, mußten die japanischen Produzenten die Produktion stark einschränken. Erst nach einer Konsolidierungsphase besteht die Aussicht, den Weltmarkt beherrschen und durch Preiserhöhungen Kompensationsgewinne erzielen zu können. Aber die Preise sinken weiter. Die geplanten Investitionen in erweiterte Produktionskapazitäten mit fortgeschrittener Technologie müssen gedrosselt werden. Die Weltmarktkontrolle wird verteidigt werden, allerdings erst nach Abschluß eines Kompromißabkommens mit den amerikanischen Elektronikproduzenten – denen ein Marktanteil von bis zu 29 Prozent gewährt werden soll, während Europa draußen bleibt. Diese Weltmarktkontrolle wird jedoch nicht von langer Dauer sein.

Die Produzenten in Südkorea werden sich eher mit den USA als mit Japan verbünden. Das alte japanische Imperium, das mit der Niederlage im Zweiten Weltkrieg zerbrach, beruhte auf direkter militärischer Kontrolle der abhängig gewordenen Länder. Inzwischen sind die ehemaligen Kolonialländer unabhängig geworden und besitzen eine nationale Staatsmacht und selbständige Herrschaftsklassen mit staatskapitalistischen Eigenschaften. Sie finden eine innere politische Basis, indem sie nationale Interessen verteidigen, die sie nicht einer japanischen Imperialmacht opfern werden. Ein Versuch Japans, diese Länder militärisch zu beherrschen, würde zu kostspielig und riskant ausfallen. Indirekte, rein finanzkapitalistische Einflußnahme wird auf Dauer nicht für einen imperialen Zusammenhalt ausreichen; es sei denn, daß eine japanische Flottenmacht die Meere mit strategischen Waffen beherrscht, die den Ländern der Einflußsphäre verweigert werden.

Zusammenfassend sei festgestellt, daß die Strategen in Tokio Antworten zu drei grundlegenden Problemen finden müssen, um das rapide Wachsen der japanischen Finanzkräfte und Kapitalanlagen zu rechtfertigen.

1. Wie wird die japanische Industrie die Abhängigkeit von den Exportmärkten in den USA überwinden? Japan ist in einer Lage, die der Situation Großbritanniens am Anfang unseres Jahrhunderts gleicht. Die schnell wachsende Konkurrenz oft überlegener Industrien im kontinentalen Westeuropa erforderte die Erschließung von Weltmärkten. Der amerikanische Protektionismus zwingt dazu, sich trotz technologischer Überlegenheit aus den Märkten in den USA zurückzuziehen. Der Einbruch kann nicht zurückgeschraubt werden, solange dadurch die strategische Unabhängigkeit der USA gefährdet wird. In den Ländern von Südostasien dagegen benötigen die neuen Industriezentren technologische und finanzielle Hilfe, um konkurrenzfähig zu bleiben. Japan wird diese Hilfe als Partner bieten, wenn es eng mit den Nationalinteressen der betreffenden Länder verbunden bleibt.

2. Wie werden die großen Verluste der Kreditorenländer, die in den achtziger Jahren ihre Exportmärkte mit Krediten oder Kapitalexporten erweitert hatten, in Zukunft vermieden werden? Die Finanzstrategen in Tokio wollen aus ihren Erfahrungen lernen und die ›Fehler‹ der Investitionen der achtziger Jahre nicht wiederholen. Damals wurde kaum beachtet, daß die Schuldnerländer keinen ausreichenden Platz auf den Weltmärkten für ihre zukünftigen Exporte finden. Es wurde nicht vorausgesehen, daß in diesem Fall die Auslandsschulden nicht bezahlt werden können. Die japanischen Strategen wollen der Gefahr einer neuen Schuldenkrise entgehen. Das kann ihnen nur gelingen, wenn ein Fluß von neuen Krediten oder Kapitalexporten die Exportkapazitäten der neuen Schuldnerländer erweitert und wenn für sie ausreichende Außenmärkte eröffnet werden. Nur zum Teil kann das in Konkurrenz mit den traditionellen Exportmärkten des Westens geschehen.

In Asien und besonders im südostasiatischen ›Dreieck‹ (Vietnam, Malaysia, Thailand, Taiwan, Singapur, Hongkong und Südchina) sind neue Märkte zu erschließen; eine derartige Entwicklung hat begonnen. Sie wird in einem stürmischen Tempo die nächsten zwanzig Jahren bestimmen.

3. Wie wird die herrschende Klasse Japans unter strategischer Führung die Kooperation der herrschenden Klassen in den Ländern von Südostasien erreichen? Wie bereits ausgeführt, kann Japan nicht als militärische Macht ein neues Imperium in Südostasien errichten. Die Strategen in Tokio werden versuchen, mit den staatlichen Führungsklassen der betreffenden Länder, einschließlich China, zu ›kooperieren‹. Die Nationalbewegungen in diesen Ländern haben staatliche Führungsklassen mit Staatsparteien gebildet, die sich als Vertreter nationaler Interessen legitimieren. Ich werde später die Vorstellungen eines führenden ›Alt-Marxisten‹ in Vietnam über die zukünftige Kooperation einer herrschenden nationalen, staatsbürokratischen Klasse mit japanischen finanzkapitalistischen Konzernen und offiziellen Abkommen mit Japan zitieren. Die billigen Arbeitskräfte sind ein wichtiger Faktor für die zukünftige Konkurrenzfähigkeit der neuen Industrien und des japanischen Finanzkapitalismus auf den Weltmärkten. Japan befindet sich in einem strategischen Ausbruch aus der Abhängigkeit von der Ex-Supermacht USA. Das japanische Eindringen in die Absatzmärkte der westlichen Hemisphäre und von Europa wird falsch eingeschätzt, wenn dieses Vordringen lediglich als ein traditioneller Kampf um Weltmarktanteile angesehen wird. Tatsächlich ist eine strategische Neuorientierung Japans im Werden, die sich regional auf Südostasien konzentrieren wird. Im pazifischen Raum, besonders in Südostasien, entstehen neue Massenproduktionsstätten und Konsummärkte. Die japanischen Zweigwerke in anderen Industrieländern sollen von Ausrüstungsteilen und Materialien, die von Japan oder japanischen Produzenten exportiert werden, abhängig bleiben.

Forschungsindustrien werden im japanischen Raum verbleiben und hier in großem Umfang ausgebaut. Derartige industrielle Investitionen erfolgen nur in solchen Ländern, in denen der strategische Einfluß gesichert erscheint. In der zweiten City of London sind kostspielige zusätzliche Kapazitäten für einen globalen Geld- und Kapitalmarkt hergestellt worden, der den Fluß von Geldkapital aus dem finanzreichsten Land der Welt, Japan, aufnehmen und verwenden sollte. Das wird ausbleiben, denn die zukünftigen japanischen Geldkapitalströme werden nur zum geringen Teil London erreichen. Sie werden in Südostasien bleiben, gesteuert von Tokio.

Bereits vor dem Einsetzen der stagflationistischen Weltkrise hat ein Abzug japanischer Gelder aus London begonnen. Sie werden nicht zurückkehren. Auch wenn die Weltkrise abstumpft oder überwunden wird, wird japanisches strategisches Interesse in Zukunft von dem Einsatz japanischen Finanzkapitals in Südostasien bestimmt werden. Die Vielfältigkeit der reichen Rohstofflager und von Naturbedingungen, die dank der revolutionären Verkehrs-, Transport- und Kommunikationsmöglichkeiten in den weiträumigen Gebieten von Südostasien mit vielen großen Inselländern relativ schnell erschlossen werden können, ist für die Bildung neuer industrieller und sozialer Strukturen günstig. Der stürmische industrielle Aufstieg Japans leidet unter dem Fehlen einer industriellen Reservearmee. Deswegen steigen die Löhne weiter, obwohl sie bereits beträchtlich höher liegen als in den USA. Die Oligopole neuer Technologien haben es möglich gemacht, ›Extraprofite‹ trotz gestiegener Lohnkosten zu erzielen. Aber die technologischen Vorzugsstellungen, z. B. bei der Herstellung von Autos und Schiffen, können nur verteidigt werden, wenn ständig neue technologische Oligopole als Quellen von ›Extraprofiten‹ erschlossen werden. Die fieberhafte Zunahme von Investitionen hält im Bereich Forschung oder Entwicklung neuer Technologien an.

In Südostasien hoffen große Massen halbgeschulter, billiger Arbeitskräfte, in neuen industriellen Strukturen Beschäftigung zu finden. Sie werden mit der relativ teuren Arbeitskraft im japanischen ›Mutterland‹ konkurrieren. Diese Periode kann zehn Jahre dauern, dann werden die Lohnkosten einem Prozeß der ›Globalisierung‹ unterliegen. In Zukunft wird Japan nicht von der beschleunigten Vernichtung von Kapitalwerten in veralteten oder nicht genügend ausgenutzten Konkurrenzindustrien (›moralischer Verschleiß‹ von Anlagekapital) verschont bleiben. Die Hoffnung, den ›Schwarzen Peter‹ derartiger Kapitalverluste dem Konkurrenten aufzubürden, ist trügerisch. Die neue Weltmacht Japan hat, wie einst Westeuropa, mit einer industriellen Revolution Pionierdienste für eine revolutionäre Umgestaltung des Zusammenlebens von Völkern oder der Menschheit geleistet. Die zumeist marxistischen Befürchtungen, daß die europäischen industriellen Monopole des westlichen Kapitalismus einen Stillstand im Fortschreiten der Produktivkräfte und der Produktivkraft der Arbeit und Tendenzen der Stagnation industrieller Zivilisation, ›das Ende der Geschichte‹ herbeiführen, sind durch Japan zunichte gemacht worden. Man kann von Marx mehr als von Hayek lernen. In Südostasien wird ein sozial- und nationalrevolutionäres Pulverfaß entstehen, sobald Japan das Gebiet für sich erschließt. Dabei entwickeln sich soziale und politische Strukturen, die sich gegen das ausländische Kapital wehren werden.

XII

Die kleinen Tiger springen weiter

Die vier neu-industriellen Länder in Südostasien (Südkorea, Taiwan, Singapur und Hongkong) haben sich in den letzten zehn Jahren doppelt und dreifach so schnell entwickelt wie die Industrieländer des Westens. Vier weitere Länder dieser Region (Thailand, Malaysia, Indonesien und Südchina) beginnen ebenfalls, neue industrielle Zentren für die Weltmarktproduktion aufzubauen und sich der Entwicklung anzuschließen. China und Südkorea weisen eine dreimal so hohe industrielle Wachstumsrate auf wie die OECD-Länder während der achtziger Jahre. Alle acht Länder Südostasiens können eine jährliche Wachstumsrate von 5 bis 12 Prozent im Verlauf der nächsten Dekade erwarten. Wenn diese Entwicklung anhält, wird im Jahr 2000 das Pro-Kopf-Durchschnittseinkommen in Taiwan größer sein als in Neuseeland, in Singapur größer als in Italien. In Südkorea, einstmals das ärmste Land dieser Region, wird es mit über 6000 Dollar jährlich das Niveau von Irland überschreiten. In der Zeit von 1966 bis 1985 war das Durchschnittseinkommen in den verarbeitenden Industrien in Südkorea um 8,1 Prozent jährlich gewachsen. Die durchschnittliche Lebenserwartung der Frauen in Indonesien und in China ist in dieser Zeit von 59 bzw. 45 Jahre (1965) auf 71 bzw. 63 Jahre (1989) gestiegen. In Taiwan sind innerhalb einer Generation 150000 Fabriken mit 8,3 Millionen Beschäftigten errichtet worden. Die staatliche Förderung gilt in erster Linie der Steigerung der Produktivität, weniger den Systemen der Sozialversicherung. Die Exporte der vier industriell entwickelten Länder in Südostasien (ohne Japan) sind doppelt so hoch, wie die Exporte von Zentral- und Lateinamerika. Die rapide Industrialisierung dieser Länder steht an einem Wendepunkt. Das gilt sowohl für die Länder, in denen totalitäre Staatsparteien nach dem Zweiten Weltkrieg die Macht erlangt und sich mit der früheren Sowjetmacht verbunden hatten, wie auch für die, die der westlichen Weltwirtschaft angeschlossen waren.

Das Zukunftsbild von Südostasien ist besonders lehrreich für den Außenstehenden, der das Schicksal des ›Realsozialismus‹ in Osteuropa und die deflationistische Weltkrise im Westen, besonders in den USA, kennt. Es gibt dort zwei verschiedene Welten, die einen Platz in der Weltwirtschaft suchen. Ein Teil hat doktrinär das Modell des ›Realsozialismus‹ der Sowjetunion unter Führung der totalitären Herrschaft einer Staatspartei für die eigene Entwicklung benutzt (vor allem Nordkorea und Vietnam). Der andere Teil besteht aus Ländern, die das Modell der kapitalistischen industriellen Revolution des Kapitalismus im Westen adoptierten, aber mit Eigenschaften, die für die Spätentwicklung des Kapitalismus typisch sind, d.h. mit einer starken zentralstaatlichen Bürokratie und einer autoritären Regierung oder der Herrschaft von ›liberalen‹ prowestlichen Staatsparteien, die demokratische Grundrechte mehr oder weniger erhalten haben und teilweise zu einem Mehrparteien-System übergehen.

Die erste Blütezeit der kapitalistischen Unternehmen in Südostasien, die mit dem Westen verbunden sind, ist ausgelaufen. Die Weltmarktbasis ist zu eng geworden. Die Investitionen, die während der achtziger Jahre durch Schuldaufnahme finanziert wurden, haben an Wert verloren, aber die Verschuldung ist geblieben. Die stagflationistische Weltkrise verschärft die Exportkonkurrenz. Der Kampf um Marktanteile in Amerika und Europa begünstigt einheimische Produzenten. Auf lange Sicht können die national verankerten Industrien sich nicht mit Zubringerdiensten für die Massenproduktionsindustrien in den USA und Europa begnügen. Eine Umstrukturierung wird notwendig, da sonst die Überbevölkerungsbombe explodiert. Es verbleibt eine außerordentlich schnell gewachsene industrielle Struktur im Besitz der neuen kapitalistischen Klasse oder der Banken, die die Strukturen finanziert haben. Die achtziger Jahre waren eine Zeit rapiden Wachsens kapitalistischer Privatvermögen in Südostasien. Aber noch stärker als in Europa oder den USA ist zentralstaatliche Macht und das staatliche Dominieren des Kapitalismus gewachsen. Eine Entwicklung, die hundert Jahre in Europa gedauert hatte, vollzieht sich in Südostasien innerhalb von dreißig Jahren. Die Bildung von neuen industriellen Zentren erfordert die Teilnahme von Auslandskapital (vor allem japanischem) und erfolgreiche Weltmarktkonkurrenz.

In einem zweiten Stadium wird der innere Markt größeres Gewicht bekommen. Der Dienstleistungsektor beginnt sich in schnellerem Tempo als andere Wirtschaftszweige auszudehnen. Die Konsumbedürfnisse der beschäftigten sozialen Klassen, besonders der Ober- und Mittelklassen, haben zugenommen. Damit wird ein struktureller Wandel von Klassenstrukturen einsetzen.

Die sozialen Klassenstrukturen, die traditionell bestanden, werden zerstört oder zersetzt. Die neuen Klassenstrukturen benötigen eine starke zentralstaatliche Macht als Protektor. Aber damit wachsen auch Gegenkräfte, die vom Staat die Verantwortung für den Wohlstand und den sozialen Aufstieg der Massen verlangen.

Die aufstrebenden Länder in Südostasien können nicht von Japan kontrolliert werden, und die indirekte Kontrolle der Finanz-, Handels- und Kommunikationssektoren wird nicht ausreichen, den japanischen Einfluß zu konsolidieren.

Für den japanischen Finanz- und Industriekapitalismus sind die Länder der Region ein verlockendes, unterentwickeltes Anlagegebiet. Sie kennen es ausgezeichnet. Sie wissen, welche Rohstofflager es gibt und in welchem Entwicklungszustand sich die Länder befinden. Sie kennen die Konzentration der Menschenmassen in den Städten und in den übervölkerten Dörfern. Hier gibt es potentielle Arbeitskräfte, die auf dem eigenen Inselland rar sind. Deswegen wurde während des letzten Weltkrieges der Versuch unternommen, das ganze Gebiet als Basis für ein japanisches ›Co-prosperity Imperium‹ zu entwickeln.

Die Militärstrategen der Kriegszeit leben nicht mehr oder sind pensioniert. Die neue Generation von Strategen weiß, daß ein Versuch direkter Beherrschung dieser Länder einem Spiel mit dem Feuer gleicht. Die Länder sind kein Kolonialgebiet mehr. Sie haben das Stadium des Frühkapitalismus hinter sich gelassen und besitzen industrielle Strukturen, die außer in wenigen Großstadtzentren und benachbarten Satellitengebieten jedoch unterentwickelt sind. Etwa 200 Millionen Menschen (ohne China), zumeist proletarisierte Massen, befinden sich in diesem Raum. Ihnen wird vom neuen Industriekapitalismus keine ausreichende Beschäftigung geboten. Eine breite Schicht von geschulten Arbeitern und einer Intelligenz, aus denen sich eine neue Manager-Klasse rekrutieren kann, hat ebenfalls keine ausreichende Beschäftigungsbasis. Sie suchen einen Weg, um Gewerkschaften und politischen Parteien Führungen zu geben, und versuchen, das industrielle Wachstum zu beschleunigen.

Der japanische Industriekapitalismus benötigt Arbeitskräfte, die in Japan fehlen. Aber die japanische Manager-Klasse kann nicht in den Ländern von Südostasien eingesetzt werden, ohne auf den Widerstand einheimischer Manager-Klassen zu stoßen.

Dort gibt es eine breite Schicht technisch geschulter Intelligenz von kleinen und mittleren und Großunternehmen mit nationalen Klasseninteressen. Japanische Anleihen und

Hilfe, um Außenmärkte zu erobern, sind willkommen. Aber diese Hilfe wird nicht ausreichen, um den proletarischen Massen in den Großstädten und auf dem Lande den sozialen Frieden zu geben, der in Japan vom Rentenkapitalismus geboten wird. In den Ländern von Südostasien, die mit dem westlichen Kapitalismus und den Weltmärkten des Westens verbunden waren, fehlen stabile innenpolitische Sozialstrukturen. In Indonesien z.B. hatte die antikommunistische Militäraristokratie geglaubt, im eigenen Land politische Stabilität unter einer liberalen Militärdiktatur herstellen zu können, wenn eine ganze Generation von Kommunisten physisch ausgerottet wird. Mitte der sechziger Jahre fielen diesem Terror etwa 100 000 bis 200 000 Linksaktivisten zum Opfer. Danach wurden zahlreiche lokale kapitalistische Staatsmonopolgesellschaften gebildet, die die einheimische Rohstoffproduktion mit Hilfe ausländischer Finanzkapitalisten ausbeuteten und sich bereitwilligst staatlich gesicherte Monopolprofite mit den Finanzkapitalisten des Westens teilten. Viele Millionenbeträge erschienen aus dem kapitalarmen Land auf den Nummernkonten der staatenlosen Gelder in der Schweiz. Es scheint, daß alle dreißig Jahre ein derartiger Anlaß notwendig wird, um für die Dauer einer Generation einer korrupten, staatsbürokratischen Klasse die Verteidigung des nationalen Staatsinteresses überlassen zu können.

Diese temporäre Generationsstabilisierung ist abgelaufen. Eine neue Führungselite drängt an die Macht. Die politische Stabilität eines Regimes, das gewillt ist, mit dem japanischen Finanzkapital ein Kooperationsverhältnis herzustellen, wird nicht gewährleistet sein. Bezüglich der Rolle von Korruption hatte ich eine aufschlußreiche Begegnung mit einem der reichsten Kapitalisten Mexikos, einem Deutschen aus Elberfeld im Rheinland mit dem nicht gerade seltenen Namen ›Meier‹. Er erklärte mir, daß das Wort ›Korruption‹ in Deutschland bzw. den USA eine andere Bedeutung habe als in Mexiko. Hier ist sie überlebenswichtig und gehört auch unter den Staatsmännern zu ›business as usual‹. Diese Erfahrung breitet sich in allen Ländern der Dritten Welt, auch in Südostasien aus.

Explosive politische Krisen werden fällig, wenn nicht neue politische Lösungen für die Sozialbombe gefunden werden. Der Rat der westeuropäischen Verteidiger der freien Konkurrenz und des Marktkapitalismus wird von den japanischen Finanzstrategen nicht ernst genommen. Sie wissen, daß damit ihre Abhängigkeit von staatlicher Protektion überdeckt und Öl ins Feuer der Sozialkrise gegossen wird. Als Fernbeobachter des Zusammenbruchs der staatlichen Ordnung in den Ländern des ›Realsozialismus‹ in Osteuropa müssen sie fürchten, daß ein unkontrollierbarer Zustand eintreten wird, sollten durch die Übervölkerung von Südostasien die politischen Systeme zusammenbrechen und keine Nachfolgemacht bereit sein, für ›Ruhe und Ordnung‹ zu sorgen. Sie sehen deswegen mit viel Respekt auf die breite Schicht von Mitgliedern der Manager-Klasse, die in den Ländern des ehemaligen ›Realsozialismus‹ innere staatliche Ordnung sicherte, z. B. in Vietnam, Nordkorea und in Ländern wie Indonesien, besonders auch in China.

Die japanischen Strategen sind sich unsicher, wie das Problem ihrer Einflußnahme gelöst werden wird. Sie wissen, daß direkte Kontrolle zu kostspielig und politisch explosiv ist. Sie werden versuchen, über Kompromisse eine Partnerschaft mit nationalen Interessen zu erreichen. Die national gestützten Industrieunternehmen können kostenmäßig erfolgreich konkurrieren, wenn Japan die Mittel für den neuen technischen Fortschritt und das ›Know-how‹ für die Erschließung von Auslandsmärkten liefert. Damit entstehen neue Führungsschichten in den Ländern, die zunächst japanische Einflußsphären werden.

In Südkorea z. B., das die Erfahrung eines Koloniallandes unter japanischer Herrschaft besitzt, ist die Jugend außerordentlich ›lerneifrig‹, mehr als in Japan und außerdem sehr ›nationalbewußt‹. Die Zahl junger Menschen, die auf technischen Hochschulen und Universitäten studieren, ist höher als in Japan. Die Arbeitsethik, die zu dem schnellen Wachsen des neuen Industrialismus und seiner Konkurrenzfähigkeit beigetragen hat, kann mit der protestantischen und calvinistischen Arbeitsethik verglichen werden, die im 18. und 19. Jahrhundert die erste industrielle Revolution in Europa gefördert hatte.

Die Möglichkeit, in freier Konkurrenz reich zu werden, begünstigte in diesen Ländern das Entstehen von hunderttausenden von Kleinunternehmen und das schnelle Wachsen von Sparkapital. Mehr als zur Zeit der ersten industriellen Revolution Europas ist in Südostasien der Staat der Förderer und Teilnehmer an der Entwicklung neuer Industrien, die auf Weltmärkten konkurrieren können. In Singapur, ebenfalls in Südkorea, nimmt die Regierung direkt an der Planung und Finanzierung der Infrastrukturen einschließlich der Einführung neuer industrieller Technologien teil. Die Großunternehmen geben mehr Gelder aus als Konkurrenzunternehmen im Westen, in Amerika, Europa oder auch in Japan für das Suchen nach neuen Produkten und Außenmärkten. In Taiwan beispielsweise überweist die führende Industriegesellschaft des Landes auf dem Gebiet der Elektronik 8 Prozent des jährlichen Verkaufserlöses dem Sonderbudget für Forschung und Entwicklung. Auf 42 Universitäten und 75 technischen Hochschulen werden in Taiwan 37 000 Ingenieure jährlich ausgebildet. Es ist leichter für sie, in ihrem Heimatland ein eigenes erfolgreiches Unternehmen zu gründen und/oder in einem Großunternehmen Karriere zu machen, als in den USA oder Japan. In einer Reihe von Spezialprodukten auf dem Gebiet elektronischer Kommunikationsmittel ist Taiwan weltführend geworden.

Ein typischer Erfolgsfall ist der technologische Experte Stan Shih. 1976 startete er mit einem Kapital von 25 000 Dollar, das mit Hilfe von vier Freunden aufgebracht wurde, seine eigene Aktiengesellschaft und baute eine neue elektronische Industrie in seinem Land auf. Über hundert der anfänglichen Aktionäre sind innerhalb weniger Jahre mit ihrem Einsatz von einigen tausend Dollar vielfache Millionäre geworden. Seine ›Acer‹-Gesellschaft (›Hong Chi‹) hatte Anfang der neunziger Jahre einen Umsatz von über einer Milliarde Dollar jährlich. Verkaufs- und Entwicklungsabkommen sind mit mikroelektronischen Zweiggesellschaften von Daimler-Benz und Smith-Corona abgeschlossen worden, da eigene Weltmarktkenntnis fehlte. Die Wirtschaftsrezession in den USA machte es möglich, relativ billig amerikanische Verkaufsorganisationen aufzukaufen oder sich mit ihnen zu verbünden.

Die Regierung in Taiwan beabsichtigt, zunächst über 302 Millionen Dollar für die Verbesserung und Erweiterung von Hafenanlagen, Flugbasen, Superautostraßen und Hochgeschwindigkeitszügen auszugeben. Es wird nicht schwer sein, diese Gelder aufzubringen – ohne Steuererhöhungen.

Wie in allen Entwicklungsländern, sind in Südostasien die neuen industriellen Strukturen als Konkurrenz mit den Industrien Westeuropas, der USA und auch Japans ›billig‹ hergestellt worden. So gab es z.B kaum ›Ausgaben‹ für den ökologischen Schutz. Die Folgen sind für die kulturellen Bedingungen in den Städten und zum Teil auch für das umliegende Land ruinös. Die Schattenseiten im Industrialismus können nicht länger ignoriert werden, da sonst die katastrophalen Folgen à la Tschernobyl erscheinen, einschließlich der Vergiftung der Luft, der Verschmutzung der Gewässer und Wälder – allgemein der Vernachlässigung der Ökologie. Die Höchstgrenze für die Vergiftung der Luft durch die Industrie, z.B. durch Verkehrsmittel, ist in Taiwan fünfmal so hoch wie in Los Angeles. Das Institut für Erforschung und Technologie in Thailand schätzt, daß alljährlich 2 Millionen Tonnen von Gift- oder Schutzstoffen produziert und angesammelt, statt verarbeitet oder wieder aufbereitet zu werden. Um die Jahrhundertwende wird sich diese Menge verdreifacht haben. In China wird minderwertige Kohle für die Produktion von 75 Prozent der Elektrizität benutzt. Die ökologischen Kosten des neuen Industrialismus werden, nachdem sie bisher nicht beachtet wurden, rapide zunehmen.

Die neuen Industrieanlagen sind zumeist mit Anleihen und Bankkrediten finanziert worden, oft von Unternehmen mit wenig Eigenkapital und ohne Berücksichtigung der ökologischen Kosten. Die bereits zitierte Elektronikgesellschaft in Taiwan, ›Samsung‹, hat eine Verschuldung von etwa dem Siebenfachen des Eigenkapitals.

Der Finanzsektor ist in den Industrie- und Bankzentren der Region stärker überbesetzt als in London, Paris oder New York. Auf der Börse in Bangkok ist der spekulative Handel in eigenen Aktien die Haupttätigkeit der Börsenfirmen. An der Börse in Djakarta gibt es doppelt so viele Börsenfirmen wie Aktiengesellschaften im Lande. Dennoch wird dort die Finanzkrise wahrscheinlich schneller überwunden werden als in den USA. Aber es entsteht dabei eine tiefe Kluft zwischen den Neureichen des Landes und den unterbeschäftigten Massen in den Städten und auf dem Land.

In den Ländern, in denen Staatsparteien das ›Modell‹ der zentralen Planwirtschaft der Sowjetunion anwandten, um sich wirtschaftlich zu entwickeln, sind neue industrielle Strukturen entstanden, die zentralstaatlich finanziert wurden. Sie leiden jetzt unter einer Strukturkrise und Liquiditätsnot, ähnlich den Strukturkrisen der in staatlichem Besitz befindlichen Industrieunternehmen in Osteuropa. Aber hier ist die Herrschaft der Staatsparteien (Nordkorea, Vietnam) nicht wie in den osteuropäischen Staaten zusammengebrochen, obwohl die alte Sowjetmacht aufgehört hat, das Staatsregime zu stützen. Sie unterscheiden sich von den Ex-Satellitenstaaten Osteuropas dadurch, daß sie nicht von der Sowjetmacht direkt kontrolliert wurden. Ihre Länder waren nie direkt von der ›Roten Armee‹ besetzt und die Führer nicht von Moskau eingesetzt worden. Hier hatten die Staatsparteien eine stärkere innere Basis. In beiden Fällen, Korea und Vietnam, ist jetzt eine Situation entstanden, die für Europa und besonders Deutschland lehrreich ist. Das gilt besonders für Korea. Die Nation wurde nach dem Krieg geteilt, ähnlich wie Deutschland in einen Teil, in dem eine ›kommunistische‹ Staatspartei die Herrschaft übernahm, und in einen anderen, in dem die USA die Schutzmacht wurden.

Die stalinistische Staatspartei in Nordkorea ist nicht zusammengebrochen wie die Staatspartei in der DDR. Der Grund dafür war, daß die Staatspartei die staatlich privilegierte Arbeiterklasse politisch atomisierte, ökonomisch privilegierte und mit einer Verwaltungsbürokratie als der stärksten sozialen Klasse eine rasche staatskapitalistische Entwicklung unabhängig von der Macht der Sowjetunion nahm.

In einigen Entwicklungsländern von Südostasien, die mehr oder weniger zur amerikanischen Einflußsphäre gehören, gibt es liberale Formen der Herrschaft von Staatsparteien und staatsbürokratischer Macht (Indonesien, Taiwan, Singapur, Malaysia, Thailand).

Die erfahrenen japanischen Anlagestrategen werden Partnerschaften für Entwicklungsprojekte bieten, die auf den Weltmärkten eine Absatzbasis finden. Die erwarteten Profite teilen sich die Partner.

Japanisches Finanzkapital wird neue Anlagefelder eröffnen und versuchen, die ›Fehler‹ der früheren Generation von finanzkapitalistischen Anlegern zu vermeiden. Diese Versuche werden von der staatlichen Führung vorbereitet.

Politisch wird eine neue japanische ›Kooperations‹-Sphäre nicht durch Militärbasen hergestellt werden können. Eine Interessengemeinschaft mit den herrschenden administrativen einheimischen Klassen, die aus der alten Parteihierarchie oder aus ›Reformbewegungen‹ hervorgehen, wird angestrebt. Mit den einheimischen, national verwurzelten Herrschaftsklassen, deren innere Macht nicht durch die schwankende Gunst von Wählern in demokratischen Wahlen verunsichert werden kann, will man sich in einer Interessengemeinschaft zusammenfinden. Dadurch soll das politische Risiko für ›Kapitalanlagen im Ausland‹

ausgeschaltet werden. Der Rentenkapitalismus eröffnet eine Verbreiterung der inneren Konsumbasis. Die ›Japanisierung‹ ganzer Regionen, die den Konsumbedürfnissen der reichen Ober- und Mittelklassen dienen, wird sich auch in Südostasien ausbreiten.

In einigen Ländern wird Japan anstreben, die Schlüsselpositionen im industriellen Sektor unter direkter Kontrolle zu belassen. Das trifft z. B. auf Forschungsinstitute und Unternehmen zu, in denen neue Produkte entwickelt und erprobt werden. In den Ländern, die nicht direkt kontrolliert werden können, sollen Teilprodukte hergestellt oder Produktionen konzentriert werden, die relativ viele Arbeitskräfte benötigen. Die von Japan finanzierten Industrieunternehmen in Südostasien dienen z. B. als Zubringer von Teilprodukten, die von den großen Konzernen aufgenommen und in Montageanlagen in Fertigprodukte für den Weltmarkt verwandelt werden. Auf diese Art kann Japan den Kostenpreis für die neuen industriellen Fertigprodukte niedrig halten. Der Kostenpreis wird steigen und die billigen Arbeitskräfte werden teurer. Gleichzeitig werden neue arbeitssparende Technologien eingeführt. Die nationalkapitalistischen Interessen verbinden sich mit der japanischen Führungsmacht. Die Beherrschung der technologischen Forschungsstätten und der Herstellung der fortgeschrittensten technologischen Ausrüstungen soll den technologischen Vorsprung Japans konsolidieren.

Die Berichte über die Aussichten weiteren rapiden Wachsens der industriellen Strukturen und des finanziellen Reichtums erinnern an den Optimismus, mit dem die leitenden Kreise der City of London zu Anfang des 20. Jahrhunderts das Management ihres Imperiums ansahen. Ein führendes Mitglied der Planungsabteilung im japanischen Außenministerium sagte über die Aussichten für die ›Greater Asian Sphere of Prosperity‹ in den neunziger Jahren: ›Wir befürchten, daß politische Probleme (für Japan) durch die überwiegende Vorherrschaft japanischer Wirtschaftsinteressen auf den Märkten Asiens entstehen werden. Japanische Gesellschaften kümmern sich nicht um die Interessen von einheimischen besitzenden Klassen in den betreffenden Ländern. Insbesondere dulden sie keine ausländische Teilnahme am Management und in Zweigunternehmen.‹

Neue finanzkapitalistische einheimische Familienimperien entstehen, die nicht unmittelbar mit staatlicher Macht verbunden sind und zur reinen Sphäre des heimatlosen Finanzkapitalismus gehören. Die Vorstellung, daß japanische staatliche Interessen die neuen Industrie- und Finanzstrukturen beherrschen, muß korrigiert werden.

Eine breite Schicht von Finanzkapitalisten und Neureichen ist entstanden, die erfolgreich mit einheimischen Familienunternehmen kooperiert. Sie haben eine nationale und internationale Basis und sind mit der nationalen Staatsmacht verbunden. In Südkorea z.B. ist die Samsung-Familie im Besitz der größten Schiffswerften und stahlproduzierenden Werke. Sie verkündete: ›Unsere Geschäftsinteressen dienen der Stärkung der Nation.‹ Die Regierung hat der Familiengesellschaft angeboten, für Risikoinvestitionen in den neuen großindustriellen Unternehmen zu garantieren. Das Unternehmen erwartet eine jährliche Expansionsrate des Kapitals von 30 Prozent. ›Wir würden mit einer niedrigeren Wachstumsrate nicht zufrieden sein‹, verkündete der Präsident von Samsung. Die Gesellschaft hat letztlich drei Milliarden Dollar in Produktionsstätten investiert, obwohl, so der Präsident des Unternehmens, Mr. Park, massive Überkapazitäten unvermeidlich zu einem Preiskrieg auf den Exportmärkten führen werden. Dennoch ist er optimistisch. ›Kurzfristig wird es Probleme für uns geben. Aber wir werden die führenden Produzenten der Welt sein. Wir erwarten, daß im Jahre 1995 Angebot und Nachfrage ausgeglichen sein werden. Die Erfahrung, die dreißig Jahre früher gemacht wurde, soll sich nicht wiederholen. In den sechziger Jahren zerstörte Japan den Weltmarkt für petrochemische Industrie durch die Herstellung von Überkapazitäten. Heute aber sind wir in einer Position der Marktstärke.‹ Die Gesellschaft bereitet sich darauf vor, mit voller Kraft in die Luftfahrtindustrien einzusteigen. Das kann leicht finanziert werden, wenn das Investitionsrisiko vom Staat getragen wird.

Die Familiendynastien versuchen sich nach allen Seiten abzusichern. Der Patriarch sitzt in Hongkong und kontrolliert die finanziellen Reserven. Der älteste Sohn ist der Top-Manager der Fabriken in China oder Thailand. Der Sohn Nummer zwei besuchte eine Universität in Amerika und berichtet über neue technologische Entwicklungen oder Erfindungen in Kalifornien ... Wie die Spinne im Netz erkunden sie in der ganzen Welt Möglichkeiten, schnell und billig neue Produkte herzustellen und auf Weltmärkten zu verkaufen. Es gibt mehrere Tausend kleine und mittelgroße Familiengesellschaften und Finanzimperien, die so aufgebaut sind. 1990 haben sich die Auslandsinvestitionen südkoreanischer Gesellschaften verdoppelt (2,3 Milliarden Dollar). Die Exporte 1991 betrugen etwa 72 Milliarden Dollar.

Amerika wurde der Hauptmarkt für zahlreiche neue industrielle Unternehmen in Südkorea. Die billigen Arbeitskräfte, billiger als in Japan, aber nicht so billig wie in China, ermöglichten das Entstehen von verarbeitenden Industrien, die auf dem Weltmarkt konkurrenzfähig sind. Eine starke militärische Macht schützt eine neue nationale kapitalistische Klasse. Streiks und Rebellionen werden wirksam unterdrückt. Dennoch gibt es eine demokratische Verfassung, die das Land mit dem Westen verbindet.

Es wird für Japan leichter sein, mit Nordkorea ein Kooperationsabkommen abzuschließen als mit dem demokratischen Südkorea. Hier sind die Erfahrungen mit dem grausamen japanischen Militarismus weniger vergessen als im Norden, dessen totalitäre Staatspartei mit der Sowjetmacht in Moskau verbunden war. Es kann nicht erwartet werden, daß eine Wiedervereinigung der beiden Koreas dem Beispiel Deutschlands folgen wird. Es ist für das militärisch stärkere, aber finanziell schwächere Nordkorea nicht möglich, Südkorea zu übernehmen. Solange eine amerikanische Armee in Südkorea die Verteidigung des Staates im Fall eines Angriffs vom Norden gewährleistet, wird ein Angriff nicht erfolgen. Die Parallele zur Rolle der amerikanischen NATO-Armee in Deutschland liegt auf der Hand. Aber ein militärischer Konflikt ist nach dem Zusammenbruch des Sowjetimperiums unwahrscheinlich geworden. Es besteht eine Art Gleichgewicht. Die amerikanische Militärmacht wird einen Versuch Südkoreas, den Norden anzugreifen, nicht unterstützen. Es ist nicht möglich für Südkorea, den getrennten Staat im Norden zu erobern und auf diese Art die Wiedervereinigung einer geteilten Nation zu erreichen. Das zukünftige Verhältnis wird sich dennoch verändern. Es wird sich ein Kooperationsverhältnis entwickeln, ähnlich dem Verhältnis, das zwischen der alten DDR und der Bundesrepublik im Entstehen begriffen war, bevor die Mauer unerwartet fiel. Es war kein Zufall, daß in Deutschland, aber nicht in Korea die Wiedervereinigung gelang. In Südkorea hatte eine breite Klasse von kleinen und mittleren Industrieunternehmen, zumeist mit amerikanischer Unterstützung, eine neue industrielle Struktur hergestellt. Das war in Nordkorea nur durch den Staatskapitalismus unter Führung einer Staatspartei möglich. Dort kann das Regime die Mittel für die Erneuerung und Ausdehnung der industriellen Struktur nicht aufbringen. Japanische Finanz- und Managementhilfe wird in Nordkorea willkommener sein als in Südkorea. Aber japanische Investitionshilfe wird nicht gewährt werden, wenn keine politische Sicherheit zugunsten von Japan besteht.

Eine Prognose für die wirtschaftliche und soziale Umgestaltung in Südostasien zeichnet kein Schwarzweißbild. In den Ländern des ehemaligen ›Realsozialismus‹ wird die soziale Umgestaltung anders verlaufen als in anderen Ländern der Region. Hier werden die Kader der ehemaligen Staatspartei nicht von der Bühne des politischen Geschehens abtreten. Die japanischen Finanz- und Industriepartner werden sich wenig um die politische Vergangenheit ihrer neuen Assoziierten in Kooperationsabkommen kümmern, da die alten Kader der totalitären Staatspartei sich als die bestgeeigneten Kooperationskandidaten erweisen werden. Sie können qualifizierte Arbeitskräfte organisieren, für Arbeitsdisziplin und die Erfüllung von Produktions- und Lieferabkommen garantieren und müssen dabei auf nationale Eigenmacht nicht verzichten.

Traditionelle radikale Parteien werden ihre alte Klassenbasis verlieren, ohne sich aufzulösen. Aus ihnen werden sich ›Kaderparteien‹ als Kern einer neuen nationalen ›Manager-Bürokratie‹ bilden, die in Kooperationsabkommen mit japanischem und auch überseeischem Finanzkapital die nationalen Interessen zu vertreten suchen. Die erweiterte Weltmarktproduktion von Südostasien stößt jetzt auf die Grenzen des Weltmarktes. ›Ruinöse‹ Konkurrenzverhältnisse drohen, wenn nicht unter japanischer Führung eine Kartellisierung der Exportindustrien und die Aufteilung der Weltmarktanteile erfolgt.

Die asiatischen, staatlich geschützten Rivalen versuchen im Kampf gegen die alten Weltmonopolisten Euro-Amerikas die Weltmonopolisten von morgen zu werden. Der Rückzug des amerikanischen Finanz- und Industriekapitals aus den Ländern von Südostasien wird die finanzielle Abhängigkeit der dort entstandenen neuen Industrieunternehmen von Japan stärken. Aber Japan kann das politische Risiko von Kapitalanlagen im Ausland nicht ignorieren. Dieses Risiko ist in Südostasien größer als in Europa, da es einen stärkeren Nationalismus und eine potentiell stärkere Arbeiterbewegung, die antikapitalistisch und antiimperialistisch eingestellt ist, gibt. Gleichzeitig existieren günstigere Vorbedingungen für ein Kooperationsverhältnis mit den ausländischen Investoren in den Ländern, in denen die Macht von Staatsparteien besteht. Dieses Verhältnis funktioniert aber nur unter der Bedingung, daß Japan auf die direkte Kontrolle der jeweiligen Staatsmacht verzichtet und nur finanziell beteiligt ist. Die Bildung unabhängiger Nationalstaaten kann nicht rückgängig gemacht werden.

Eine neue Vormachtsstellung Japans wird auf einem Bündnis mit den nationalen und regionalen Herrschaftsklassen beruhen. Sie werden das eigene Land politisch kontrollieren, obwohl sie sich gegenwärtig in einer schweren Überlebenskrise befinden. Das deflationistische Auseinanderbrechen der Weltordnung der Supermacht nimmt den Entwicklungsländern in Südostasien die Weltmarktbasis, die zur Entwicklung der Wirtschaftskräfte des eigenen Landes benötigt würde.

Die herrschenden Klassen in den ehemaligen ›Protektoratsländern‹ wie auch in traditionell unabhängigen Ländern, deren halbentwickelte ökonomische Strukturen nicht mit eigenen Mitteln ausreichend ausgedehnt werden konnten, befinden sich in einem scheinbar unaufhaltsamen Verfall.

Die herrschenden Staatsbürokratien werden die eigene Macht nicht aufgeben. Das japanische Finanzkapital kann Hilfe anbieten. Die politischen Strategen in Tokio werden versuchen, die ›Fehler‹ des Einsatzes von Auslandskapital mit Bankanleihen und staatlicher Finanzhilfe, die in die Schuldenkrise der neunziger Jahre mündeten, zu vermeiden.

Die japanischen Strategen werden sorgsam alle Varianten, mit vom Ex-Staatssozialismus etablierten politischen Machtstrukturen zu kooperieren, prüfen. Die Möglichkeiten und Bedingungen in Vietnam sind in dieser Hinsicht lehrreich. Hier gibt es keine Zusammenbruchskrise des ›Realsozialismus‹ wie in Osteuropa, obwohl der Zustand der wirtschaftlichen und Sozialverhältnisse nicht besser ist. Es gibt keine Selbstauflösung der Staatsparteien und Staatsbürokratien. Im Gegenteil, sie bemühen sich, diszipliniert aufzutreten und scheuen sich nicht, radikal gegen ›zersetzende‹ Elemente vorzugehen. Gleichzeitig sind sie bereit, sich als Ordnungsmacht ausländischem Finanzkapital zu Bedingungen anzubieten, die finanziell für den Investor attraktiv sind.

In Vietnam bereitet sich die kommunistische Bürokratie

der Staatspartei darauf vor, mit japanischem Finanzkapital in Partnerschaften einzutreten. Die profitorientierten Interessen des Finanzkapitals werden voll geschützt werden, wenn die Parteibürokratie der Staatspartei in dem kapitalarmen Land beteiligt ist und wenn die politische Macht von ihr kontrolliert wird. Ich zitiere nachfolgend aus dem Bericht eines der erfahrensten Alt-Kommunisten und Marxisten in Vietnam, eines der besten Kenner des Wandels des ›Realsozialismus‹ in diesem Land. Er ist Gründungsveteran der ›nationalen Freiheitsbewegung‹, stand aber in den Jahren des Stalinismus im Hintergrund. Seit 1943 ist der ehemalige Trotzkist Mitglied der Kommunistischen Partei. Er hat auf dem 7. Parteikongreß im Juni 1991 die Zukunft des ›Sozialismus‹ in Vietnam beschrieben: ›Die Privatwirtschaft wird sich entwickeln wie damals in Vietnam, Auslandsgesellschaften werden in Vietnam investieren. Diese Tendenz wird unwiderstehlich sein… Die Nationalbourgeoisie und das Auslandskapital werden sich alliieren, um die Rohstofflager und die Arbeitskräfte auszubeuten. Für die Herstellung der neuen industriellen Strukturen werden drei Institutionen mit selbständigen Verwaltungsbürokratien benötigt werden:

1. Die staatliche politische Verwaltungsbürokratie der Regierung (einschließlich innere Ordnungskräfte, Polizei etc.),

2. die Überwachung des ökonomischen Systems einschließlich Management von industriellen Unternehmen, Kontrolle von Preisen und Märkten,

3. kulturelle Institutionen einschließlich Kontrolle der Medien, Schulen und der Erziehung.

Die Mitglieder des bürokratischen Apparates werden als Staatsbürokraten kaum menschliche Beziehungen mit dem einfachen Volk haben. Die Oberschicht der Staatspartei dagegen wird politisch-ideologisch geschult sein und ein nationales Staatsbewußtsein ausstrahlen müssen. Sie werden sich aber gleichzeitig als zugehörig zu Mitsubishi fühlen müssen.‹ Dann fügte der Autor hinzu, daß die

Staatspartei ein Gegengewicht gegen Bewegungen für demokratische Freiheiten bilden und selbst für soziale Gerechtigkeit, für Umweltschutz und für Frieden eintreten werde. ›Demokratische Rechte und Freiheiten sind in den kapitalistisch entwickelten Ländern durch Kampf (gegen die Bourgeoisie) errungen worden und sind Volksrechte (nicht ‚bürgerliche Demokratie‘) geworden, wenn Vorwärtsentwicklung Bedeutung hat ... Die Zeit wird kommen, wo die Macht des (Partei) Apparates beschränkt werden wird ... Die Worte Kapitalismus und Sozialismus werden ihre Bedeutung verlieren... Freiheit der Presse, der menschlichen Assoziation, das Recht zu streiken, (demokratische) Wahlen werden Kampfmethoden in unserem Zeitalter sein.‹

Die Zukunft erscheint den Staatsplanern als enge Liaison einer Klasse von Finanz- und industriellen Management-Kapitalisten mit der staatlichen Partei- und Staatsbürokratie. Die kommunistischen Parteibürokraten haben ihren Glauben an den Realsozialismus verloren oder können ihn nicht praktizieren, wenn sie an der Macht bleiben wollen. Sie haben größere Chancen, an der Macht zu bleiben, als die Staatsparteien in Osteuropa, die die politische Macht verloren haben. Es gibt keine kapitalistische Klasse, die die innere Macht aus eigener Kraft gewinnen kann. Der ausgedehnte Militärapparat steht nicht in Opposition. Die zentralstaatliche Führung weiß, daß die staatliche Struktur zerfallen wird, wenn die militärische und politische Parteihierarchie nicht zentralstaatlich geeint auftritt. Sie kann aus eigener Kraft die Krise der Infrastrukturen und der staatlich geförderten Staatsindustrien nicht überwinden und ist auf Weltmärkten nicht konkurrenzfähig. Deswegen ist sie für kapitalistische Warenproduktion und Marktkonkurrenz. Sie ist bereit, weitgehende Kompromisse mit den Kapitalisten des Westens einzugehen, vorausgesetzt, daß sie als staatsbürokratische Verwaltung an der Macht bleiben kann. Sie ist ebenso bereit, den japanischen Finanzstrategen Kooperationspläne anzubieten, die für die japanischen Finanz- und Industriestrategen von großem Interesse sein werden.

Perspektivisch wird ein neuartiges Verhältnis zwischen der einheimischen Staatspartei und ausländischen Industrie- und Finanzkapitalisten hergestellt werden müssen. Die Möglichkeiten dafür sind von dem revisionistischen Planer der zukünftigen Gesellschaftsordnung in Vietnam projektiert worden. Das vietnamesische Szenarium ist für diejenigen lehrreich, die das zukünftige Verhältnis der westlichen Finanz- und Industriemächte mit den Ostländern Europas, besonders von Rußland und der Ukraine, projektieren. Der Einsatz westlicher, besonders deutscher Industrie- und Finanzhilfe kann in großem Umfang in den Ostländern nur erfolgen, wenn die staatliche Ordnung stabil ist und als Garant für die Ausführung von Kooperationsabkommen wirkt. Die eine Seite hat die finanzielle Kraft und das technische ›Know-how‹ einschließlich der Erschließung des Weltmarktes für neue industrielle Produktion. Die andere Seite ist der Garant für politische Stabilität, ›Ruhe und Ordnung‹. Die Staatspartei wird nicht demokratisch sein. Aber sie bietet die politische Grundlage für die Zusammenarbeit mit dem Westen.

Der Wandel gesellschaftlicher Strukturen, der weltweit vor sich geht, vollzieht sich in der Dritten Welt anders als in den traditionellen Industrieländern. Die alte Vorstellung einer kolonialen Weltwirtschaft, in der die Entwicklungsländer hauptsächlich Rohstoffe bzw. Agrarerzeugnisse produzierten und in die Weltwirtschaft unter Führung der USA, Westeuropas und Japans eingebettet waren, muß aufgegeben werden. In den dicht bevölkerten Ländern Südostasiens, weniger als in Südamerika, zeigt der Weg der Industrialisierung neue, bisher nicht bekannte Tendenzen dahingehend, daß er rationeller erfolgen kann. Alle Erscheinungen des Frühkapitalismus verbinden sich dort mit den neuesten Ergebnissen des Industrialismus. Finanz- und Monopolkapitalisten konzentrieren kapitalistischen Reichtum, während sich gleichzeitig eine Klasse von mittleren Unternehmern auf Dienstleistungen spezialisiert. Eine breite Schicht von Subproletariern bildet die industrielle Reservearmee. Das politische System ist diversifiziert: feudalkapitalistische Formen verbinden sich mit neuen Formen sozialistischer Kooperation. Staatsparteien bilden neue politische Hierarchien. Sie haben zum Teil versucht, den ›Realsozialismus‹ zu kopieren und bieten sich an, mit den Finanzkapitalisten des Westens, vor allem Japans, die erwarteten Profite zu teilen.

Wer die zukünftige Gestaltung der neuen Weltordnung erkennen will, sollte aus den widerspruchsreichen Entwicklungen der südostasiatischen Region die Elemente auswählen, die zukunftsweisend sind.

XIII
Stalin hätte es besser gewußt

Entmachtet, in seiner einsamen Datscha, wird sich Gorbatschow fragen, was die Gründe für sein Versagen als Staats- und Parteiführer waren und was nun werden wird. Er wird vielleicht versuchen, den von ihm verehrten Alt-Bolschewiken Bucharin, der von Stalin 1937 nach einem Schauprozeß zum Tode verurteilt und hingerichtet wurde, zu befragen. Bucharin hätte von der Warte des hohen Olymp wie folgt mit Gorbatschow sprechen können:

Gorby: ›Ich versuchte, deinen Spuren zu folgen. Du wolltest den Test des Marktkapitalismus, den Profit für die Bauern und kapitalistischen Manufakturproduzenten, Demokratie und Liberalismus einführen. Ich wollte von dir lernen. Die Partei sollte das Prinzip der Freiheit der Meinungen und echter Demokratie innerhalb der Staatspartei realisieren. Warum sind wir beide unterlegen? Was haben wir falsch gemacht?‹

Bucharin: ›Die Zusammenbruchskrise der Gesellschaft bei uns in den Jahren 1931/32 war ähnlich wie die Zusammenbruchskrise bei euch in den achtziger Jahren, die du erlebt hast. Zu meiner Zeit wollte die Mehrheit des Zentralkomitees die Partei erneuern, reformieren. Sie wollten Stalin für die Krise verantwortlich machen. Sie erwogen, ihn vor Gericht zu stellen und zu verurteilen für den Terror und den Aufbau eines persönlichen Machtapparates innerhalb der Partei. Dann hätte es Glasnost bereits bei uns gegeben. Die Generale der Roten Armee mit Tuchatschewski an der Spitze hätten hinter uns gestanden. Was du als Glasnost wolltest, wir hätten es gekonnt, wenn wir es gewollt hätten. Das Zentralkomitee war bereit, mir die Führung zu übergeben, ähnlich dem Beschluß des ZK im Jahre 1985, dich zum Führer der Partei zu ernennen. Ich lehnte es ab, die Führung zu übernehmen. Ich wußte besser, als du es geahnt hast, daß der Wiederaufbau der Infrastrukturen und die Erneuerung der industriellen Anlagen mit den Mitteln der Demokratie nicht möglich sein werden, auch wenn unsere Propaganda erklärt hätte, daß die Arbeiter unter großen Entbehrungen mehr arbeiten und mehr produzieren müssen, um später den Sozialismus zu erleben, und die Bauern trotz sich öffnender Preisschere mehr an den Staat zu liefern haben. Sonst werden die Mittel für die Erneuerung der industriellen Strukturen fehlen. Die Massen wollten die Partei für die Fehlschläge der Vergangenheit, die hohen Kosten der korrupten Staatsbürokratie und die Mißstände der Kommandoplanung verantwortlich machen. Die Erhaltung der Einheit der Partei war wichtiger als das Schicksal von Personen. Moral und Arbeitsdisziplin konnten nicht mit Mitteln der Demokratie erhalten werden. Stalin hatte bewiesen, daß die Einheit der Partei auch in Zeiten der Not erhalten werden kann. Ohne die starke Hand von Stalin, der mit seinem Machtapparat ‚Ruhe und Ordnung‘ und Arbeitsdisziplin erhielt, wäre die Partei auseinandergebrochen und das Volk hätte revoltiert.‹

Gorby: ›Das wollte ich auch. Das war der Sinn von Perestroika: Glasnost oder freie Meinungsäußerung, Demokratie sowie Zurückschlagen der Allmacht der Bürokratie. Das war in deinem Sinne.‹

Bucharin: ›Ich sah das Problem anders. Du bist gescheitert, weil du die Partei gespalten hast. Danach war sie unfähig, während der Perestroika die Gesellschaft zu zwingen, mehr zu produzieren und weniger zu konsumieren, so daß der Staat die Mittel für die Erneuerung des Strukturkapitals gewinnen kann. Das ist nicht möglich im Chaos, wenn die Massen revoltieren, statt zu arbeiten und Sparkapital zu bilden.‹

Gorby: ›Ich wollte die Partei reformieren. Das konnte nicht geschehen ohne Demokratie.‹

Bucharin: ›Nein, du hast nicht verstanden, daß Perestroika nicht zusammen mit Glasnost und einer gespaltenen Partei gelingen kann. Du glaubtest, das Zünglein an der Waage zu sein in einer gespaltenen Partei, die ‚balance of power‘ zwischen einem rechten und einem linken Flügel. Wir brauchten Arbeitsdisziplin und mehr Produktion, mit NÖP und Profit als Stimulus. Wir mußten den Profit appropriieren. Sonst hätten die Mittel für die Erneuerung der Infrastrukturen und des Grundkapitals gefehlt. Wir durften nicht in den Rüstungsanstrengungen nachlassen, da mit Hitler der Faschismus mit Krieg drohte. Du warst politisch geblendet. Du wolltest mit einer gespaltenen Partei und einer geschwächten Staatspolizei die Massen inspirieren, die einfach besser leben wollten. Wir konnten ihnen das nicht geben. Du hast die Staatsmacht geschwächt und die Partei gespalten. Es fehlte die Arbeitsdisziplin und der staatliche Profit. Nach der Entmachtung von Stalin habt ihr das Grundkapital verzehrt. Dann fehlten die Mittel für die Erneuerung. Du konntest sie nicht aufbringen mit Glasnost. Du warst ein Fehlschlag ...‹

Gorby: ›Aber du bist auch gescheitert. Du hast Stalin geholfen, sich zu rehabilitieren. Du hast es ihm ermöglicht, als Tyrann zu herrschen ... Das war Perestroika ohne Glasnost.‹

Bucharin: ›Nein, das war kein Fehler, sondern historisches Schicksal. Vergiß nicht das Versagen des westlichen Kapitalismus im Kampf gegen die asiatische Despotie. Dennoch, ohne westliche Demokratie kann die Gesellschaft nicht vorwärts schreiten und den Kapitalismus überwinden. Es kann nicht Sozialismus geben ohne demokratische Grundrechte und Freiheit der Wahl zwischen diversen Formen gesellschaftlichen Zuammenlebens. Unser Staatssozialismus war mehr Kapitalismus als Sozialismus und nicht das Endziel. Die Wege zum Sozialismus konnten von uns nicht vorgezeichnet werden. Sie wären jedoch völlig ausgelöscht worden, wenn Hitler und der Faschismus gesiegt hätten. Aber im Frieden müssen wir aufhören, den industriellen Militärkomplex zu erhalten, sonst fehlen die Mittel für die ökonomische Erneuerung zusammen mit Glasnost und Demokratie … ‹

Gorby: ›Du vergißt, daß ich den Auftrag hatte, den Krieg in Afghanistan abzubrechen und danach den Kalten Krieg zu beenden. Unsere Militärstrategen wollten die USA im Mittelosten nicht herausfordern. Wir waren nicht auf einen Krieg vorbereitet. Ich sollte ein friedliches Zusammenleben von Ost und West erreichen. Ich schloß Freundschaft mit Mrs. Thatcher in London. Ich wußte nicht, daß sie erwartete, die Mauer zu verteidigen. Ich hatte Honecker ermuntert, zu liberalisieren. Ich wußte nicht, daß er das nicht tun konnte, ohne das Überleben der Staatspartei zu riskieren … ‹

Bucharin: ›Mrs. Thatcher hatte recht. Wir brauchten die Mauer als historische Notwendigkeit, um Zeit zu gewinnen mit Kompromissen zwischen Ost und West … Du warst naiv und erkanntest nicht, daß alles zusammenbricht ohne die Macht einer geeinten Partei. Ulbricht und Honecker wußten es besser als du. Die Staatspartei und damit auch du mußten verlieren … ‹

Gorby: ›Du hast die Einheit der Partei gerettet und dennoch am Ende verloren. Du hättest deinem Schicksal entgehen und dem Land den großen Terror des Tyrannen ersparen können … Das war dein Schicksal. Der große Terror unter dem Tyrannen wurde unvermeidbar. Willst du damit unsere Zukunft voraussagen?‹

Bucharin: ›Stalin ist seinen Weg nicht zu Ende gegangen. Ich sagte es in meiner letzten Rede auf Erden: Die asiatische Despotie … Die westliche Zivilisation kann nicht überleben ohne Demokratie. Nur dann können andere Wege des Sozialismus sich eröffnen. Aber Demokratie und

Liberalismus kann es nur geben, wenn das Volk genug zu essen hat. Mit hungrigem Magen werden sie die starke Hand eines ‚Retters' suchen. Er wird als ‚Fundamentalist' und ‚Ultra-Stalinist' handeln ... ‹

Gorby: ›Deswegen war ich gegen die Putschisten ... ‹

Bucharin: ›Das waren keine Putschisten. Sie waren der rechte Flügel der Staatspartei, die du gespalten hast. Du selber hättest als Putschist handeln sollen nach der Spaltung der Partei. Als du noch Präsident warst, hättest du nicht zögern sollen, den Putschisten durch eine Massenbewegung von Komitees des Komsomol und von Partei-Dissidenten mit der Aufforderung entgegenzutreten, die lokale Macht zu übernehmen und die Macht der Parteibürokratie zu vernichten. Die Arbeiter in den Städten, die Bergarbeiter und die Komsomol-Dissidenten hätten gehandelt, wenn du sie aufgefordert hättest, in einer ›Kulturrevolution' die staatliche Macht zu übernehmen mit einem Programm, den Rüstungswettbewerb zu beenden, die Nuklearwaffen zu beseitigen und mit Kooperativen die Grundlagen des menschlichen Leben zu erneuern... ‹

Gorby: ›Das klingt wie Mao und seine ‚Kulturrevolution'... ‹

Bucharin: ›Nein. Das wollte Lenin als er sich kurz vor seinem Tod zum letzten Mal mit der Zukunft seines Landes befaßte und erkannte, daß Stalins ‚Apparat' zerschlagen und das Wachsen der Bürokratie aufgehalten werden müsse... ‹

Gorby: ›Ich wünschte, ich könnte von neuem anfangen. Jetzt ist es zu spät. Du bist von Stalin getötet worden. Ich werde als Betreuer eines Gemüsegartens enden. Wo bleibt der historische Fortschritt?‹

Stalin hätte sich nie auf ein Konkurrenzverhältnis mit dem Kapitalismus des Westens eingelassen. Ich bin fest davon überzeugt, daß er nach dem Krieg einen Rückzug aus den Ländern in Zentral- und Osteuropa, die vom Geist des Westens durchdrungen waren, befohlen hätte, statt den Fall der Mauer zu riskieren. Er hätte durch eine neue ›chinesische Mauer‹ Ost und West getrennt, um sich dem Einfluß des Westens entziehen zu können. Die Nachfolger von Stalin wollten mit dem Westen konkurrieren. Das konnte für sie nicht gut ausgehen. Gorbatschow erkannte nicht, daß sein Reformprogramm mit einer Gesellschaft, in der keine demokratische Rechte und Freiheiten bestehen, nicht vereinbar war.

Die historischen Ereignisse in der Ex-Sowjetunion haben eine Vorgeschichte, die bisher unbeachtet blieb, obwohl sie wichtige Hinweise auf die ungelösten Probleme, an denen Gorbatschow scheiterte, gibt. Es handelt sich um das Schicksalsjahr 1932. Wer das Mysterium des späteren Massenterrors unter Stalin, die ›Liquidierung‹ einer ganzen Generation der kulturellen Elite einschließlich der ›alten Bolschewiki‹ verstehen will, muß die Ereignisse von 1932 analysieren. Es ist wichtig zu wissen, wie das Regime eine Zusammenbruchskrise des Vorsorgungssystems und der Produktionsverhältnisse mit einer Politik einer zweiten NÖP, d.h. Rückkehr zu einer kapitalistischen Marktwirtschaft, überwinden konnte. Der Versuch, ›Perestroika‹ mit ›Glasnost‹, d.h. politischer Liberalisierung des Systems, zu verbinden, mußte scheitern. Es erschien möglich, beides zugleich zu tun, als ich in Moskau am Beginn einer geplanten mehrmonatigen Studienreise durch verschiedene Gebiete der Sowjetunion eintraf. Die besten Historiker des Stalinismus, David J. Dallin und Isaac Deutscher, haben das Jahr 1932 in ihrer Geschichtsschreibung nur flüchtig gestreift. Die vielen Berichte und andere Dokumente über die Debatten in der Kommunistischen Akademie und der zumeist jugendlichen Parteiintelligenzija waren auf Befehl von Stalin später vernichtet worden. Vom Inhalt des für Stalin höchst kompromittierenden ›Riutin Dokuments‹, das in weiten Parteikreisen zirkulierte, sind nur Bruchstücke bekannt. Das Dokument beschrieb die Zusammenbruchskrise von Stalins Kommandoplanung und legte ein Reformprogramm vor. Es begründete die Notwendigkeit einer zweiten NÖP, einer Art ›Perestroika‹ ohne Stalin, etwa fünf Jahrzehnte vor Gorbatschow. Es handelte sich hierbei nicht um Geheimpläne einer isolierten Opposition. Ein derartiges Programm wurde in vielen anti-stalinistischen Kreisen der Parteiintelligenzija und in der Kommunistischen Akademie diskutiert. Stalin hatte davon Kenntnis. Er wußte, daß es ohne eine Art ›Neo-NÖP‹ oder ›Perestroika‹ keinen Ausweg aus der Krise geben werde. Es gelang ihm aber später, wesentliche Elemente der ›Perestroika‹ (ohne Glasnost) einzuführen, offiziell im Namen der ›Vollendung des Sozialismus‹, der später zum ›Realsozialismus‹ wurde.

Warum konnte das Stalin-Regime die damalige Zusammenbruchskrise überstehen und warum zerfiel das politische System in der Gegenwart? Es ist nicht möglich, diese Frage zu beantworten, wenn nicht die Lücken in der Geschichtsschreibung über die Vorgänge im Schicksalsjahr 1932 ausgefüllt werden.

Ich kann mich auf intime persönliche Kenntnis von Vorgängen in Moskau im Frühjahr und Herbst 1932 berufen und erkenne dabei eine erstaunliche Parallele mit der Krisenlage am Ende der achtziger Jahre. Dann entsteht die Frage, warum der Ausgang der damaligen Krise sich ganz anders gestaltete als die jetzige Lage von ›Perestroika‹ und ›Glasnost‹.

Die Antwort wirft ein Licht auf die Probleme, an denen Gorbatschow gescheitert ist. Die Tatsache, daß im Frühjahr 1932 eine Art Perestroika, d. h. eine kapitalistische Marktwirtschaft und entsprechende Wirtschaftsreform den Ausweg aus dem Zusammenbruch des Versorgungssystems und der Produktionsverhältnisse, vor allem auf dem Lande, bieten sollte, ist von den Historikern weitgehend ignoriert worden. Alle Zeitgenossen, die darüber hätten schreiben können, waren ›liquidiert‹ worden. Der ›Große Führer‹ war entschlossen, es nie wieder zuzulassen, daß eine ökonomische Krise seine persönliche Macht gefährden werde. Stalin wollte das Schicksalsjahr 1932 als unbeschriebenes weißes Blatt in die Geschichtsschreibung eingehen lassen.

Der beste amerikanische Kenner der Sowjetunion unter Stalin, George Kennan, beschrieb das Jahr 1932 als eine kritische Zeit für Stalin und die Sowjetunion: ›In der Zeit von 1932 gab es in Sowjet-Rußland eine allgemeine Krise wie im Jahre 1922 (am Vorabend der ersten NÖP – G.R.) in vielen Regionen – aber dieses Mal war die Krise völlig eine Folge der Politik.‹

Das ist nur eine halbe Wahrheit. Die Krise der NÖP war unvermeidbar. Die neo-kapitalistischen Bauern wollten den ›Profit‹ konsumieren oder als Kapital selber akkumulieren. Der totalitäre Staat aber brauchte ihn, um die Industrialisierung und die hohen Kosten der staatlichen Bürokratie zu finanzieren. Stalin verstand dieses Problem auszunutzen, um seine eigene persönliche Macht zu fördern. Er mußte den ›Linkskurs‹ der Partei übertreiben, um nach der Bürokratisierung und ›Hierarchisierung‹ der Partei seine persönliche Macht zu konsolidieren. Damit wurde jegliche Wendung in der Parteilinie – falsch. Er konnte nicht mehr objektiv ›richtig‹ handeln, ob ›rechts‹ oder ›links‹.

Kennan wußte als diplomatischer Beobachter in Moskau, daß Stalin im Frühjahr 1932, obwohl er vorher über seine inneren Parteigegner gesiegt hatte, nicht mehr die Kontrolle über die Partei besaß, sich aber auf den ihm persönlich ergebenen Terrorapparat stützen konnte. Allerdings war dieser nicht gegen den Willen des Zentralkomitees in einem Putsch einzusetzen. Die Parteiführung hätte im Notfall die Armee zu Hilfe gerufen, die unter Führung von innerparteilichen Gegnern Stalins stand. Stalin mußte sich gedemütigt fühlen.

Im Herbst (1932), als er im Kreml die Drähte der innerparteilichen Organisation wieder fest in der Hand hielt, war er entschlossen zu handeln: ›Nie wieder darf eine Lage eintreten, wo meine persönliche Macht herausgefordert oder ihr widerstanden werden kann.‹

Ich möchte Kennan erneut zitieren: ›Stalin war sich bewußt (der wachsenden Opposition) und fühlte sich in Gefahr, wieder herausgefordert zu werden. Ende September 1932 entstand eine offene Krise. Stalin verlangte die Todesstrafe für Mitglieder der Opposition. Seine Genossen (im ZK) lehnten ab.‹

Das ist alles, was George Kennan in dem zitierten Buch über das Entscheidungsjahr 1932 und die Krise von Stalin geschrieben hat. Es ist mehr als andere Historiker berichtet haben. Aber kein Wort über die historischen Debatten in der Kommunistischen Akademie, die bis zum Herbst 1932 geführt wurden, und an denen die besten Köpfe der Sowjet-Intelligenzija teilnahmen. Die offene Erhebung von über 100 000 Textilarbeitern in Südrußland, dem russischen ›Lancashire‹, z. B. wird nicht mit einem Wort erwähnt. Arbeiterräte hatten in einer Provinz mit einer Bevölkerung von etwa einer Million Menschen die politische Macht übernommen und die Partei-Apparatschiks davongejagt. Die erschrockenen Parteibürokraten in Moskau sandten Delegationen, die die Erfüllung der materiellen Forderungen und eine ›Reinigung‹ der Bürokratie versprachen. Die Arbeiter gingen in dem Glauben zurück in die Betriebe, daß sie gesiegt hätten. In Eile wurden Züge mit Nahrungsmitteln und anderen Konsumgütern in die aufständische Region geschickt. Aber danach wurden Tausende verhaftet. Darüber erschien kein Wort in der Presse.

Ende 1932 übernahm auf Grund eines Sonderbefehls eine Gruppe von Professoren die Schlüsselstellungen in der Kommunistischen Akademie. Diese Professoren waren die großen Schweiger während der Debatten gewesen, hatten nur auf das Wort der Partei-Apparatschiks, d.h. von Stalin, gewartet und nie eine eigene Meinung vertreten.

George Kennan konnte sich nicht erklären, warum Bucharin sich im Frühjahr 1932 weigerte, den ihm persönlich verhaßten ›Großen Führer‹ abzulösen. Die Mehrheit des Zentralkomitees stand auf Bucharins Seite. Warum weigerte sich Bucharin, in das ›Rad der Geschichte‹ einzugreifen? Die Antwort verdeutlicht die damalige Lage und den offenbaren ›Zwang der Verhältnisse‹. Bucharin glaubte, ohne die starke Hand Stalins werde die Staatspartei nicht imstande sein, ökonomische Reformen durchzuführen und das Land zu liberalisieren, um bei Reformprogrammen an der Macht bleiben zu können. Anscheinend wird die Haltung von Bucharin, seine Furcht vor einem inneren politischen Zusammenbruch im Falle einer ›Spaltung‹ der Partei, d.h. einer Partei ohne Stalins persönlichen Terrorapparat, durch die Zerfallskrise der Gegenwart nachträglich gerechtfertigt. Das ist zu bestreiten, denn eine Krise des politischen Systems in der damaligen Zeit wäre anders ausgegangen, als es jetzt geschehen ist. Damals war die junge und alte Intelligenzschicht der Partei und allgemein der Gesellschaft noch lebendig. Mit einer neuen NÖP hätte man versucht, neue Wege einer Vorwärtsentwicklung zu gehen – mit Hilfe von Deutschland, wo die tiefe Krise es unmöglich machte, die industriellen Kapazitäten auszunutzen. In anderen Westländern gab es ebenfalls die Bereitschaft, neue Wege aus der tiefen Krise in Kooperation mit der Sowjetunion zu suchen. Unter allen sozialen Klassen hätte ein Kooperationsprogramm einen breiten Widerhall gehabt, nicht nur in der Arbeiterbewegung, auch unter den bürgerlichen Technokraten. Dann wären wahrscheinlich der große Terror unter Stalin drei Jahre später und auch der Zweite Weltkrieg, der nach weiteren drei Jahren ausbrach, vermieden worden.

Die Krise der Staatspartei begann mit dem Tod des ›Großen Führers‹ (1953) und der Bildung einer ›Kollektivführung‹ der Partei, während der persönliche Machtapparat von Stalin umstrukturiert wurde. Die spätere Wirtschaftsreform und die Versuche, die Soziallage der Arbeiter zu verbessern, überspannten den Bogen der Macht der Staatspartei und waren ökonomisch nicht tragbar. Die Länder Zentral- und Osteuropas, die von der westlichen Kultur beeinflußt waren, durch Einführung von Staatsparteien in das neue Sowjet-Imperium einzuschließen, konnte nur gelingen, wenn unter einer gestärkten autoritären Staatspartei eine hohe ›chinesische Mauer‹ Ost und West hermetisch trennte.

Das Sowjetregime hätte sich nie auf einen Konkurrenz-kampf mit dem kapitalistischen Westen einlassen sollen. Es gab gute Gründe, warum dieser Versuch nicht gut ausgehen konnte. Ich bin davon überzeugt, daß Stalin die Gefahr eines Ost-West-Konkurrenzkampfes für sein Regime er-kannt hatte. Deswegen war es eine bewußte Politik, als er dekretierte, daß die befreiten Kriegsgefangenen, die aus dem Westen in die Sowjetunion als ›Sieger‹ nach dem Zweiten Weltkrieg zurückkehrten, mehrere Jahre zur ›Wiedererziehung‹ in Konzentrationslager nach Sibirien geschickt wurden. Die Menschen, die, wenn auch unter widrigen Umständen, im Westen gelebt hatten, wurden als ›unzuverlässig‹ und ›staatsgefährlich‹ angesehen. Mit Recht. Die sowjetische Militärkraft sollte defensiv stark ge-nug sein, um dem Westen eine ›Eroberung‹ der Ostländer unmöglich oder zu teuer zu machen. Der Kalte Krieg sollte indes sowjetischerseits nie heiß werden. Die Liberalisie-rung des Ost-Systems und die weitgehende Kontaktauf-nahme mit dem Westen mußte unheilvolle Folgen für das Sowjetregime haben. Die Kenntnis vom höheren Lebens-standard im Westen und allgemein der Höherentwicklung der Produktivkräfte mußte die Partei und insbesondere die ›Partei-Elite‹ demoralisieren. Die alte Parteieinheit wurde aufgeweicht. Die Mitglieder der kollektiven Parteiführung konnten jeder für sich persönliche Machtsphären herstel-len. Sie wurden Rivalen, die nach außen nicht als Rivalen auftreten konnten und durften.

Was Bucharin zu Recht befürchtet hatte – das Zerbre-chen der Einheit der Partei in einer Zeit, als das Regime ka-pitalistische Marktwirtschaft im Rahmen einer neuen NÖP wieder einführte –, war nach dem Beginn der Entmachtung von Stalin eingetreten. Die ›Einheit der Partei‹ unter der Autorität des ›Großen Führers‹ konnte nicht durch die for-melle Einheit der ›kollektiven Führung‹ fortgesetzt wer-den.

194

Das Scheitern von Bucharin hätte Gorbatschow belehren können, daß Perestroika und Glasnost nicht zusammenpassen. Unter Perestroika muß es Marktwirtschaft und Marktfreiheit geben. Aber gleichzeitig müssen erneut die gewaltigen ökonomischen Mittel aufgebracht werden, die in der Zeit der ersten Fünfjahrespläne ›ursprüngliche Kapitalakkumulation‹ bedeuteten und die für die Erneuerung des Strukturkapitals und den Wandel der Industriegesellschaft notwendig sind. An diesem Widerspruch scheiterte Bucharin. Nur die starke Hand der Staatspartei war in der Lage, den Widerspruch zu überwinden. Gorbatschow muß diese Abhängigkeit geahnt haben. Sonst hätte er nicht bis nach dem ›Putsch‹ an der Erhaltung der Partei und Parteiführung festgehalten. Er kannte einen Alternativweg. Aber er weigerte sich, von der Bühne rechtzeitig abzutreten als er sah, daß der Alternativweg verschlossen war – ähnlich der Weigerung von Bucharin, mit der antistalinistischen Opposition von Rechten und Linken eine neue ›Kollektiv-Führung‹ zu bilden. Sie hätten sich relativ leicht über das Reformprogramm einigen können, eine Art von ›Perestroika‹ zusammen mit Glasnost. Aber die starke Hand staatlicher Macht kann nicht ›kollektiv‹ geführt werden. Daran wäre sie gescheitert. Ein Zerbrechen der Parteieinheit andererseits verhinderte es, das Programm von ›Perestroika‹ auszuführen, Glasnost stand im Wege. Eine neue Staatspartei kann nicht ›von außen‹ gebildet werden, zumal wenn sie mit starker Hand kollektiv handeln muß. Das hat Stalin bewiesen.

Eine Rückkehr zum Stalinismus ist nicht ohne eine Staatspartei und Parteibürokratie möglich, die die staatliche Bürokratie kontrolliert und führt. Gorbatschow konnte nicht der Gründer einer derartigen Partei sein. Deswegen mußte er aus der Geschichte abdanken.

Stalin war einsam in seinem strategischen Denken, bekannt für sein Mißtrauen gegenüber allen, die ihm nahestanden, brutal und rücksichtslos, konsequent bei großen Entscheidungen, die ihre eigene Logik hatten. Sie sollten seine persönliche Macht mit der Staatspartei und bürokratischen Parteielite als Machtinstrumente konsolidieren. Sie waren einem Prozeß des Wandels einer theokratischen Priesterschaft unterlegen, die an den ›Führer‹, der immer recht hatte, glauben mußte.

Das logische Ende des stalinistischen Systems wäre die Bildung einer theokratischen Gesellschaft gewesen, identisch mit dem von Bucharin am letzten Tag seines öffentlichen Auftretens zitierten Ausdruck: ›Asiatische Despotie‹. Es gibt guten Grund zur Annahme, daß Stalin mit seinem Niveau marxistischer Schulung wußte, daß sein ›Sozialismus‹ in Wirklichkeit die Herrschaft einer Theokratie sein mußte. Sie wird im Innern stark sein, wenn sie nicht unter Konkurrenzdruck von demokratisch-kapitalistischen Gesellschaften steht. Vermutlich bereitete Stalin den großen Rückzug aus einem unkontrollierbaren Europa vor, als er unerwartet starb.

Der Zerfall des ›Sozialismus‹ in allen Ländern des Ostens erscheint als Triumph des Kapitalismus im Westen. Aber es erweist sich, daß der Kapitalismus im Westen die Krankheiten im Osten, an denen der ›Realsozialismus‹ zugrunde gegangen ist, selber übernimmt bzw. bereits an ihnen krankt. Es ist ungenügend bekannt, daß die staatliche Macht im Westen ebenfalls versucht hat, mit der Gesellschaft des Ostens zu konkurrieren – nicht nur auf Warenmärkten und auf dem Gebiet der internationalen Finanz (das Ergebnis ist gut bekannt), sondern auch mit zentralstaatlicher und bürokratischer Machtverzerrung der Markt- und Preisverhältnisse. Diese Erscheinungen sind als Endentwicklung des westlichen Kapitalismus aufgetreten.

Der Kalte Krieg war eine Täuschung. Die führenden Teilnehmer in West und Ost wollten nie einen heißen Krieg der gegenseitigen Zerstörung riskieren. Sie brauchten den Kalten Krieg, um ihr Imperium zu erhalten und Freunde und Feinde im eigenen Lager kontrollieren zu können. Keiner von ihnen kann zur Vergangenheit früherer imperialer Macht zurückkehren.

Es stimmt nicht, daß der Zusammenbruch des ökonomischen Systems der Sowjetunion eine Folge der Kommandoplanung war. Sie hat verheerende Folgen für den Fortschritt von Produktivität und Vergeudung von Produkten und Arbeitskraft gehabt; aber man vergesse nicht, daß am Höhepunkt der Kommandoplanung unter Stalin, z.Zt. der ersten Fünfjahrespläne, das Land industrialisiert wurde. Sicherlich sind die Kosten der Industrialisierung unter Stalins Kommandoplanung unnötig groß gewesen, nicht nur als Kosten von materiellen Werten, sondern auch als Vergeudung von Menschen und menschlicher Arbeitskraft. Weniger Kommandoplanung hätte zu besseren ökonomischen Ergebnisse geführt, aber dann wahrscheinlich ohne Stalin als den totalitären Diktator. Dennoch wurden zu dieser Zeit mit viel Verschwendung, unnötigen Verlusten, Fehlschlägen in den Städten und auf dem Land, industrielle Werke aufgebaut und das Land industrialisiert – schneller als je zuvor in irgendeinem kapitalistischen Lande. Es wurde der Industrialismus des Westens kopiert. Als das beendet war, waren die Werke veraltet, das System mit der einseitigen Betonung der Produktion von Eisen, Stahl und Kohle belastet, und nicht auf eine zweite industrielle Revolution vorbereitet. Das System der Kommandoplanung erzeugt Bedingungen, die es unnötig schwer, wenn nicht unmöglich machen, neue technische Fortschritte einzuführen.

Auch im westlichen Kapitalismus gibt es Hemmungen. Die amerikanische Eisen- und Stahlindustrie war auf die technologischen Veränderungen nicht vorbereitet, die die alte Schwerindustrie ins Herz traf. Große Kapitalwerte mußten abgeschrieben werden. Gleichzeitig gelingt es den Ländern, die diesen Abschnitt des Industrialismus überwunden haben, ihre Stellung in der Weltmarktkonkurrenz zu verbessern.

Der technische Rückstand des Industrialismus in der Sowjetunion könnte relativ leicht mit ausländischer Hilfe von Kapital und technischem Know-how aufgeholt werden, wenn nicht die tragischen Folgen einer anderen Erscheinung vorhanden wären. Das Kapital der Infrastruktur und das Grundkapital der Industrie wurde in den letzten dreißig Jahren, besonders im letzten Jahrzehnt, zum größten Teil de facto verzehrt. Dieser Vorgang vollzieht sich, wenn sich der Staat die geldlichen Ergebnisse der produktiven Unternehmen in einem Umfang aneignet und aufbraucht, der den produktiven Unternehmen nicht genug Mittel für die Erneuerung und Verbesserung der Produktionsmittel beläßt.

Im Westen fällt dieser Vorgang unter den Begriff von Defizitfinanzierungen des Budgets. Bekanntlich gibt es bedeutende Defizitfinanzierungen in den USA. Man stelle sich vor, daß diese Defizitfinanzierungen zehnfach größer gewesen wären und zwanzig oder dreißig Jahre angehalten hätten, dann würde auch im kapitalistischen Amerika das Kapital der Infrastruktur und der industriellen Grundstruktur zum großen Teil aufgebraucht worden sein. Eine Zusammenbruchskrise wäre auch dort gefolgt. In der Sowjetunion erfolgte dieser Vorgang nicht als Kommandoplanung, sondern unter dem Druck der politischen oder Klassenverhältnisse. Nach dem Tod von Stalin mußte die innere Politik liberalisiert werden. Das bedeutete, daß weitgehende Konzessionen an die Arbeiterklasse notwendig wurden. Der ›Wohlfahrtsstaat‹ hielt Einzug im Land, obwohl sich der Abstand zwischen dem Lebensstandard in der Sowjetunion und in Westeuropa erweiterte. Aber die Beibehaltung der Kommandoplanung, in Verbindung mit der Liberalisierung der gesellschaftlichen Verhältnisse, führte zu einem Rückgang der Arbeitsproduktivität. Es gibt wenig statistische Angaben über die Gestaltung des staatlichen Budgets und die Verteilung des Sozialprodukts. Es kann mit Sicherheit angenommen werden, daß die Regierung in großem Umfang budgetäre Defizitfinanzierungen zulassen mußte. Die äußeren Umstände, mehr Ausgaben für die staatliche Bürokratie, auch relative Verbesserung der Lebensverhältnisse, ein Sinken der Arbeitsdisziplin und weitgehende staatliche Substituierung der Konsumgüterpreise und verstärkte Ausgaben für den Militäretat rechtfertigen die Annahme von bedeutender Defizitfinanzierung, deren kumulative Wirkung zur Aushöhlung der Infrastruktur und der industriellen Kapitalstruktur führte.

Nur damit kann der völlige Verfall der Produktion und der Versorgung der Menschen mit Konsumgütern erklärt werden. Die Parteibürokratie andererseits hatte Versorgungsprivilegien, die ebenfalls bevorzugt erfüllt werden mußten. Zunehmend entwickelte sich eine Vertrauenskrise.

Die Rechtfertigung der Privilegien der Parteibürokratie gelang mit dem Schwinden des Glaubens an den Sozialismus nicht mehr. Unter Stalin wäre das Zwangssystem verschärft worden. Offensichtlich suchte er nach einer neuen Rechtfertigungsbasis für sein Regime vor seinem Tode. Er wußte, daß die Zukunftshoffnung auf eine sozialistische Wohlfahrtsgesellschaft verloren war. Es gibt Anlaß anzunehmen, daß er den alten Glauben an den Sozialismus durch einen neuen theokratischen Glauben an eine göttliche Mission des Führers und der ihm untergeordneten Hierarchie ergänzen wollte. Er starb aber, bevor diese Ideen ausgereift waren. Seine Nachfolger konnten diese Ziel-Orientierung nicht fortsetzen. Im Gegenteil, sie mußten die ›kollektive Führung‹ praktizieren, indem sie den Arbeitern ein besseres materielles Leben versprachen. Als sie dieses Versprechen nicht erfüllen konnten, sondern im Gegenteil die Versorgungskrise begann, wurden sie Opportunisten. Sie ließen budgetäre Defizitfinanzierungen zu. Für sie war die unmittelbare Zukunft wichtiger als die Folgen des Verbrauchs des Strukturkapitals und der Anlagen der Infrastruktur – eine Entwicklung, die erst nach einer Reihe von Jahren eine Zusammenbruchskrise unvermeidbar machte. Dann wurde die Parteihierarchie demoralisiert.

Es fehlte jeglicher Glaube an die eigene Mission und die

Rechtfertigung ihrer Privilegien. Die Spaltung der Partei begann mit Reformpolitikern, die glaubten, das Land demokratisieren zu können, während die Verteidigung der Interessen der Parteihierarchie eine Revision nach ›links‹, verschärfte ›Disziplin‹ und Unterdrückung persönlicher Freiheiten erfordert hätte. Eine ›linke‹, ›deflationistische‹ Parteilinie wäre erforderlich gewesen, um sich die Mittel für vergrößerten Einsatz von Kapital sichern zu können. In dieser Lage wäre eine Stärkung der Rolle der Partei und der Parteidisziplin notwendig gewesen; aber der Prozeß der Spaltung und Auflösung der Parteidisziplin konnte nicht aufgehalten werden. Damit trat eine Lage ein, vor der sich die einzige Parteiautorität, die im Krisenjahr 1932 Stalin hatte stürzen können, fürchtete. Die Ereignisse in jenem Krisenjahr geben einen Schlüssel für das Verständnis der jetzigen Krisenlage.

Bucharin hatte größte Verachtung für die Bürokratie und die grausame persönliche Diktatur von Stalin. Er fürchtete aber, daß ein offener Kampf gegen Stalin die Partei entweder spalten und/oder schwächen würde in einer Zeit, in der der Erhalt des Staates von der Einigkeit der Partei abzuhängen schien. Die Furcht, daß unkontrollierbare innere soziale und politische Kämpfe ausbrechen würden und sich die zentrale Staatsmacht auflösen könnte, veranlaßte Bucharin, die Kooperation mit dem verhaßten Autokraten fortzusetzen und ihm die Staatsführung zu überlassen. Inzwischen hatte sich die Rolle der Staatspartei verhärtet wie auch geschwächt. Bucharin ignorierte die Tatsache, daß die Parteibürokratie nicht nur eine administrative Kaste geworden war, sondern auch eine soziale Klasse mit Privilegien und Machtbefugnissen, die einer inneren Herrschaftsmacht zukommen. Andererseits hatte das System verhindert, daß andere Klassen, einschließlich der Arbeiterklasse, nicht nur ›an sich‹, sondern auch ›für sich‹ mit Klassenbewußtsein bestehen. Deswegen ist, wenn die Staatspartei zerfällt, keine andere soziale Klasse auf die Übernahme der inneren Macht vorbereitet. Es entsteht ein

innenpolitisches Vakuum, das von neuen Kräften ausgefüllt werden muß. Dieser Prozeß kann nicht über Nacht beendet werden. Neue Führer können den leerstehenden
Stuhl der autokratischen Parteihierarchen besetzen. Aber
es würde ihnen nicht nur die Legitimierung durch die
Staatspartei oder eine andere Parteibasis fehlen. Sie werden machtlos sein oder sich auf reinen Terror verlassen.

Die Herausbildung einer neuen Herrschaftsklasse und
das Besetzen des leeren Stuhls der Staatsführung wird ein
Prozeß sein, der viele Jahre dauern kann. Der Ausgang ist
ungewiß, aber es ist sicher, daß er durch Intervention von
außen nicht zu beenden ist. Sollte dies geschehen, würden
nationale, patriotische Bewegungen sich mit den Sozialbe-
wegungen der Arbeiter und der Bauern verbinden. Wahrscheinlich wäre dann der Weg in eine Militardiktatur frei.

Es gibt andere und bessere Alternativen, aber keinen
schnellen Weg zu einer demokratischen Gesellschaft und
einem Wohlfahrtsstaat. Wer immer an der Macht ist, muß
sie verantwortlich für die Erneuerung des strukturellen Industriekapitals und der Infrastruktur einsetzen. Beides
kann nicht mit Auslandskapital finanziert werden. Technische und finanzielle Hilfe von außen können nur ein er-
gänzender Beitrag sein. Auslandshilfe ist notwendig, nicht
nur materiell, sondern auch als Beitrag für eine kulturelle
Revolution, die die menschlichen Werte betont und die Erfüllung der Werte als Ergebnis einer Strukturreform der
Gesellschaft in den Mittelpunkt stellt.

Wie wird die Krise enden? Niemand kann die Frage beantworten. Es gibt mehrere Möglichkeiten. Eine reine Militärdiktatur ist möglich, aber unwahrscheinlich. Die Militärkräfte sind keine politische Einheit. Politisch denkende
Generäle glauben, den Weg der Rettung mit eiserner Disziplin und autoritärer Staatsführung beschreiten zu können. Traditionsgemäß sind die Generäle im Sowjetland
aber nicht auf die politische Führung ihrer Gesellschaft
vorbereitet. Sonst hätte einer der Generäle der Roten Armee, die alle später von Stalin liquidiert wurden, den

›großen‹ Führer gestürzt. Ich hatte im Herbst 1932 eine maßgebliche Parteiautorität, die Stalin ablehnend gegenüberstand, gefragt: ›Im Umkreis von Moskau befinden sich Armeen unter Führung von Generälen, die Stalin für die große Krise verantwortlich machen und seinen Sturz begrüßen würden. Warum befiehlt nicht einer der Generäle seiner Armee, den Kreml zu besetzen und Stalins Allmacht zu beenden?‹ Die Antwort war: ›Die Generäle denken zu politisch.‹ Damit war gemeint, daß die Generäle sich vor den Folgen eines Sturzes von Stalin fürchteten. Die Arbeiter in den Städten und die Bauern auf dem Land würden sich erheben und gegen die Herrschaft der Staatspartei revoltieren.

Stalins Macht war gesichert, wenn die Generäle wie auch die Führer der Opposition innerhalb der Partei sich vor der inneren Krise fürchten mußten, die sie durch seinen Sturz herbeiführen würden.

Die Parteihierarchie, die nach dem Tod von Stalin die Macht übernahm, kannte die Geschichte der eigenen Partei nur unvollständig und konnte aus den Ereignissen von 1932 nichts lernen.

Es ist möglich, daß die zerbrochene Staatspartei versuchen wird, sich erneut zu konsolidieren. Das kann aber nur gelingen, wenn sich die Partei eine neue gesellschaftliche Mission sucht. Sie ist jedoch innerlich gespalten. Der Geist des Rentenkapitalismus hat sie weitgehend erfaßt. Die materiellen eigenen Interessen können aber ohne ein Missionsbewußtsein nicht wirksam verteidigt werden. Wie kann es herausgebildet werden? Es wird möglich sein, den Sozialismus als Missionsaufgabe anzubieten. Teile der Parteihierarchie werden sich an religiöse Fanatiker anschließen. Wahrscheinlich wird dies eine Minderheit sein, aber sie kann bedeutungsvoll werden, wenn die Mehrheit eine Haltung des Abwartens einnimmt oder sich in die neue Sphäre des Kapitalismus zurückzieht.

Mein Freund Walter Löwe sagte mir einst in einem Gespräch über die Parteikrise in der Sowjetunion: ›Die Erkenntnis des Wesens des Systems kann dort nicht von innen kommen. Sie muß von außen kommen, denn von außen kann man die politischen und Klassenverhältnisse besser erkennen als im Innern, wo man den Wald vor lauter Bäumen nicht sehen kann. Man ist geblendet durch den Mythos des Staates, der für sich beansprucht, sozialistisch zu sein und deswegen das Bewußtsein über die Klassenlage ausschaltet. Die schlimmsten Folgen einer langen Periode des totalitären Regimes sind nicht die ökonomischen Mißerfolge, das Zurückbleiben auf dem Gebiet des technischen Fortschrittes, sondern die zentralstaatliche Vergewaltigung des menschlichen Geistes und des politischen Willens sozialer Klassen. Andererseits kann dieses Erbe relativ schnell überwunden werden, wenn die demokratischen Möglichkeiten freier Diskussionen bestehen und frei Ideen und gesellschaftliche Ziele diskutiert werden können.‹

Gibt es die Möglichkeit der Regeneration der Arbeiterbewegung? Die Arbeiter sind eine kompakte Masse, die – wenn gewerkschaftlich gut organisiert und in den Betrieben durch vertrauenswürdige Betriebsräte geführt – leicht und relativ schnell aktiviert werden kann. Es fehlt gegenwärtig das politische Bewußtsein, das sich nur allmählich entwickelt. Andererseits beginnt sich eine neue Struktur der Arbeiterklasse herauszubilden. Die Mehrheit besteht aus Arbeitskräften, die wissenschaftlich geschult sind und im Arbeitsprozeß ihre Intelligenz mehr einsetzen als physische Kraft. Deswegen kann auch eine höhere Qualität der Arbeiterwegung entstehen. Andererseits bildet sich eine neue kapitalistische Klasse, die gespalten ist.

In der Sphäre des Staatskapitalismus gibt es die administrative Verwaltungsbürokratie und die Leiter von Unternehmen, die von Staatshilfe abhängen. Nur in Ausnahmefällen werden sie ausländische Kapitalhilfe erhalten. Sie können nicht in der Sphäre des Kapitalismus operieren, ohne mit der staatlichen Führung verbunden zu sein. In der Sphäre des Kapitalismus dagegen herrscht der Geist des Frühkapitalismus vor, des Händlers, des Spekulanten, der schnell zu großem Reichtum kommen und ihn dann in Sicherheit bringen will. Dieses Segment des Kapitalismus wird als eine Gabe des Auslandes hingestellt von denen, die eine persönliche autoritative Diktatur anstreben. Aber die politische Entwicklung kann nur in beschränktem Maße vom Ausland beeinflußt werden.

Ökonomische Zusammenarbeit ist dringend geboten. Sie muß aber auf Grund der politischen Verhältnisse flexibel in der Auswahl der Formen der Zusammenarbeit sein. Vorschläge, die vom Westen kommen, besonders von deutscher Seite, werden beachtet werden –, aber eine Entscheidung wird erst fallen, wenn die politische und soziale Entwicklung einen Punkt erreicht hat, an dem eine Konsolidierung der politischen Verhältnisse beginnt. Vielleicht kann vorher zusammengearbeitet werden.

Es ist möglich, daß ganze Gebiete als ›Freimarktinseln‹ einen Sonderstatus bekommen, wo gesetzliche Verhältnisse, einschließlich Steuern, attraktiv für den ausländischen Kapitalanleger sind. In diesem Gebiet werden industrielle Unternehmen wie auch Banken frei kapitalistisch an der Warenproduktion teilnehmen, unter sozialen und gesetzlichen Verhältnissen, die denen in Westeuropa ähneln. Das Recht, die dort produzierten Waren zu exportieren und einen Prioritätsanspruch auf die Devisenerlöse zu haben, mit denen Kosten gedeckt und Gewinne gemacht werden, ist von der Regierung zu garantieren. Die Befürchtung, daß eine andere Regierung die ›Inselrechte‹ in den Wind schlägt, ist nicht gerechtfertigt, wenn das Konzessions-Inselgebiet einen positiven Beitrag für die Gesundheit der Gesellschaft leistet.

Joint Ventures werden zumeist enttäuschend enden. Erfahrung mit Konzessions-Unternehmen wurden zum ersten Mal unter Lenin auf der ersten Ost-West-Konferenz in Genua 1922 gemacht. Der Vorschlag wurde nur in einem einzigen Fall praktiziert: die ›Harriman-Konzession‹ des amerikanischen Industrie- und Finanzkapitalisten für die Ausbeutung von Kupferminen in Sibirien. Die Konzession wurde nach wenigen Jahren von der Sowjetregierung gekündigt. Harriman hatte allerdings niemals einen Grund gefunden, sich über die Abwicklung der Konzession mit Zahlungen an ihn zu beschweren.

Eine schnelle Lösung der Krise ist nicht wünschenswert, denn das würde die rasche Übernahme der Macht durch einen neuen Diktator bedeuten, eventuell durch einen ›Fundamentalisten‹ oder Parteihierarchen, der fanatische Gefolgschaft besitzt. Es ist dem Volk der Ex-UdSSR zu wünschen, in einer längeren Zwischenperiode die volle Freiheit der Diskussion, des Aufeinanderprallens gegensätzlicher Meinungen und die Bildung neuer Parteien und politischer Gefolgschaften zu erleben, die die Bildung eines soliden Klassenbewußtseins fördern. Erst am Ende einer derartigen Periode kann sich eine politische Führung bilden, die die Verhältnisse fortschrittlich gestaltet. Die Schwierigkeit hierbei besteht darin, daß es leichter ist, für ein Agrarland mit Bauern, die selbstgenügsam leben können, eine derartige Zwischenperiode zu gestalten als für ein Land, das weitgehend urbanisiert ist mit Großindustrie, die, wenn sie stillsteht, ruiniert wird.

Ein Wandel der industriellen Struktur ist notwendig. Es wäre falsch, blindlings das Alte zu erneuern, ohne zu wissen, welche Struktur nötig und berechtigt ist für eine Gesellschaft, die erst im Werden ist. Der Ratschlag, die Zielsetzung dem Marktkapitalismus zu überlassen, besagt nur, daß die Menschen die Verantwortung für die unmittelbare Notwendigkeit ihres Lebens selber tragen sollen. Das ist eine leicht zu befolgende Empfehlung für den kleinen Bauern, der genug Land zur Bearbeitung hat mit Hilfsmitteln, die für ihn erschwinglich sind, oder für den Handwerker, der selbständig arbeiten kann. Die Empfehlung trifft bei den Massen der Industriearbeiter und auch denen der geistigen Intelligenz, die einen wesentlicher Bestandteil der ex-sowjetischen Industriegesellschaft ausmachen, ins Leere.

XIV

Die Grenzen der Macht der Neu-Mächtigen

Es ist eine grobe Selbsttäuschung, die Vergangenheit des totalitären ›Realsozialismus‹ in den Ostländern, vor allem der früheren Sowjetunion, als eine Art Entgleisung der Geschichte anzusehen. Die Entwicklung im Osten war kein historischer Zufall, sondern ein Produkt der Krise des westlichen Kapitalismus.

Die Russische Revolution unter Lenin hatte unter falscher Flagge gesiegt. Sie war keineswegs der Auftakt der erhofften sozialistischen Weltrevolution. In Wirklichkeit war sie eine Fortsetzung der bürgerlichen Revolutionen, die den Weg für eine kapitalistische Gesellschaftsordnung bahnten. ›Demokratisch-bürgerliche‹ Revolutionen im Stile des Sieges über feudalistische Gesellschaftsordnungen oder über den ›absoluten Staat‹ von Königen, die die Restbestände des alten Feudalismus schützten und sich unterordneten, waren nicht mehr möglich. Die kapitalistischen Klassen in den ›Entwicklungsländern‹, z. B. des zaristischen Rußlands, konnten und wollten nicht die alten halb-feudalistischen Machtstrukturen vernichten. Sie waren mit ihnen verbunden. Eine radikale bürgerliche Revolution konnte nur im Gewand einer revolutionären proletarischen Revolution siegen. Deswegen wurde der Staatskapitalismus als ›Sozialismus‹ eingeführt. Die Behauptung, daß die bolschewistische Revolution unter Lenin 1917 die Entwicklung einer bürgerlichen Demokratie unter Führung der Menschewiki verhindert hat, ist eine geschichtliche Täuschung. Statt Kerenski wäre im Fall einer Niederlage Lenins einer der zaristischen Generäle, die von den Westmächten finanzielle und miltärische Hilfe erhielten, an die Macht gekommen. Er hätte blutig mit allen demokratischen Kräften des Landes – nicht nur den Bolschewiki – abgerechnet und danach in der Tradition des Zarismus eine kapitalistisch-imperialistische Rivalenmacht für den Westen errichtet.

Die Entwicklung des Kapitalismus unter dem Zarismus war bereits vor der Revolution von 1917 in hohem Maß ›fortgeschritten‹. Wie in allen Entwicklungsländern, begann die Entwicklung des industriellen Kapitalismus in Rußland mit Staatskapitalismus und staatlichem Protektionismus sowie Monopolen, die der Konsolidierung eines nationalen Finanz- und Staatskapitalismus dienten und keineswegs Grundlagen für eine demokratische Verfassung begünstigten. Der amerikanische, liberal-konservative Historiker Paul Johnson schrieb darüber:

›Vor 1914 kontrollierte der staatliche Sektor 5 bis 9 Prozent des Nationaleinkommens… (mehr als in den industriekapitalistischen Ländern Europas und Amerika – G.R.). Der Staat unter dem Zaren förderte den Industrialismus mit dem Ziel, einen Militär-Imperialismus aufzubauen, der mit den fortgeschrittenen Industrieländern konkurrieren könne. Der Staat nahm vor dem Ersten Weltkrieg eine völlig neue Rolle im Leben der Nation ein und drang in alle Zweige der industriellen Entwicklung vor. Er war Besitzer von Ölfeldern, Gold- und Kohlebergwerken, von zwei Dritteln der Eisenbahn und Tausender von Fabriken. Es gab ‚Staatsbauern‘ in den angeschlossenen Gebieten des Ostens (Sibirien). Die russischen Unternehmen, auch wenn sie nicht direktes staatliches Eigentum waren, waren außerordentlich abhängig, z.B. vom staatlichen Sektor, von Schutzzöllen, Subsidien, staatlichen Zuschüssen und Anleihen. Die Banken waren eng mit dem Finanzministerium verbunden, Staatsbeamte wurden Mitglieder des Direktoriums der Banken. Außer der offiziellen Staatsbank gab es eine Abteilung des Finanzministeriums, die Sparkassen und Kreditgesellschaften überwachte, die Finanzen der Eisenbahn kontrollierte, außenpolitisch wichtige Unternehmen führte und das gesamte Finanzsystem regulierte. Das Handelsministerium kontrollierte private Handelsgesellschaften, Syndikate, regulierte das Preissystem, das Ausmaß von Profiten, überwachte die Ausnutzung von Rohstoffen, die Frachtkosten und entsandte Vertreter des Staates in die Aufsichtsräte aller wichtigen Aktiengesellschaften. Das zaristische Rußland bildete vor dem Krieg ein riesiges Experiment von kollektivem Staatskapitalismus.‹

Lenin hatte keine Schwierigkeiten, viele Züge des zaristischen Staatskapitalismus in das Modell des ›Realsozialismus‹ zu übernehmen. Was es nicht geben konnte, war der Marktkapitalismus der freien Konkurrenz. Im Westen gibt es ihn vor allem im Kleinhandelssektor und den Klein- bzw. Mittelunternehmen der verarbeitenden Industrien. Wer die Erfahrung im Osten historisch bewertet, muß darin ein Spiegelbild von Entwicklungen erkennen, die auch im Westen zunehmend auftreten.

Nie in der Geschichte gab es eine Konzentration von so viel staatlicher Macht in den Händen so weniger Menschen wie in unserem Zeitalter. Das traf besonders auf die autoritären Führer in den totalitären Staaten des Ostens zu. Ähnliche Entwicklungen zeigten sich in den neuen, unabhängigen unterentwickelten Ländern, die den Eintritt in die Welt der Nationalstaaten und des Industrialismus mit den gleichen Methoden wie ehemals in Osteuropa vorwärtstreiben wollten.

In den Ländern des westlichen Kapitalismus gibt es ebenfalls eine Tendenz zur Herausbildung bürokratisch staatlicher Organisationen, die den führenden Staatsmännern Macht und Autorität gegenüber allen sozialen Klassen gewähren soll. Diese Konzentration staatlicher Macht verwandelt die politischen Führer in Leiter staatlicher Bürokratien, deren Eigengesetze sich ihnen aufdrängen. Deswegen leben wir im Zeitalter mittelmäßiger Persönlichkeiten, die an der Spitze des Staates als große Staatsmänner und Führer auftreten. Sie geben vor, die staatliche Macht für Aufgaben einzusetzen, die großen langfristigen Plänen entsprechen und ein großes Ziel anstreben. Die Wirklichkeit geht aber stets einen anderen Weg. Die Entwicklung der gesellschaftlichen Verhältnisse und insbesondere der Wirtschaft steht stets im Widerspruch zu den Vorstellungen der staatlichen Führer. Der Schein ist oft trügerisch. Die Leiter der staatlichen Planwirtschaft erscheinen als Vertreter einer großen Idee, die in ihrer Plangestaltung bestimmend ist. Sobald sie aber entsprechend der großen Idee entscheiden, treten Entwicklungen ein, die sie zwingen, im Gegensatz zu der verkündeten Idee zu handeln.

Große Ideen haben in der Geschichte eine wesentliche Rolle gespielt und werden es auch weiterhin tun. Aber als politisch gestaltende Kraft können sie nur in der Zeit eines revolutionären Umbruches einer Gesellschaft wirken, wenn der leidenschaftliche Glaube an eine bestimmte Idee diejenigen beseelt, welche in Spitzenstellungen des Staates rücken und Macht ausüben können. In welcher Richtung dann die politische Macht ausgenutzt wird und was unter derartigen Bedingungen politisch geschieht, kann dann von Männern entschieden werden, die sich mehr oder weniger von reinen Ideen leiten lassen. Aber sogar in diesen Fällen ist die wahre Bedeutung der gesellschaftlichen Wandlungen nicht von der reinen Idee abhängig. Unter verschiedenen Verhältnissen haben sie verschiedenartige Bedeutung. Die Ergebnisse der Großen Französischen Revolution z. B. können nicht von den allgemeinen großen Ideen, welche die politischen Führer der damaligen Zeit bewegten, abgeleitet werden: menschliche Gleichheit, Freiheit, Brüderlichkeit. Die Gleichheit wurde die Gleichheit des Wertes der Ware bei freier Konkurrenz. Die Freiheit wurde zur Freiheit der Konkurrenz, und die Brüderlichkeit wurde während der bonapartistischen Diktaturen eine leere Phrase. Ebenso unfruchtbar ist es, die Ideen, die die Führer der russischen Revolution beseelten, als Leitfaden für das Verständnis dessen, was später die Führer des totalitären sowjetischen Staatssystems taten, benutzen zu wollen. Die gesellschaftlichen Wandlungen hatten eine ganz andere Bedeutung als es dem Ideengebäude der politischen Führer jener Epoche entsprach. Dennoch war es aber für die Leiter des jungen Sowjetstaates notwendig, die neue gesellschaftliche Gestaltung und jede Wendung in der Politik (oder ›Parteilinie‹) stets als die Erfüllung eines Ideengebäudes zu erklären, das später zu einem Dogma und einer Religion wurde. Lenin und Trotzki glaubten nach dem Zusammenbruch des zaristischen Reiches 1917, daß die russische Revolution der Vorläufer einer proletarischen Weltrevolution wäre, die das Idealbild des Sozialismus verwirklichen würde. Die traditionellen Vorstellungen knüpften an die ›historische Notwendigkeit‹ an, daß das Idealbild erst nach der Entwicklung des ausgereiften Industriekapitalismus verwirklicht werden könne und daß deswegen die westliche, industriell entwickelte Welt führend sein müsse. Daß in einem unterentwickelten Land, wie es das zaristische Rußland war, die ›sozialistische Welt-Revolution‹ begann, erschien als historischer Zufall.

Als die Niederlage der revolutionären Bewegungen im Westen, vor allem in Deutschland, offensichtlich wurde, war Lenin über die Konsequenzen einer isolierten Revolution in Rußland besorgt. Er ahnte, daß ohne eine Revolution im Westen in Rußland der proletarische Staat die konterrevolutionären Kräfte im eigenen Lande nur besiegen und der Sowjetstaat nur dann am Leben bleiben könne, wenn ein starker zentralistischer staatlicher Zwangsapparat geschaffen und zu einer selbständigen Kraft wird, die die gesamte gesellschaftliche Entwicklung dominiert. Die notwendige Industrialisierung sollte mit Hilfe des westlichen Kapitalismus erfolgen. Ein derartiges Programm wurde noch unter Lenin vorbereitet und sollte der ersten großen Ost-West-Konferenz in Genua 1922 zur Grundlage dienen. Die Vorschläge, die nie eingehend von den Historikern behandelt wurden, waren der erste Versuch, die Industrialisierung eines unterentwickelten Landes, das sich einen starken zentral-autoritär organisierten Nationalstaat geschaffen hatte, mit Hilfe von Anleihen der westlichen Länder und Abkommen mit den privatkapitalistischen Kräften des Westens zu erreichen. Diese Vorschläge waren ein verzweifelter Versuch Lenins, einen Ausweg aus Entwicklungen zu finden, die wahrscheinlich auch von ihm als fatal empfunden wurden. Ein Fehlschlag der neuen Politik mußte zu Bedingungen führen, die Stalin den Weg zur totalitären Tyrannei öffneten. Lenin war ebenfalls ein geistiger Gefangener von Vorstellungen, die Schiffbruch erlitten hatten. Diese Vorschläge waren so ernst gemeint, daß sie eine Rückzahlung der Vorkriegsschulden des zaristischen Staates gegenüber den kapitalistischen Weststaaten vorsahen. Die Auslandsverschuldung des zaristischen Staates sollte vom Sowjetstaat zurückgezahlt werden, wenn die westlichen kapitalistischen Länder der Sowjetunion helfen, die eigenen industriellen Produktivkräfte zu entwickeln. Der Vorschlag war sinnvoll: Auslandsschulden können nur durch Exportüberschüsse bezahlt werden. Um Exportüberschüsse zu erzielen, mußte Sowjetrußland imstande sein, auf Weltmärkten im eigenen Lande produzierte Ware, z. B. industrielle Rohstoffe, zu vermarkten. Die reichen sowjetischen Rohstoffquellen sollten für den Weltmarkt und den russischen Binnenmarkt erschlossen werden. Das war nur möglich, wenn die neuen benötigten Produktionsanlagen, Transportmittel etc. vorfinanziert würden. Lenin bot die Möglichkeit von Direktinvestitionen für die industrielle Erschließung der reichen Rohstoffquellen Rußlands in Verbindung mit garantierter Rückzahlung der Vorkriegsschulden an.

Die Problemstellung ist dieselbe, die beim Problem der Auslandsverschuldung der Entwicklungsländer nach dem Einbruch der großen Auslandsschuldenkrise in den achtziger Jahren entstanden war. Aber damals glaubten Lloyd George und andere politische Führer in London noch, daß Lenins Sowjetrußland nur das Leben einer Eintagsfliege haben werde. Der Vorschlag wurde abgelehnt. Das einzige praktische Ergebnis der Konferenz war der deutsch-russische Rapallo-Vertrag. Unerwartet und sensationell – so hätte sich die Logik einer derartigen Entwicklung den allmächtigen Staatsmännern aufdrängen müssen. Aber die Allmächtigen waren mit Blindheit geschlagen. Die vom sowjetrussischen Außenminister Tschitscherin vorgelegten Pläne Lenins in Genua 1922 waren der erste Versuch, die industrielle Entwicklung rasch voranzutreiben. Die Historiker haben das deutsch-russische Rapallo-Abkommen, das während der Genua-Konferenz hinter dem Rücken der Westmächte abgeschlossen wurde, als das wichtigste Ereignis der Konferenz hingestellt. Tatsächlich aber gab es eine viel gravierendere Entscheidung: Die Ablehnung der Leninschen Vorschläge durch die Westmächte, Rußland mit westlicher Kapitalhilfe zu industrialisieren und Kapitalanlagefelder auf kapitalistischer Basis zu bilden. Die Vorschläge Lenins auf der Genua-Konferenz würden heute von westlichen Kapitalanlegern bereitwilligst als Grundlage für Partnerschaftsabkommen westlicher Konzerne und Regierungen mit den Regierungen in Ex-Ostblock- oder anderen Entwicklungsländern angenommen werden. Sie waren ehrlich gemeint, und Lenin glaubte, daß sie eine attraktive Basis für eine Ost-West-Zusammenarbeit bieten könnten. In den ›Konzessionsgebieten‹ im Osten sollten die reichen russischen Rohstoffreserven erschlossen und verarbeitet werden, mit festen Abmachungen der Kontrolle durch attraktives Management und finanziellen Ergebnissen zugunsten der westlichen Konzessionäre. Sie sollten das Recht haben, einen festen Anteil an der Produktion (50 Prozent) auf Weltmärkten gegen Devisen zu verkaufen, um sich damit kompensieren zu können. Die Sozial- und Arbeitsgesetze der Sowjetunion sollten im Rahmen fester Vereinbarungen gelten. Es wurde angeboten, die Vorkriegsschulden zugunsten des Westens zurückzuzahlen, und zwar aus den zu erwartenden Deviseneinnahmen. Das Ziel des Sozialismus lag für Lenin damals in weiter Ferne. Als Hauptgefahr erschien ihm das Wachsen des staatlichen Bürokratismus und die kulturelle Rückständigkeit der Völker der UdSSR.

Die anglo-französischen Militärmächte lehnten jedoch eine Ost-West-Kooperation ab. Sie wollten den Interventionismus und hätten Faschismus und Rechtsimperialismus geerntet, wenn sie erfolgreich gewesen wären. Damit wurde das Schicksal der Russischen Revolution besiegelt. Die Historiker mögen sich streiten über die historische Notwendigkeit oder den Zwang von Verhältnissen, die den Ablauf der Geschichte bestimmten. Ich frage mich, ob sich die Fehlentscheidungen des Westens auf der Ost-West-Konferenz 1922 wiederholen werden oder ob die Staatsmänner von Heute aus geschichtlichen Erfahrungen lernen – bekanntlich tun sie das höchst selten. Aber sie können den Zwang von Schuldenverpflichtungen, die erfüllt werden sollen – oder auch nicht – kaum ignorieren.

Die Westschulden der Ex-Sowjetunion haben in relativ kurzer Zeit einen Rekordstand erreicht. Aber es werden viel größere Beträge benötigt, um die Herstellung neuer wirtschaftlicher Strukturen zu finanzieren.

Eine unsichtbare Mauer wird Ost und West voneinander trennen, falls der Versuch von Partnerschaftsabkommen fehlschlagen sollte. Dem Fehlschlag von Genua folgte Stalin und die ›ursprüngliche Kapitalakkumulation‹ unter der totalitären Diktatur im Osten. Die Geschichte wird sich nicht in dieser Weise wiederholen. Aber ein historisches Modell wird – abgewandelt – wieder erscheinen, wenn westliche ›staatsmännische‹ Politik dem Vorbild von Genua folgen sollte. Der Weg eines freiheitlichen Sozialismus konnte nicht durch einen zentralistisch-autoritären allmächtigen Staat beschritten werden. Das Wesen des zentralistischen ›Realsozialismus‹ widerspricht den Grundbegriffen der Freiheit und Unabhängigkeit des Menschen. Sie wurde der Mehrheit der Menschen vom Feudalismus und dem ›absoluten Staat‹ von Königen und Fürsten verweigert. Der Kapitalismus schuf mit der ›Vogelfreiheit‹ der besitzlosen Arbeiter, die nur ihre Arbeitskraft zu verkaufen hatten, neue Abhängigkeiten und Unfreiheiten für den Menschen. Das ursprüngliche Ziel der sozialistischen Bewegungen war, diese Unfreiheiten und Abhängigkeiten aufzuheben. Genau das Gegenteil geschah aber.

Menschen sterben bekanntlich eher für eine nicht zu realisierende Idee als für gemäßigte, aber leicht realisierbare Reformen. Das moderne Regime des Staatssozialismus oder Staatskapitalismus benötigt Gläubige und Fanatiker. Was die Gläubigen glauben und die Fanatiker verkünden, dient jeweils als Waffe des staatlich geplanten Regimes. Sie müssen stets mit den Waffen der Ideologie kämpfen, um alle Sprünge und Wendungen in ihrer Politik gegenüber den Gläubigen und Fanatikern verteidigen zu können. Nur geraten die Gläubigen und Fanatiker in Schwierigkeiten, wenn sie die Dogmen auf ihre eigene Gesellschaft anwenden. Im kapitalistischen Westen mag der gläubige Christ seine Regierung anklagen, nicht christlich zu handeln. Es kann auch leicht bewiesen werden, daß in vielen westlichen Ländern staatliche Handlungen nichts mit den Prinzipien zu tun haben, die der christlichen Religion eigen sind. Das kann aber nicht der Kommunist tun, der in Rußland oder in China seinen Machthabern vorwirft, antikommunistisch zu handeln. Es ist sonderbar, daß viele westliche Kritiker der totalitären Regime darauf bestehen, daß die autoritären Führer des totalitären Staates wahre Gläubige des Kommunismus hätten sein sollen. Sie stützen damit die Benutzung der Ideologie als Waffe seitens totalitärer Machthaber. Sie errichten eine künstliche Barriere der Selbsterkenntnis neuer Realitäten für sich bei dem Versuch, die wahren Kräfte, die die Gesellschaft der staatlichen Planwirtschaft bestimmen, zu erkennen. Hier triumphiert der praktische Opportunismus; er muß sich aber ständig hinter einer ideologischen Maske verstecken. Sie erleichtert es, das Bestehen einer neuen Klassengesellschaft, deren ökonomische Basis die Wiederherstellung einer staatskapitalistischen Gesellschaft ist, zu verdecken. Mit dieser Ideologie haben sich die autoritären Machthaber die Möglichkeit verschlossen, die Ursachen für die periodischen Rückschläge von gesellschaftlicher Produktion und des Verteilungssystems im Staatskapitalismus zu erkennen.

Die Versuche, diese Rück- und Ausschläge zu mildern, wurden durch eine Ideologie gehemmt, die das System als ›sozialistisch‹ oder ›kommunistisch‹ erklären muß.

In den Ländern des kapitalistischen Westens ist man ebenfalls mit Blindheit in der Erkenntnis (oder Nichterkenntnis) des Wesens der eigenen Gesellschaft geschlagen, wenn man nachträglich die gefallenen Systeme des Ostens als Verwirklichung einer unrealistischen Ideologie ansieht, also ›Sozialismus‹ oder ›Kommunismus‹ versus ›Kapitalismus‹. Damit verbaut man sich den Weg zu Erkenntnissen der sozialen und ökonomischen Kalamitäten im westlichen Kapitalismus. Was war hier der Grund für das Eintreten langer Wellen, mit einer Zeitdauer von fünf bis acht Jahren, einer rapiden Ausdehnung der Kreditdecke und kapitalisierter Rentenansprüche? Sie waren der Stimulus für die Ausdehnung des Wohlstandes unter breiten Schichten der Bevölkerung. Das wurde als ein solider Erfolg des Kapitalismus angesehen. Die Flucht in Renteneinkommen und deren Kapitalisierung widersprach den Ungewißheiten kapitalistischer Profite im freien Konkurrenzkampf. Einen derartigen Wellenausschlag, d. h. rapide Ausdehnung des Wohlstandes über das Wachsen der industriellen Produktivkräfte hinaus, hat es bereits mehrmals gegeben, z. B. in den späten zwanziger Jahren, nach dem Zweiten Weltkrieg und erneut in den siebziger Jahren. Beide Perioden wurden von wellenartiger deflationistischer Einschnürung der Wohlstandsversprechen und der Rentenansprüche gefolgt, die während der ansteigenden Welle ausgedehnt worden waren.

Diese Auf- und Abstiegswellen würden viel tiefer in den sozialen und ökonomischen Zusammenhalt der Gesellschaft eingegriffen haben, wenn sich nicht gleichzeitig der Staat und die staatliche Bürokratie ausgedehnt hätten. Die Realitäten dieses Systems sind nicht mehr die Realität des Kapitalismus der freien Konkurrenz. Adam Smith müßte sich im Grabe umdrehen, wenn er das Ergebnis von über 200 Jahren kapitalistischer Marktwirtschaft und freier Konkurrenz betrachten könnte. Auch Karl Marx würde so viel anti-kapitalistische Elemente in dem System entdeckt haben, daß er es wahrscheinlich für notwendig gehalten hätte, weitere Bände von ›Das Kapital‹ zu schreiben. In diesen (nicht geschriebenen) Bänden müßte er den Beginn des Anti-Kapitalismus als eine Erscheinung des ›Spätkapitalismus‹, d. h. des Renten-, Staats- und Finanzkapitalismus, verzeichnen. Die Kritiker der zusammengebrochenen Ostsysteme oder der Systeme der ›Planwirtschaft‹ hatten sich die Möglichkeit, die Realitäten und die Schwächen ihres eigenen Systems zu erkennen, verbaut, da sie die Doppelnatur der Gesellschaft in den Ostländern ignorierten. Sie war zentral geplant, d. h., daß die gesellschaftlichen Produktionsmittel und der Verbrauch von Produktions- und Konsumgütern einem gesellschaftlichen Plan unterlagen.

Die aufgeblähte staatliche Bürokratie sollte die Aufstellung des zentralen Planes und dessen Ausführung überwachen. Bekanntlich wurde dabei die persönliche Initiative und Verantwortung durch Bürokratisierung und autoritäre Anweisungen weitgehend erdrosselt.

Die ›orthodoxen‹ Marxisten, die zentralstaatliche Planung als das wesentliche Merkmal des Sozialismus oder Kommunismus angesehen haben, mußten die geplante Kriegswirtschaft, in der die gesamte Gesellschaft dem zentralen Produktionsplan und einem zentralen Verteilungsplan unterliegt, als die Verwirklichung einer sozialistischen oder kommunistischen Gesellschaft ansehen. Aber das System konnte nicht ohne eine kapitalistische Parallelwirtschaft bestehen. Sie schuf Werte und Preise wie im Westen, aber mit großen Verzerrungen und weniger kontrollierbar.

Es ist bedauerlich, daß westliche Berater in Moskau das Modell eines westlichen Kapitalismus, der heute im Westen nicht mehr besteht, als Entwicklungsziel gelehrt haben. Der Glaube wurde geweckt, daß nach Annahme dieses Modells westliches Kapital in großem Umfang eingesetzt werde. Der prowestliche Flügel der intellektuellen Elite in Moskau, wird sein eigenes Modell finden müssen. Sie werden keine Bittsteller für westliche Hilfe sein, sondern erwarten, daß Kooperation mit dem Westen nur möglich ist, wenn sie die Bewegung der Fundamentalisten – auch in der Dritten Welt – als Drohung gegen den Westen für sich auszunutzen wissen. Man lese die Worte des Direktors des Forschungsinstitutes für die USA und Kanada an der Russischen Akademie der Wissenschaften, Georgi Arbatow. Arbatow ist eine der wichtigsten Persönlichkeiten der gegenwärtigen politischen Elite in Moskau. Er ist keinesfalls ein Neuling auf dem Gebiet der internationalen Beziehungen. Seine scharfen Bewertungen der Entwicklung in den USA und Kanada wie auch der Weltlage der UdSSR dienten in der Breshnew-, Tschernenko-, Andropow- und Gorbatschow-Ära den jeweiligen Präsidenten der UdSSR als Leitfaden für strategische Entscheidungen. Er hat intime persönliche Kenntnisse der westlichen Welt wie auch der neuen Entwicklung im europäischen Osten. Arbatow ist durch seine kenntnisreichen Analysen bei den jeweiligen politisch entscheidenden Machthabern im Kreml sehr geschätzt. Er war in der Vergangenheit selten mit öffentlichen Erklärungen hervorgetreten. Er hat es dennoch getan, um anstehende Entscheidungen in Moskau zu beeinflussen. Arbatow ist mit seiner Position hervorgetreten, weil die strategischen Berater in Moskau festgestellt haben, daß der Versuch, mit Hilfe des Westens die innere Zusammenbruchskrise des Sowjetsystems zu überwinden, erwartungsgemäß fehlgeschlagen ist. Er hat nachhaltig betont, daß – auch wenn beschränkte Finanzhilfe vom Westen kommt –

sie stets nur ein Tropfen auf dem heißen Stein sein wird. Die inneren Kräfte müssen vielmehr mobilisiert werden, unabhängig von der Kraft und dem finanziellen Engagement des Westens. Georgi Arbatow betont in seinem Artikel ›Neo-Bolsheviks of the IMF‹ (New York Times, 8. Mai 1992):

›... Ich bin mir gar nicht sicher, daß es notwendig war, den internationalen Währungsfonds um Beitritt zu ersuchen, um Anspruch auf Hilfe zu bekommen, nachdem die Commonwealthvölker (der Ex-UdSSR) gezwungen worden sind, äußerste Notlagen zu ertragen. Diese unerträglichen Notlagen werden sich als Folge der Aufhebung der staatlichen Kontrollen von Preisen für Lebensmittel und andere lebensnotwendige Produkte erweisen. Die Aufhebung der Preiskontrollen vernichtet die Ersparnisse der Bürger; ihre Löhne und Pensionen werden ausgelöscht. Die Wirtschaft wird buchstäblich zerstört. All das geschieht in der Hoffnung, daß ausländisches Kapital hereinströmen wird. Gleichzeitig verfallen die Produktionsbedingungen im eigenen Lande. Zunehmend werden die großen Erwartungen auf das Einströmen von ausländischem Kapital enttäuscht. Die Erfahrungen in Polen mahnen. Hier versagte das Kapitalinteresse des Westens selbst nach strikter Erfüllung der IWF-Forderungen. Die schmerzlichen, kaum ertragbaren Folgen der ‚Schocktherapie‘, die den Ländern der früheren Sowjetunion seitens des IWF verordnet wird, werden im Gefolge des scharfen Anstieges der Preise für Energie (auch Mieten, Grundnahrungsmittel etc.) nicht ausbleiben. Massenarbeitslosigkeit und Superinflation werden ein verheerendes Ausmaß haben. Wir müssen uns fragen: sind diese Opfer wirklich notwendig, um eine Wiederbelebung der wirtschaftlichen Tätigkeit zu erreichen..?‹

Die Antwort ist offensichtlich: Nein! Die Verhandlungsführer Rußlands, die in den Besprechungen mit den Vertretern des Westens auf die Vorschläge der Vertreter des IWF eingegangen sind, werden desavouiert werden. Sie waren als Bittsteller erschienen. Zukünftige Verhandlungspartner werden keine Bittsteller mehr sein. Deswegen hat Arbatow ebenfalls geschrieben:

›Mir gefällt nicht das eigenmächtige Auftreten der amerikanischen Bürokratie und ihrer Kumpane in Moskau. Sie alle geben an, im Namen einer freien Marktdemokratie und als Befürworter zivilisierter Prinzipien in den internationalen Beziehungen zu handeln. Sie ähneln einem Typ von Neo-Bolschewiki, die gern den Besitz anderer Leute expropriieren. Sie vertreten antidemokratische Verhaltensweisen und wollen uns fremde Grundsätze des wirtschaftlichen und politischen Lebens auferlegen. Sie wollen die wirtschaftliche Freiheit bei uns einengen. Ich glaube, daß der Westen die orthodoxen Grundsätze des IWF verteidigt, nicht weil sie sich als erfolgreich erwiesen haben. Sie haben ebenso viele Fehlschläge erlitten wie Erfolge gehabt.‹

Es folgt die Ankündigung einer neuen politischen Haltung Moskaus. Es soll eine Position der politischen Stärke dem Westen gegenüber entwickelt und von dieser aus ›verhandelt‹ werden. In diesem Kontext äußert Arbatow eine Meinung, die durchaus nicht als anti-westlich bewertet werden sollte, auch wenn sie eine Herausforderung der supranationalen monetären Bürokratien in Washington, vielleicht auch in Brüssel, darstellt. Er wendet sich gegen die Arroganz der internationalen Planer in den bürokratischen Organisationen des Westens. Er glaubt, daß neue Initiativen vom Westen erst dann entwickelt werden, wenn sich die neuen Führungskräfte der Nachfolgestaaten der UdSSR mit den fundamentalistischen Kräften besonders auch der Dritten Welt verbinden, selbst wenn diese Liaison nicht von Dauer sein wird. Arbatow setzt in seinem oben erwähnten Artikel fort:

›Dem IWF obliegt es, die Verantwortung für die Ergebnisse unpopulärer Politik von den politischen Führern und Regierungen auf internationale Bürokratien abzuwälzen.‹ Der IWF soll nein zu Kreditanträgen sagen. Dann können sich die Regierungen des Westens auf das Nein des IWF berufen. Diese Taktik beweist, daß die USA nicht als Supermacht auftreten wollen, aber als Großmacht, die eine Einheitsfront der Großmächte zu erreichen versucht. Deswegen prognostiziert er: ›Die Lage im IWF und anderen internationalen Organisationen wird sich ändern, nachdem Rußland und andere Commonwealth-Länder beigetreten sind. Die einzelnen Staaten sollten dem IWF und der Weltbank beitreten und sich ihr unterstellen. Die Prinzipien dieser Organisationen müssen anerkannt werden. Aber diese Organisationen selbst werden tiefgreifende Veränderungen erleben. Eine neue, bisher noch unbekannte Weltordnung wird entstehen.‹

Es zeugt von viel Naivität zu glauben, daß der IWF mit seinen eingefleischten traditionellen bürokratischen Methoden und im geringeren Maße auch die Weltbank ›sich der neuen Weltlage anpassen werden. Wir können von Glück sprechen, daß Alternativen für die Herstellung einer neuen Weltordnung im Entstehen sind. Es gibt ermutigende Anzeichen für das Entstehen eines neuen Realismus und gesunden Skeptizismus im Westen in bezug auf die Tradition und die Ergebnisse der Politik des IWF und der Weltbank. In Rußland wird der Wert der Dogmen des IWF und der Weltbank von verantwortlichen Politikern und Fachökonomen zunehmend angezweifelt. Es beginnt ein Suchen nach Möglichkeiten realistischer Kompromisse...‹

Die eingefleischten Bürokraten in den zitierten Institutionen werden über diese Haltung entrüstet sein und bei den konservativen Verteidigern des Kapitalismus Unterstützung suchen. Es ist wahrscheinlich, daß sie in ihren supranationalen Institutionen aber auch viel Opposition unter aufgeschlossenen Vertretern staatlicher und privater Autoritäten finden werden – nämlich bei denen, die wissen, daß sie das Suchen nach neuen Modellen gesellschaftlicher Strukturen in dem zusammengebrochenen Zentralverwaltungssystem aktiv unterstützen müssen. Sonst wird das chaotische weltmonetäre System der Beginn einer Auflösung der alten globalen Ordnung sein, ohne daß eine neue Ordnung im Entstehen ist. Die Konsequenzen sind schwer zu kalkulieren.

Ich kehre zurück zu meiner Feststellung am Anfang. Es gibt Grund zu Optimismus. Arbatow wird viel Widerhall in der westlichen Welt finden. Zeitgleich mit der alarmierenden Kritik von Arbatow hielt Gorbatschow seine viel zitierte Rede in Fulton im Westminster College (USA), an derselben Stelle, wo einstmals (1947) Churchill den Beginn des Kalten Krieges verkündet hatte. Was beide (Gorbatschow und Arbatow) aussagten, war offensichtlich auf höchster Warte in Moskau besprochen worden. Gorbatschow widersprach der These, daß der Kalte Krieg von Moskau ausgelöst worden war. Der Krieg sei vielmehr die Folge einer amerikanischen Fehleinschätzung der militärischen Bedrohung seitens des Ostens gewesen. Die russische Staatsführung unter Stalin und seinen Nachfolgern war immer bemüht, einen Krieg mit den USA zu vermeiden. Sie wußten, daß bei einem Test der militärischen Stärke Moskau stets unterlegen wäre. Stalin konnte nicht mit den Waffen revolutionärer Propaganda ›à la Lenin‹ Krieg führen. Er hätte einen Rückzug aus Mittel- und Osteuropa angeordnet, um einen Krieg zu vermeiden. Die nukleare Waffe sollte auf russischer Seite nicht eingesetzt werden.

Jetzt befindet sich die Welt in einem internationalen Vakuum. Die von den USA dominierte Weltordnung des Westens ist nach dem Zusammenbruch des Sowjetimperiums zerfallen. Eine neue Weltordnung ist noch nicht entstanden. Es besteht eine Art Interregnum. Gorbatschow erklärte in der ›New York Times‹ vom 6. Mai 1992: ›Wir leben gegenwärtig an einem Wendepunkt in der Weltgeschichte. Eine Ära hat geendet. Eine neue hat noch nicht begonnen. Niemand weiß, wie die neue Weltordnung aussehen wird – niemand weiß es; niemand. Als orthodoxe Marxisten glaubten wir, uns über die Gestaltung der neuen Weltordnung sicher zu sein. Aber das praktische Leben hat wiederum diejenigen zurückgewiesen, die geglaubt hatten, die Zukunft zu kennen und Messias zu sein ...‹

Gorbatschow wies darauf hin, daß beide, die USA und die Ex-UdSSR, die Möglichkeiten eines Zusammengehens nach dem Zweiten Weltkrieg versäumt haben. Die Führer des Westens, einschließlich Churchill, Roosevelt und seine Nachfolger, überschätzten die militärische Stärke der UdSSR, bewußt oder unbewußt. Gorbatschow ist überzeugt, daß Stalin es niemals für möglich gehalten habe, den Westen militärisch besiegen zu können. Er war stets entschlossen, vor der Gefahr eines militärischen Zusammenstoßes von Ost und West zurückzuweichen. Die Vorstellung einer militärischen Bedrohung der westlichen Welt durch den Osten habe es nie gegeben. Deswegen liege die Verantwortung für den Kalten Krieg bei den Strategen des Westens. Die amerikanischen und anderen Historiker des Kalten Krieges hätten den wahren Ablauf des Kalten Krieges entstellt.

›Die Annahme, daß ein militärischer Angriff (der Sowjetunion gegen den Westen) gedroht habe, war stets unrealistisch und eine gefährliche Entstellung... Ein Angriff der UdSSR hätte nie erfolgen können, weil Stalin (in den Nachkriegsjahren wie auch in den Jahren 1939/41) sich vor einem Krieg fürchtete...‹ Die amerikanischen Strategen hätten den russischen ›Papiertiger‹ nie als potentiellen Angreifer ansehen sollen. Der Kalte Krieg sei durch einen Irrtum verursacht worden. In diesem Punkt allerdings irrt sich Gorbatschow. Der Schein der angeblichen Einschätzung von Stalin als Führer einer militärischen Supermacht war trügerisch. Die angebliche Überschätzung der militärischen Stärke des Ostens seitens der amerikanischen Strategen war eine Taktik, die innenpolitischen Zwecken diente und die gleichzeitig die Unterordnung der anderen Westmächte unter die amerikanische Supermachtführung begünstigte. Ich glaube zu wissen, daß bereits am Ende des Zweiten Weltkrieges die amerikanischen Militärstrategen und damit auch der amerikanische Präsident sehr realistisch die militärische Stärken bzw. Schwächen der Sowjet-union im Falle eines offenen Ost-West-Konfliktes einge-schätzt hatten. Die Militärstrategen im Pentagon hatten da-mals, nach dem Sieg über Hitler, auf Anordnung des Präsidenten eine Einschätzung des Kräfteverhältnisses bei-der Seiten vorgelegt. Das Ergebnis war: die amerikani-schen Militärstrategen waren sich sicher, militärisch über-legen und die Sieger im Falle eines Ost-West-Krieges zu sein. Dennoch empfahlen sie, einen Konflikt zu vermeiden. Sie warnten, daß die USA ein besiegtes Rußland und die anderen Länder der Ex-UdSSR nicht besetzen und kon-trollieren könnten, wie es in Deutschland geschehen war. Die Kosten würden unerträglich hoch sein. Die amerikani-schen Wähler würden revoltieren. Das Problem sei nicht der Ausgang des Krieges, sondern was folgen würde. Die USA könne das besiegte Land nicht besetzen und die Völ-ker der Ex-UdSSR ernähren. Statt dessen solle eine Statt-halter-Regierung unter einem bewährten russischen ›Füh-rer‹ eingesetzt werden. Er müsse die Möglichkeit haben, mit eiserner Hand die hungernden Massen zu kontrollie-ren. Er werde mit genügend ›taktischen‹ Waffen ausgerü-stet werden. Aber strategische Waffen dürfe er nicht besit-zen. Die amerikanische Führungsmacht werde lediglich ›Stützpunkte‹ unterhalten, um die strikte Erfüllung der Friedensbedingungen zu kontrollieren. Es wurde aus-drücklich betont, daß der neue ›Führer‹ des besiegten Ruß-land eventuell Stalin sein könne.

Seit jenem Pentagon-Plan glaubte jede amerikanische Nachfolgeregierung, daß die USA die einzige militärische Supermacht der Welt geworden sei. Zur Zeit der Errich-tung der Berliner Mauer (August 1961) hätten die ameri-kanischen Militärkräfte in Europa Rußland zum Rückzug zwingen können. Das geschah indes nicht wegen der Be-fürchtung, daß ein Sieg eine unerträgliche Lage für die USA herstellen würde. Als die Rolle der Supermacht USA aufhörte (1972), gab es keinen Nachfolger. Seitdem ist die alte Weltordnung im Verfall. Eine neue Weltordnung ist im

Werden; wie sie aussehen wird, ist noch eine Terra incognita.

Demnach beruhte der Kalte Krieg auf einer Täuschung. Die Täuschung war für beide Großmächte, im Osten und Westen, günstig. Das Aufhören des Kalten Krieges hat den inneren Zusammenhalt der Machtbereiche auf beiden Seiten zerstört. Der Zerfall der alten Machtordnung im Osten kann nicht ein Triumph für den Westen werden, denn auch hier hat eine Systemkrise begonnen; sie ist schleichend, aber von gefährlicher Brisanz. Kurz vor dem Fall der Mauer (November 1989) wurde in Moskau erwartet, für den kommenden Rückzug aus Deutschland und Osteuropa von Deutschland bezahlt zu werden. Die Verhandlungen sollten in diesem Sinn mit Kanzler Kohl geführt werden. Ein hoher Preis wurde für die Wiedervereinigung Deutschlands von Moskaus Gnaden verlangt. Die Diplomatie betrieb ein Doppelspiel. In London, Paris und Washington wurde versichert, Kooperation zu betreiben auf Grundlage der Teilung Europas und Deutschlands und der russischen Verteidigung der Mauer. Die Westmächte waren bereit gewesen, einen Preis für die ›Kooperation‹ zu zahlen. Aber die innere Krise im Osten drängte Moskau auf eine Entscheidung zugunsten eines strategischen Rückzugs. In diesem Doppelspiel der Diplomatie sollte Bonn einen hohen Preis für den Rückzug und den Fall der Mauer bezahlen, in einem bilateralen Abkommen, das hinter dem Rücken der Westmächte vereinbart worden wäre, ähnlich wie in Rapollo. Es wurde auch erwartet, daß die amerikanische Politik kooperieren werde. Der amerikanische Einsatz in Europa würde überflüssig und ein weitreichendes Abrüstungsabkommen mit den USA möglich. Der Fall der Mauer kam indes zu früh für die Strategen der Ex-UdSSR. Gorbatschow wird vom ›konservativen‹ Flügel der Ex-Staatspartei beschuldigt, das sowjetische Imperium in Europa, besonders hinsichtlich Deutschland, verraten zu haben. Aber das imperiale System war im Inneren unhaltbar geworden. Es sei darauf hingewiesen, daß eine führende

Person des Parteiapparates (Berija), die unter Kontrolle des KGB stand, unmittelbar nach dem Tode Stalins (1953) geplant hatte, einen Rückzug aus Deutschland und Südosteuropa zu unternehmen. Er wollte damit seine persönliche Macht im Innern als Reformkommunist konsolidieren. Dies wurde mit dem Oberkommandierenden General der DDR besprochen. Berija wurde dann während einer Sitzung des Politbüros ermordet, angeblich persönlich erschossen von Chrustschow. Der Oberkommandierende General der DDR wurde seines Postens enthoben. Dieser historische Vorgang zeigt an, daß Stalin gewillt war, sich nach dem Kriege zurückzuziehen, um seine Lage im Inneren zu konsolidieren. Seine Nachfolger wollten bleiben, mit dem Westen konkurrieren und liberalisieren, mit dem Ergebnis negativer Reproduktion des Kapitals.

Der Zerfall des Ostimperiums ist eine Tatsache, die zukunftsweisend ist. Das Sowjetimperium wollte die Tradition des Zarenreiches wieder beleben. Aber die Ära der alten Reiche ist abgelaufen.

Ein neuer Nationalismus breitet sich aus, auch wenn regionale Zusammenschlüsse erfolgen werden. Die neuen Regierungen der Ex-Sowjetunion, eventuell unter Führung von Rußland, erwarten finanzielle Hilfe vom Westen, mehr als gewährt werden wird. Sie wollen nicht als Bittsteller für ungenügende Anleihen in Deutschland auftreten, sondern in der Erwartung einer Kompensation für eine Politik, die den Kalten Krieg beendet hat und dafür, daß die Vernichtung des deutschen Industriepotentials in einem amerikanisch-russischen Nuklearkrieg vermieden wurde.

Diese Art Nukleardiplomatie ist keine neue Erscheinung. Die russischen Unterhändler werden erwähnt haben, daß zweimal in der modernen Geschichte die UdSSR Deutschland vor dem Untergang gerettet hat, das erste Mal nach dem Sieg über Deutschland im Ersten Weltkrieg, als die französischen Generäle den Frieden in Berlin nach französischer Art diktieren wollten. Deutschland sollte gespalten und der industrielle Westen Frankreichs Einflußsphäre werden. Damals erklärte Lloyd George, daß der französische Plan, nach Berlin zu marschieren und die Aufteilung Deutschlands zu diktieren, von Frankreich im Alleingang unternommen werden müßte. Dann würde ein neuer Krieg beginnen, von Lenin geführt, von einem deutschen Nationalbolschewismus gestützt, vom Pazifik bis zum Rhein. Lenins Propaganda für Weltfrieden gegen den Kapitalismus würde von den kriegsmüden französischen Soldaten aufgenommen werden. Bekanntlich verzichtete Frankreich damals auf obige Pläne. Das Fortbestehen Deutschlands als Nation und Industrieland wurde durch die Russische Revolution gerettet. Ein zweites Mal konnte Deutschland als Nation und Industrieland überleben, als nach dem Zweiten Weltkrieg der Kalte Krieg mit der Sowjetunion begann. Somit ist es berechtigt zu sagen, daß der Fortbestand Deutschlands als Industrieland und Nation bereits zweimal durch die Russische Revolution gerettet wurde. Ein drittes Mal wurde die Teilung Deutschlands überwunden, als nach dem Zweiten Weltkrieg die Mauer fiel, vorzeitig und unerwartet für die strategischen Planer in London, Paris, aber auch in Moskau. Der Kalte Krieg war eine Täuschung auf beiden Seiten. Er diente der Innenpolitik, insbesondere der Rechtfertigung der Rüstungsausgaben. Er begünstigte den Zusammenhalt des brüchigen sowjetischen Empire. Gorbatschow hatte recht, daß ein heißer Krieg auf russischer Seite nie geplant war. Auf amerikanischer Seite war ein offener Krieg ebenfalls nicht vorgesehen. Dann aber ergab es sich als fatal für die neuen Machthaber im Kreml, daß der Kalte Krieg vorzeitig beendet wurde. Das vereinte Deutschland kann mit den Nachfolgern der UdSSR Frieden schließen, über finanzielle Hilfe verhandeln, allerdings ohne das hohe Honorar für den Fall der Mauer zu bezahlen. Die Kredite und Subsidien, die nun zu zahlen sind, werden nur einen Bruchteil dessen betragen, was eine noch relativ starke Sowjetunion nach einem geordneten Rückzug von Deutschland hätte fordern können. Jetzt werden die Nachfolgestaaten der schwachen Ex-UdSSR nur Nothilfe aus humanitären Motiven erhalten. Echte Kapitalhilfe des Westens wird nur beschlossen werden, wenn die Sicherheit der Anlagen gewährleistet ist. Die Kapitalhilfe wird staatliche Garantien benötigen, die von Staat zu Staat mit den Nachfolgestaaten individuell verhandelt oder regional abgeschlossen werden. Es ist indes auch möglich, daß neue Führungskräfte im Osten entstehen, die, von den hungernden Massen getragen, versuchen, neue gesellschaftliche Strukturen zu finden. Sie können beispielsweise den Kapitalisten des Westens ›Konzessionsgebiete‹ für gemeinsame Entwicklung der neuen industriellen Strukturen anbieten. Ratschläge hinsichtlich mehr Privatinitiative und Teilnahme am freien Konkurrenzkampf sind gefährlich in der Zeit deflationistischer Krisen. Das gilt besonders in den großen Industrien mit langfristigen Anlagen, wo das Einsatzrisiko groß ist. Der Einsatz verringert die Liquidität. Langfristige Anlage kann konkurrieren, aber ihr Weltmarktanteil wird andere Anleger zurückdrängen. Beide erwarten staatliche Protektion. Der Konkurrenzkampf ist ruinös für beide. Deswegen sind die Konkurrenten bereit, sich zu verständigen, nicht um Weltmarktanteile zu kämpfen. Das ist die Einstellung der Privatkapitalisten. Der staatliche Protektor kann aus strategischen Gründen darauf bestehen, den Konkurrenzkampf aufzunehmen. Dann muß er bereit sein, die ruinösen Kosten zu kompensieren.

Die Empfehlung des freien Konkurrenzkampfes gilt nicht für die Schwerindustrie, es sei denn, daß sie vom Staat getragen wird. Deswegen wird die ausländische Teilnahme am Wiederaufbau industrieller Strukturen in den Ländern der ehemaligen UdSSR mit ausländischer Kapitalhilfe nur dann erfolgen, wenn ein strategisches Interesse beim Kreditgeber besteht. Es wird mit dem strategischen Interesse des Oststaates kollidieren, es sei denn, daß beide Seiten sich gegen die Vormacht anderer Weststaaten verbinden.

Die deutschen Industrie- und Finanzkapitäne sind schlecht auf die großen Aufgaben vorbereitet, die an sie mit der Wiedervereinigung der deutschen Nation gestellt worden sind. Die Geschichtsschreibung der Siegermächte hat ihnen einen Streich gespielt. Sie sollten nach dem verlorenen Krieg und der Teilung Deutschlands ›denationalisiert‹ werden. Sie kooperierten als ›junior partners‹ und Gefolgsleute des anglo-amerikanischen Finanzkapitalismus. Nach der Wiedervereinigung müssen oder sollten sie ›national‹ denken. Das fällt schwer. Sie wissen, daß ein neuer Versuch, als Weltmacht andere Länder beherrschen zu wollen, nicht gelingen kann. Deutschland wird als Nation einen derartigen Krieg nicht überleben. Es würde nicht noch einmal durch die Russische Revolution gerettet werden. Sie wollen wohlhabende Rentnerkapitalisten sein, als Partner der Finanzkapitalisten und Regierungen anderer Länder und in der von ihnen geführten EG. Sie sollen die Nationalinteressen auf dem Gebiet der Ex-DDR vertreten. Damit entsteht eine grundlegende Frage: Soll auf den Gebieten der Ex-DDR der alte Industrialismus wieder auferstehen – oder nicht? Es gab industrielle Strukturen von Eisen, Stahl, Kohle und Maschinen, die potentiell mit den Weststrukturen konkurrierten. Sie hatten ihre Absatzbasis im großen Raum des Ostens. Der Markt des COMECON ist verloren. Aber einen Ersatzmarkt im Westen wird es nicht geben, mit wenigen Ausnahmen. Deswegen ist das Schicksal des Industrialismus in den Gebieten der Ex-DDR mit der Erschließung der Märkte im Osten, vor allem in Rußland und der Ukraine, verbunden. Wenn dies gelingt, kann der Industrialismus in Ostdeutschland wieder auferstehen. Eine wichtige Sonderlage wird das Verhältnis mit Polen bilden. Es ist belastet durch die Erfahrungen Polens unter dem Nazi-Regime und mit der deutschen Bevölkerung in Schlesien und anderen deutschen Gebieten, die von Polen nach dem Krieg übernommen worden sind. Die Greuel der Nazis sind durch die Greuel der polnischen Eroberungsmacht voll ›ausgeglichen‹ worden. Die Ankläger auf beiden Seiten sind durch die historische Lage miteinander verbunden. Das frühere deutsche Schlesien wird eine schwere soziale und ökonomische Belastung von Polens Nachkriegsindustriestrukturen und Marktbasis darstellen. Das Problem ist den westdeutschen Industriekonzernen und Banken aus den Erfahrungen im Ruhrgebiet gut bekannt. Hier sind die meisten Bergwerke, Eisenhütten und Stahlwerke stillgelegt worden. Statt dessen ist eine neue industrielle Struktur der Elektronik, des Computers etc. entstanden, mit einem breiten Euro-Markt und mit Weltmarktanteilen, um die schwer im Konkurrenzkampf gefochten wird. Ein ähnlicher Einsatz des deutschen Industrie- und Finanzkapitals benötigt staatliche Förderung. Diese wird aber nur dann gewährt werden, wenn es eine echte Partnerschaft zwischen Polen und Deutschland gibt. Ein Versuch Polens, die Partnerschaft zu vermeiden oder einseitig aus Furcht vor ›Überfremdung‹ von deutscher Seite zu begrenzen, kann dazu führen, daß der Einsatz des deutschen Kapitals fehlen oder nur gering sein wird. Wenn beide Seiten Partner in der EG sind und die nationalen Grenzen an Bedeutung verlieren, ist eine Partnerschaft auf Dauer möglich. Sonst wird das Gebiet die Achillesferse für Nachkriegspolen sein. Polen wird nicht imstande sein, diese Verantwortung allein zu bewältigen.

Jetzt ist eine neue Situation entstanden. Es wird der Versuch unternommen, dem Westen die Verantwortung für das Schicksal der Völker in der Ex-UdSSR und anderen Teilen Osteuropas zu übertragen. Diese Verantwortung wird abgelehnt und ökonomische Hilfe nur in solchem Umfang gewährt werden, daß der Einfall hungernder Massen aus dem Osten in den Westen verhindert werden kann. Es gibt aber keine Pläne für den Wiederaufbau der industriellen Strukturen, die in den letzten fünfzig Jahren des sowjetischen Staatskapitalismus im Osten entstanden waren. Diese industriellen Strukturen stellten einen Versuch dar, unabhängig und in Konkurrenz mit dem westlichen Industriekapitalismus neue Wirtschaftsstrukturen zu errichten. Das war die Bedeutung der Fünfjahrpläne unter Stalin und des Neuaufbaus sowie der Erweiterung dieses Wirtschaftssystems im Osten nach dem Zweiten Weltkrieg. Die gigantischen Kosten dieses Experiments mußten von den Völkern der Sowjetunion und Osteuropas mit Konsumeinschränkungen und Isolierung von der westlichen Welt getragen werden. Die neuen und nunmehr veralteten industriellen Strukturen repräsentieren allerdings weiterhin Kapitalwerte von vielen Hunderten von Milliarden Dollar, selbst wenn sie moralisch-technologisch bereits veraltet und stark erneuerungsbedürftig sind. Sie dienten nahezu ausschließlich der Befriedigung des inneren Marktes, der keinesfalls sozialistisch, sondern staatskapitalistisch und bürokratisch-administrativ reglementiert war. Dieser Markt bot aber eine Absatzbasis für die Produkte, die qualitativ denen des Westens oft weit unterlegen waren. Diese vorhandenen industriellen Strukturen werden vergehen.

Die Enttäuschungen in Moskau über das Ausbleiben substantieller Kapitalhilfe aus dem Westen sind ein Ausdruck fehlender Kenntnis über die Rivalität industrieller Strukturen in der heutigen Welt. Es ist grotesk und naiv zu erwarten, daß das Finanzkapital des Westens helfen wird, das Entstehen von Konkurrenzstrukturen im Osten zu finanzieren. Deswegen werden die Kapitalflüsse aus dem Westen nach Osten enttäuschend und bescheiden sein. Es wird andererseits aber nicht möglich sein, die ererbten industriellen Strukturen aus eigener Kraft zu erneuern. Dazu wäre eine Rückkehr zu einer extrem totalitären Politik notwendig, wie Stalin sie in den späten zwanziger und dreißiger Jahren mit einem menschenverachtenden Terrorsystem durchgesetzt hatte. Diese Möglichkeit erscheint unter den heutigen Bedingungen wenig wahrscheinlich. In den Ostländern werden realistische Alternativen für den Niedergang der alten industriellen Strukturen und das Fehlen ausländischer Kapitalhilfe benötigt. Die Diskussion über Kapitalhilfe aus dem Westen geht an den wirklichen Problemen in den Ländern der Ex-UdSSR und anderen osteuropäischen Staaten vorbei. Neue Konzepte für den

Wandel industrieller Strukturen in der Zeit der Weltkrise des Kapitalismus werden dringend benötigt. Das ist eine große Herausforderung für die Völker Osteuropas.

Exkurs – Gedanken zu einer Alternative

Die industriellen Strukturen in den Ex-Comecon-Ländern werden untergehen, wenn das Überleben von ihrer Fähigkeit, auf Weltmärkten konkurrenzfähig zu sein und privatisiert zu werden, abhängig gemacht wird. Das ist der Rat der ›Marktexperten‹ des Westens. Sie wissen, daß ›Privatisierung‹ der veralteten Unternehmen nicht möglich ist, weil sie auf den Weltmärkten des kapitalistischen Westens nicht konkurrenzfähig sind. Mit diesem Prinzip soll die erste Herausforderung der schwerindustriellen Monopole des euro-amerikanischen Kapitalismus abgewehrt werden.

Es droht die ›Deindustrialisierung‹ im Ex-Comecon-Gebiet. Wenn das geschieht, werden in den Industriestädten die Massen zumeist ›Paupers‹ werden, eine Art Subproletariat ›à la Kalkutta‹, oder ein primitiver ›Basarkapitalismus‹ wird entstehen, mit handwerklichen Produzenten, Kleinhändlern und Spekulanten, die Geldkapitale ins Ausland bringen – unter dem ›Gaidar-Plan‹ – mit Ausnahme der wenigen Großunternehmen, welche die reichen Rohstofflager abbauen und billige Rohstoffwaren zu billigen Weltmarktpreisen exportieren werden. Andere industrielle Strukturen werden nicht überleben, außer Tourismusindustrien, die den Oberklassen des Westens und Neureichen im eigenen Land dienen werden.

Es gibt eine Alternative. Sie ist nicht ›Sozialismus‹, sondern die Beschränkung des ›Markttests‹ auf den Markt der Länder, die gegenwärtig auf den Weltmärkten des Westens nicht konkurrenzfähig sind. Das gilt für die meisten industriellen Unternehmen im Osten. Bei ihnen liegt die Produktivität der Arbeit 30 bis 50 Prozent unter dem Stand der Industrieländer des Westens.

Statt das Strukturkapital in den Ländern mit relativ niedriger Produktivität und relativ hohen Produktionskosten (im Vergleich mit dem industriellen Westen) abzuschreiben, kann durch ein System von bilateralen und regionalen Zahlungsabkommen unter den Ländern mit unterlegener Produktivität der staatlichen Industrien der Austausch von Waren aufgenommen werden. Die Zahlungen werden mit ›Verrechnungskonten‹ stattfinden. Sie stellen eine ›weiche‹ Währung dar, weil sie nicht frei in ›harte‹ Währungen, vor allem in Dollar und D-Mark konvertiert werden können. Das Zahlungssystem wird den Ländern, die auf den Weltmärkten des Westens nicht konkurrenzfähig sind, traditionelle Märkte eröffnen. Sie werden Zeit gewinnen, um einen höheren Produktivitätsstand zu erreichen. Ein Prämienkurs für die ›harte‹ Währung des Dollar wird die Einführung fortgeschrittener Technologien und das Erreichen des Produktionsstandes des Westens stimulieren.

Es gibt ein historisches Beispiel, das von den Experten des Westens ignoriert worden ist. In Westeuropa wären nach dem Zweiten Weltkrieg die halbzerstörten und veralteten industriellen Anlagen nicht wieder aufgebaut und erneuert worden, wenn damals der Weltmarkttest über die Zukunft des Industrialismus von Westeuropa entschieden hätte. Westeuropa hatte die Konkurrenzfähigkeit gegenüber den modernen Massenproduktionsindustrien in den USA und Kanada verloren. In Westeuropa fehlte es an Kapital für die Erneuerung der veralteten industriellen Anlagen und an Mitteln der internationalen Liquidität, um Einfuhren von Rohstoffen und Agrargütern zu finanzieren. Entscheidend war nicht der ›Marshall-Plan‹, der im fortgeschrittenen Stadium des Kalten Krieges eingeführt wurde, um das Überleben des Industrialismus von Westeuropa zu ermöglichen. Er konnte nicht die traditionellen Märkte Westeuropas beleben. Es fehlten ›harte‹ Devisen in den Ländern mit niedrigem Stand der Produktivität. Der Austauschhandel mit Zahlung in ›weicher‹ Währung oder ›Clearing-Devisen‹ ermöglichte es dem kranken westeuropäischen Industrialismus, die erste Nachkriegskrise zu überwinden.

Am Anfang dieser ersten Nachkriegskrise wurden für ›harte‹ Devisen gegen Zahlung von ›weichen‹ Währungsgeldern im ›Switch-Handel‹ Prämien für den Dollar oder frei konvertible Währungen von 30 bis 50 Prozent (und bisweilen mehr) gezahlt. Das war ein starker Stimulus, die Konkurrenzfähigkeit durch Einführung fortgeschrittener Technologien zu verbessern und die Produktionskosten zu senken. Je mehr das gelang, umso mehr sanken die Prämien für den Dollar. Die ›weichen‹ Währungen wurden ›hart‹. Nach etwa fünfzehn Jahren waren die ›weichen‹ Währungen so stark geworden, daß die Prämie für die ›harten‹ Währungen sich dem Nullpunkt näherte. Das bedeutete, daß die Industrieländer Westeuropas wieder voll konkurrenzfähig gegenüber den USA geworden waren.

Warum haben die Marktexperten des Westens die historische Erfahrung des Wiederaufbaus der halbzerstörten veralteten industriellen Produktionsstätten, die mit den modernen Massenproduktionswerken in den USA und Kanada nicht konkurrieren konnten, ignoriert? Der Wiederaufbau war eine politische Notwendigkeit für den Westen. Sonst hätten die proletarischen Massen (vor allem in Frankreich und England) revoltiert. Roosevelt/Truman in Washington, aber auch Stalin in Moskau hätten den Kalten Krieg verloren. Westeuropa und Japan konnten erfolgreich den Kampf um Anteile an den Weltmärkten aufnehmen. Der Konkurrenzkampf unter ihnen zwang zur Einführung neuer Technologien. Die Investitionen in den traditionellen Schwerindustrien mußten beschleunigt abgeschrieben werden.

Das Aufkommen neuer industrieller Strukturen kann auf die Dauer nicht verhindert werden. Gleichzeitig wird der Weltmarkt einem strukturellen Wandel unterliegen. Die Infrastrukturen werden mehr Kapital anziehen als die traditionellen Schwerindustrien. Klein- und Mittelbetriebe werden in ihnen überwiegen, nicht die Konzerne der

Schwerindustrien. ›Harte‹ und ›weiche‹ Währungen werden erneut nebeneinander bestehen. Staatlicher Protektionismus wird das Aufkommen neuer industrieller Strukturen begünstigen. Aber das wird ein langjähriger Prozeß sein, den mehrere Generationen erleben werden.

Inzwischen beginnt die ›Kalkuttaisierung‹ industrieller Zentren im Osten. Dennoch wird Moskau kein neues ›Kalkutta‹ werden. Die ›Alternative‹ wird viele Anhänger gewinnen.

XV

Aufstieg
der Jeunesse
Dorée

Die westliche Welt steckt in einer Art späten Blüteperiode.
Die Schäden des Zweiten Weltkriegs sind überwunden und
die Produktionskapazitäten über alle früheren Vorstellungen weit hinausgewachsen. Der Mensch hat in den Ländern
des ›Westens‹ – Westeuropa, Nordamerika, Südostasien
(besonders Japan) – mehr Kenntnisse und Möglichkeiten,
sich das Leben angenehm und bequem zu gestalten, mehr
als je zuvor. Vielfach sind leere Räume innerhalb der westlichen Welt, die für die alte Generation noch isolierte,
wenig besiedelte Gebiete waren, mit Hilfe der neuen
Verkehrstechnik in die Großstadtwirtschaft eingefügt
worden.
  Zur Zeit der Vorherrschaft der Schienenstränge im Verkehrswesen Anfang des Jahrhunderts gab es in allen Ländern der westlichen Welt noch romantisch abgeschlossene
Gebiete, die völlig abseits vom Massenstrom und der modernen Industriewirtschaft lagen. Sie sind in die Industriestruktur des Tourismus hineingerissen worden. Neue Ho-
tel-, Motel- und Campingstädte entstehen in den früher
unterentwickelten Gebieten des Westens. Wer an den
Küsten von Florida und Kalifornien entlangfährt, wird
schwerlich noch idyllisch-romantische Küstengebiete finden, an denen der Boom der Hotel- und Motelstädte vor-
beigegangen ist. Die Grundstückhausse hat alle alten

Werte auch hier revolutioniert – mit oder ohne Depressionen, welche die alte Industriewirtschaft noch treffen werden.

In Westeuropa hat eine ähnliche Entwicklung eingesetzt. An den Küsten Italiens, in Sardinien, in Südfrankreich, in Spanien entstehen neue Touristenindustrien. Auch die Küsten von Spanien und Portual werden in wenigen Jahren floridaisiert sein. Gleichzeitig gibt es Städte und Gegenden des Niedergangs oder der Stagnation. Es ist leicht und relativ billig, sich einen Palast mit Parkanlagen und schönen Stränden zu einem Bruchteil des Kostenpreises in Newport, Rhode Island (USA) zu kaufen. Hier hatten vor wenigen Jahrzehnten noch die Spitzenkreise der amerikanischen Finanzaristokratie ihre Paläste gebaut, mit herrlichen Meeresstränden, romantisch schönen Parkanlagen, massiven Wohnpalästen mit Nebenanlagen für Bedienstete usw. Sie wurden offensichtlich für viele Generationen errichtet. Die Paläste sind leer, Käufer werden gesucht und selten gefunden. Gelegentlich ist ein Kinderheim oder eine Missionsanstalt eingezogen. Der alte Palast der Familie der Astors ist noch Familienbesitz, aber nicht mehr bewohnt. Statt dessen wird die Erhaltung des Besitzes durch seine Umwandlung in ein Museum finanziert. Besucher kommen – gegen eine Eintrittsgebühr von 1.50 Dollar. Dann wird der Besucher von einem Angestellten herumgeführt. Ähnlich erhalten die Spitzenkreise der englischen Aristokratie ihre Schlösser in England.

Es ist nicht schwer, den Grund für den Niedergang hier und den Aufstieg dort zu finden. Die alten Besitztümer in Newport oder die Schlösser in England sind weiße Elefanten für die Erben geworden. Sie mögen noch Multimillionäre sein. Aber auch sie müssen kalkulieren. Die steuerlichen Lasten, die auf dem Grundbesitz ruhen, wie auch die reinen Kosten der Erhaltung der alten Paläste sind so gestiegen, daß dieser Besitz sich radikal entwertet hat.

Ansätze für ähnliche Entwicklungen gibt es auch in Rußland, und dennoch geht die Entwicklung im Osten einen anderen Weg. Anfang der dreißiger Jahre zog ich durch den wildesten Teil Kaukasiens mit einer Gruppe von vier Russen, einem Kaukasier und einem Pferd. Diese Landschaft ist eine der schönsten Gegenden der Welt. Damals lebten die Bergvölker Kaukasiens noch im wesentlichen in dem Zustand, wie er seit vielen Jahrhunderten bestanden hatte. Ähnlich war es in Suchumi am Schwarzen Meer mit seinen schönen Küstengebieten. Aber es wurden auch damals bereits ›Dienstleistungs-Industrien‹ mit Erholungsheimen für die Oberschichten der neuen staatlichen Bürokratie und bisweilen auch für die preisgekrönten Aktivisten gebaut. In Jalta standen noch die Paläste des Zaren und der zaristischen Aristokratie. Sie waren einstmals isolierte Inseln innerhalb einer Landschaft, die den Charakter der Gegend und die Struktur der Bevölkerung noch nicht wesentlich verändert hatte. Jetzt sind noch größere Paläste entstanden – für die Führer der neuen staatlichen Macht, getrennt von den Massenerholungsstätten für die mittleren Schichten der staatlichen Bürokratie.

Die neuen Erholungs- und Urlaubsindustrien sind standardisiert, reguliert, kontrolliert. Sie dienen der Konsolidierung der staatlichen Macht und sind deswegen unromantisch praktisch, gleichzeitig zerstörend für die traditionelle Existenz der freien und unabhängigen Völker, die sich hier einstmals gegen die Oberherrschaft des russischen Zaren gewehrt und das Vordringen der russischen Staatsmacht als russischen Imperialismus bekämpft hatten. Aber gleichzeitig wurde der Mensch in einen militärischen Drillapparat hineingesteckt, der alle Sphären seines persönlichen Lebens erfaßte. Die Massen mußten demonstrieren und marschieren und sich mit den modernsten Mitteln der Technik vertraut machen. Der Militarismus wurde ein Merkmal dieser Gesellschaft. Seine Kosten mußten aufgebracht werden, auch wenn die Folgen der autoritärzentralen Planung der allseitigen Entwicklung der Produktivkräfte im Wege stehen und neue Typen von Wirtschaftskrisen auftreten.

Das gilt noch mehr für den Fernen Osten. Im Roten China gibt es kein Kalifornien oder Florida. Es gibt nicht einmal eine krim-ähnliche Erholungs- und Dienstleistungsindustrie. Es gibt nur den Zwang zur intensiven Arbeit für den Staat, das Erlernen der neuen Technologie, die vom Westen übernommen wird, ebenfalls für den Zweck, den Staat zu stärken und das monetäre Potential zu erhöhen und die kostspieligen Folgen staatlich-autoritärer ›Planung‹ auszugleichen.

Die neu erschlossenen Ressorts (›Erholungszentren‹) der ›Jeunesse dorée‹ bestehen im wahren Sinn des Wortes global – international. Sie kommen aus Japan, den USA, Westeuropa, aber auch aus anderen Gegenden, wo immer sich eine neue Klasse von Staats- und Finanzaristokratie gebildet hat. Sie stammen auch aus Familien, in denen die Väter in staatlichen Schlüsselpositionen die höchsten Stufen der staatlichen Bürokratie erklommen haben. Der Neffe eines führenden westdeutschen Politikers z. B., dessen Onkel ein Begründer der Bundesrepublik Deutschland war, lebt mit seiner Familie in finanziellem Wohlstand als ›Rentenkapitalist‹ in einem lateinamerikanischen ›Oasenland‹. Er ist mit dem Präsidenten des Landes befreundet und Mitglied des exklusiven, inoffiziellen Klubs des Landes, der zur Oberklassenelite gehört. In einem anderen Fall ist mir ein erfolgreicher Grundstücksspekulant in Washington bekannt. Er benutzt seinen finanziellen Reichtum, den er in wenigen Jahren erworben hat, für sich und seine Familie in einem Luxusheim an der atlantischen Küste in der Nähe der Hauptstadt des Landes. Ein Kardinalproblem für diese Elite des Staats- und Finanzkapitalismus ist der persönliche Schutz vor Terroristen und vor Dieben, die auf ihre Art diese Reichen expropriieren und eine Neuverteilung des Reichtums anstreben bzw. Mitglied der Elite werden wollen. Die Kosten der Erhaltung von Ruhe und Ordnung, allgemein der Schutz des Schutzes von Privateigentum, steigen schneller als die Profite. Was wird aus den Erholungspalästen und Datschas der früheren Mitglieder der sowjetischen Parteihierarchie werden und den Erholungsheimen für die Massen, einschließlich der Belegschaft von Fabriken, die geschlossen worden sind? Es fehlen die Bewohner und ›Kunden‹ nach dem Zusammenbruch. Sollen in diesem Konsumsektor die ›Unternehmen‹ des Erholungs- und Konsumsektors vom Staat als kapitalistische Unternehmen betrieben, erneuert und ausgebaut werden oder verfallen? Die einzelnen Berg- und Strandplätze können an kapitalistische Unternehmer verpachtet oder verkauft werden. Bei staatlicher Absicherung ist es möglich, daß diese Orte mit den bestgelegenen Stränden und Bergen der Riviera, der Schweiz und auch der Südsee konkurrieren. Beträchtliche Deviseneinnahmen sind zu erschließen, wenn die schönsten Plätze im Kaukasus und am Schwarzen Meer dem internationalen Tourismus dienen. In vielen Fällen wird man jedoch zuerst beträchtliche finanzielle Mittel für ökologische Reinigungs- und Rettungsaktionen benötigen. Die fehlenden Geldkapitale können aufgebracht werden, wenn Banken und Finanzgesellschaften sich mit den erfahrenen Tourismusgesellschaften des Westens verbinden und wenn eine staatliche Macht ›Ruhe und Ordnung‹ in den betreffenden Gebieten garantiert. Dann werden die Oberklassen und z.T. auch untere Schichten die schönsten und erholsamsten Orte der Ostgebiete für sich entdecken, beschützt von einer ›nationalen‹ Staatsmacht, die die Hälfte oder mehr der Deviseneinkommen einkassieren wird.

Das Wachsen des Parasitismus erfordert einen ständigen Fluß der Renteneinkommen. Die finanziellen Grundlagen des Systems sind aber nicht sicherer, wenn die Finanzkapitalisten selber nicht politische Macht konsolidieren können. Eine ständige Fluktuation in dem Verhältnis zwischen politischer und finanzkapitalistischer Macht verunsichert den Fluß der Renteneinkommen. Wer politisch mächtig ist, versucht, in die Sphäre der finanziell Mächtigen einzudringen. Je mehr ihm das gelingt, umso mehr entfernt er sich von der politischen Macht.

Die zunehmenden Konsumbedürfnisse der Rentnerklasse und der oberen Einkommenschichten erfordern eine
hohe Entwicklung der Produktivität in den industriellen
Produktionsstätten. Der Sinn der Höchstentwicklung der
Produktivkräfte scheint das Ziel des parasitären Luxusle-
bens einer kleinen Minderheit. Diese Minderheit wächst an
Zahl, wenn der Rentenkapitalismus breite Massen teilnehmen läßt. Dann müssen neue Gebiete für den Tourismus
erschlossen werden. Seine finanzielle Grundlage ist der
Rentenkapitalismus. Die Endkonsumenten sind indes ohne politische Macht.

Die Idee ist verlockend, daß die staatlich forcierte und
geplante Industrialisierung nur den Übergang zum letzten
Stadium der Verwestlichung im Sinne des Aufsteigens der
Rentnerklasse darstellt. Wenn diese Länder sich erst einmal eine ausreichende industrielle Basis geschaffen haben,
dann werden auch sie den Erfordernissen für einen höheren Lebensstandard Rechnung tragen. Zuerst kommt die
Einführung der westlichen Industrien in einem Schnell-
tempo, das mit ›Fehlern‹ bezahlt werden muß. Dann folgt
die ›Floridaisierung‹ und innere Erschließung des Landes
für die Massen, die in die große Erholungsmaschine hin-
eingeschleust und aus ihr gebräunt, erholt, aus dem Alltag
des industriellen Lebens herausgerissen und dann zufrieden in ihn zurückkehren werden.

Die zunehmende Standardisierung und Regulierung des
menschlichen Lebens in den Spitzenländern des Industrialismus der westlichen Welt drückt die Qualität des Lebens
herab, der Bereich der persönlichen Freiheit wird eingeengt. Je stärker sich dieser Prozeß entwickelt, umso mehr
werden Orte und Länder geschätzt, wo man nicht staatlicher Bürokratie und Polizeigewalt begegnet. Es gibt Länder oder Ländchen, die ihre nationale Souveränität aus-
nutzen, um sich als Oasenland dem von staatlicher
Bürokratie verfolgten Menschen als Ort persönlicher Freiheit anzubieten, vorausgesetzt er ist vermögend und ver-
mag das Oasenland zu bereichern.

Es gibt Oasenländer, die von der Natur begünstigt sind, z.B. Costa Rica in Zentralamerika. Es ist halb tropisch, mit alpinen Bergen, mit schönen unentdeckten Stränden und Wäldern und Inlandseen. Costa Rica ist auch ein Steuerparadies. Noch wichtiger ist die Tatsache, daß gut betuchte Ausländer ohne jeglichen Rassenhaß aufgenommen werden. Das Land hat per Verfassung staatliche Institutionen wie die Armee aufgegeben. Es gibt lediglich eine ›Ordnungspolizei‹, ohne die ansonsten in Lateinamerika weit verbreitete Korruption. Das klingt alles sehr idyllisch. Als ich das Land besuchte, erwog ich ernsthaft: ›Hier kann man leben ohne die Schattenseiten des Industrialismus und der westlichen Zivilisation, mit der Natur eng verbunden. Das ist das Paradies der Rentnerkapitalisten. Er muß sich aber begnügen, von den betriebsamen Stätten des Westens abgeschnitten zu sein.‹

Eine wichtige Lehre kann gezogen werden. Die Ersparnisse eines Landes, das nichts für Militarismus und Verteidigung ausgeben muß, sind eine stille und unerschlossene Reserve in vielen Ländern, in denen der Staat die Hälfte oder ein Drittel des Sozialproduktes auffrißt, statt wie in Costa Rica weniger als 10 Prozent. Außenpolitisch kann sich das Land auf die balance of power, die erhalten werden soll, stützen.

Ich werde noch ausführen, daß die zumeist nicht unfreiwillige Auflösung der alten Kolonialreiche des Westens von den führenden Kräften des Finanzkapitalismus gebilligt oder gefördert wurde. Denn vom Standpunkt des finanzkapitalistischen Kapitalanlegers ist eine Anlage in Ländern, wo die Kosten der Kontrolle und Herrschaft alle potentiellen Gewinne übersteigen, nicht lohnend. Die politischen Risiken für private Kapitalanleger sind so stark gestiegen, daß das private Finanzkapital einen Rückzug aus solchen Ländern vorgenommem hat. Gleichzeitig sind neue Möglichkeiten der inneren Ausdehnung der Anlagewerte erschlossen worden – vor allem in den Dienstleistungsindustrien, sowie vor allem auf den Gebieten, welche die innere Erschließung der zurückgebliebenen Gebiete ermöglichen. Die technische Revolution im Verkehrswesen hat dafür wesentliche Voraussetzungen geschaffen. Der Finanzkapitalismus, der eine privatwirtschaftliche Grundlage benötigt, ist auch in der westlichen Welt auf dem Rückzug. Er ist politisch eine entscheidende Kraft nur noch in wenigen Ländern, die als neutrale Inseln gegenüber dem neuen Staatskapitalismus eine Zuflucht bieten. Hier erlebt der alte Finanzkapitalismus eine neue Scheinblüte. Die einzigartige Position der Schweiz verdient in diesem Zusammenhang besonderes Interesse.

Die finanzielle Stärke der Schweizer Banken beruht zum großen Teil auf der politischen Schwäche der Finanzkapitalisten in den anderen Ländern und auch auf der persönlichen Unsicherheit, welche für die scheinbar Allmächtigen besteht, die autoritär die neuen staatskapitalistischen Mächte führen.

Der neue Finanzkapitalismus untergräbt und vernichtet traditionelle Klassenstrukturen. Die alte Finanzaristokratie ist weitgehend machtlos geworden. Die Rockefeller-Familie z. B. besteht aus etwa hundert kleinen und großen Rentenkapitalisten. Keiner von ihnen hat politische Macht im Staat. Die Familie hat eine gute Presse, weil sie zahlreiche ›Foundations‹ am Verzehr des Renteneinkommens teilnehmen lassen.

In England ist der Niedergang der alten Finanzaristokratie besonders dramatisch. Hier war sie am Beginn des 20. Jahrhunderts die entscheidende politische Macht. Die Bank of England, die von den Großbanken und Finanzkonzernen beherrscht wurde, konnte mit Recht als die ›zweite Regierung‹ des Empire bezeichnet werden. Sie war wichtiger für die internationale Politik von England als das Foreign Office der offiziellen Regierung. Innerhalb einer Generation ist die alte Finanzaristokratie entmachtet worden. Alter Familienbesitz, Grafschaften und Schlösser mußten verkauft werden oder wurden in öffentliche Schauplätze umgewandelt, um mit den Erlösen Steuern zu zahlen. Es gibt einen exklusiven Klub in London, wo nur die jungen Nachfolger der alten adligen Aristokratie verkehren. Die Gespräche am Abend oder beim Cocktail befassen sich mit Möglichkeiten von Finanzspekulationen, Steueroasen und Kontakten mit jenen, die es ermöglichen ›to get rich quick‹. Viele Familien der alten Aristokratie sind verarmt oder demoralisiert.

Eine herrschende Klasse, die Reichtum und Macht verliert, kann nicht den Weg in eine neue Gesellschaftsordnung finden. In den Ländern des ›Realsozialismus‹ ist eine Klasse von professionellen Managern übrig geblieben, die gewohnt sind, zu kommandieren, zu kontrollieren und zu manipulieren. Ihr Erfolg im alten System machte es notwendig, keineswegs wie menschliche Automaten die ›Parteilinie‹ zu befolgen oder auf ›Beschlüsse von oben‹ zu warten. Sie mußten Pläne erfüllen und konnten es nicht, wenn die Planlieferungen ausblieben oder nicht rechtzeitig ankamen. Dann mußten sie unternehmerisch manipulieren, die Kommandopläne umgehen und wie kapitalistische Unternehmer mit Privatinitiative handeln. Nach dem Zerfall der alten herrschenden Klassen sind sie die erfolgreichen Überlebenden, die benötigt werden in der Gesellschaft der Finanzkapitalisten, die mit staatlichen Bürokratien verbunden sind und sich ihnen unterordnen müssen.

XVI

Wohin treibt
die westliche Welt?

Die Auflösung der alten internationalen Währungsordnung schreitet mit der Bildung gesonderter regionaler
Währungssysteme voran. Die Gründung der Europäischen
Währungsunion (EWU) z. B. wurde nicht in Washington
vorbereitet, sondern in Brüssel. Es fehlte eine Vereinbarung zwischen der neuen regionalen Währungsorganisa-
tion und dem IWF. Die Verfassung des IWF sah die Gründung regionaler monetärer Zusammenschlüsse nicht vor.
Der IWF würde nur eine übergeordnete interregionale Organisation werden, wenn er aus regionalen Einheiten be-
stände, die nebeneinander existieren könnten. Statt dessen
besteht weiterhin der IWF als Weltorganisation und die
EWU als Organisation, die die Aufgaben des IWF regional
übernimmt. Demnach bleiben die Mitglieder der EWU voll
Mitglieder des IWF. Dieses Doppelverhältnis konnte mir
nicht verständlich gemacht werden, als ich mit leitenden
Exekutiven beider Organisationen sprach. Tatsächlich
spiegelt die irreführende Semantik den Zustand des internationalen Währungssystems wider. Das System ist nicht,
was es zu sein verspricht. Es erweckt Erwartungen, die
nicht erfüllt werden können.
  Die westdeutschen und japanischen Geldkapitale flossen
in der Vergangenheit zumeist in die internationalen Geld-
und Kapitalmärkte, die unter angloamerikanischer Füh-

rung nach dem Zweiten Weltkrieg entstanden waren. Jetzt hat Japan sich von diesen internationalen Geld- und Kapitalmärkten zurückgezogen. Deutschland wird diesem Beispiel folgen. Die Pläne der anglo-amerikanischen internationalen Finanzstrategen, die Geld- und Kapitalströme der Welt zentral unter ihrer Führung zu erfassen und zu kontrollieren, können nicht realisiert werden. Deswegen werden die kostspieligen Einrichtungen der neuen Kommunikations- und Informationssysteme mit elektronischen Anlagen, die in die neu gebauten Hochhäuser der zweiten City of London eingebaut werden, nicht profitabel sein können.

Ein kanadischer Familienkonzern (die Reichmann-Familie), der größte Besitzer von Bürohäusern der Welt, hat etwa 70 Milliarden Dollar in das Projekt einer zweiten City of London investiert. Die Investition beruht auf Zahlen der inflationistischen Ära. Die alte City of London, zu alt, um die neuen Anlagen der Elektronik in sich aufzunehmen, konnte von den Anlagen der zweiten City unterboten werden, als die Preise der Ära des Inflationismus galten. Jetzt sind die Preise um 50 Prozent und mehr gesunken. Die neue City kann nur konkurrieren, indem sie noch billigere Mieten anbietet.

Die Reichmann-Familie hat verloren, aber sie wird nicht sehr leiden. Die Kapitalverluste werden an die Kreditoren übertragen. Das sind zumeist englische und kanadische Banken. Der Familienkonzern ist zusammengebrochen. Kanadische und amerikanische Banken haben Grundstückswerte, Bürohochhäuser von vielen Milliarden Dollarwerten übernommen. Sie werden den Meistbietenden offeriert. Die Banken müssen abschreiben und liquidisieren. Der Reichmann-Familie verbleibt ein auskömmliches Rest-Familienvermögen. Sie ist in der internationalen Investment Community weiterhin hoch angesehen. Aber die meisten Konzernwerte, die bei den Banken liegen, werden von neuen Eigentümern übernommen werden. Nach den Abschreibungen wird die Rentabilität wiederkehren.

Es wird aber leerstehende und verfallende Hochhäuser als Monumente der Fehlinvestitionen geben.

Deutschland beginnt dem Weg Amerikas auf dem Gebiet von Währungen und internationaler Finanz zu folgen und wird damit seine Führungsstellung in Europa gefährden.

In der deflationistischen Weltkrise ist nicht Inflationismus die Hauptgefahr, sondern die Liquiditätskrise.

Deutschland ist im Begriff, ›dollarisiert‹ zu werden, und seine Liquidität mit den liquiden Geldern des Auslands zu stützen. Es durchläuft einen Prozeß der Dollarisierung der D-Mark. Liquide Gelder des Auslands werden für budgetäre Defizitfinanzierung benutzt. Das wird in den USA seit dreißig Jahren getan. Ein ähnlicher Prozeß hat in Deutschland begonnen. Er wird in beiden Ländern durch die Benutzung der D-Mark für monetäre Reserven anderer Länder gestützt.

Wer glaubt, daß dieses Problem mit der Bildung einer Europäischen Zentralbank und einer Einheits-Währung Europas gelöst wird, irrt sich. Ein geachtetes Mitglied des Führungsstabes der deutschen Bundesbank, das ich schon seit Jahrzehnten kenne, gab mir zu verstehen: ›Es ist nicht möglich, eine Zentralbank Europas zu bilden, die die nationalen Währungen aufnimmt und die Geldströme des Kontinents kontrollieren kann.‹

Eine Euro-Währung, die die Härte der D-Mark übernehmen wird, wäre eine verstärkte D-Mark. Diese Härte ist unerträglich für eine Reihe von Ländern in Europa. Vor allem aber ist Deutschland in Gefahr, die Härte der Währung zu verlieren. Die schleichende Inflation hat begonnen, mit der Konsequenz, daß die D-Mark dem Dollar folgen wird. Es wird versucht werden, diese Härte wiederzugewinnen, aber dann wird die deflationistische Krise sich verschärfen. Sie droht, die Einheit Europas zu gefährden. Um die Härte wiederzuerlangen, müssen die Zinsen in Deutschland erhöht werden. Die anderen Euroländer mit schwacher internationaler Liquidität wollen dem Beispiel Deutschlands nicht folgen, wenn hier die Zinsen, trotz der deflationistischen Weltkrise, hoch gehalten werden.

Es bleibt der Gemeinsame Markt in Europa als eine Errungenschaft, die trotz deflationistischer Weltkrise die Entwicklung der Produktivkräfte stimulieren wird und mit Deutschland im Vordergrund der Aufnahme von Anlagekapital dient, das für die Produktivkräfte in den Gebieten der früheren DDR eingesetzt wird, aber auch für budgetäre Defizitfinanzierung. Dadurch wird die Stellung Deutschlands auf dem Kontinent gestärkt. England und Frankreich sind stärker als Deutschland mit dem von den USA geführten Weltmarkt verbunden. Das ist ein Vorteil während der Zerfallskrise in den früheren Ländern der UdSSR. Der Vorteil kann zu einem Nachteil werden, wenn der Weltmarkt Europa im Osten des Kontinents neue Märkte erschließen soll. Das hängt von Entwicklungen in Rußland und anderen Ländern der Ex-UdSSR ab.

Es wird vergessen, daß der westliche Kapitalismus ebenfalls mit den Krankheiten behaftet ist, die die Zerfallskrise im Osten verursacht haben. Die Krankheiten der zentralstaatlichen Bürokratien, die den größten Teil des Sozialprodukts des Landes konsumieren, seine Verwendung regulieren und Prioritäten bei der Verteilung des Sozialprodukts zu ihren Gunsten setzen, erscheinen aber auch im Westen immer deutlicher.

Es gibt keine Supermacht, die imstande ist, die internationalen Währungsverhältnisse zu kontrollieren. Statt dessen sind drei Weltblöcke im Entstehen: in Europa, Amerika und Südostasien. Während der deflationistischen Weltkrise werden sich auf allen drei Kontinenten gemeinsame Märkte bilden. Sie werden von drei Großmächten geführt, aber es gibt keine Globalmacht mehr, die die Führung der Welt und der Währungen übernehmen könnte. Es gibt kontinentale Führungsmächte: in Europa Deutschland; in der westlichen Hemisphäre die USA; in Südostasien Japan. Die Führungsmächte verlieren den An-

spruch der Weltkontrolle und auch die Rolle als Führungsmacht auf kontinentaler Basis. Die inflationistische Weltkrise läßt flüssige Geldkapitale in Gebiete fließen, wo sie
der staatlichen Kontrolle entgehen.

In Europa wird der Gemeinsame Markt eine Realität,
aber monetäre und politische Einheit werden den Plänen
von Maastricht nicht entsprechen. Die Erwartung, daß eine
neue Euro-Währung die Härte der D-Mark haben und die
nationalen Währungen ersetzen wird, ist illusionär. Die internationalen Finanz- und Wirtschaftsbeziehungen werden
sich anders als in den Plänen von Brüssel vorgesehen entwickeln.

Der Gemeinsame Markt ist jedoch eine große Errungenschaft. Es wird nicht gegeneinander aufgerüstet. Es gibt
aber keine gemeinsame Außenpolitik, und das Ziel eines
Einheitsstaates liegt in weiter Ferne. Die Grenzen der EG
sollen von nationalen Schutztruppen bewacht werden. Sie
werden den Gesetzen und der Politik von Nationalregie-
rungen unterliegen, auch wenn sie Mitglieder der Europa-
Union sind.

Ein anderer Zusammenhang läßt einen Euro-Staat ebenfalls als Fiktion erscheinen. Mit dem Ende des Kalten Krieges und dem Verschwinden der Bedrohung Westeuropas
durch die Supermacht im Osten ist ein neues Mysterium
entstanden. Warum besteht die NATO ohne die Aufgabe,
die ihre Gründung scheinbar rechtfertigte, weiter? In Washington, Paris und London bemühen sich die Regierungen
geradezu verzweifelt, eine neue Legitimation für die Fort-
existenz der NATO zu finden. Sie wissen sehr gut, daß trotz
der Ungewißheiten der politischen Entwicklung im Osten
sicher ist, daß von dieser Seite keine Gefahr für Europa
droht. Die Vorstellung, daß ein neuer neo-stalinistischer
Militarismus den Westen gefährden wird, ist an den Haaren
herbeigezogen und wird von den führenden Staatsmännern
kaum ernsthaft geglaubt. Der unausgesprochene Haupt-
grund für die Erhaltung der NATO liegt in der anglo-französischen Befürchtung, daß innerhalb der Europa-Union

das Gewicht von Deutschland übermächtig wird. In Washington mag wiederum erwogen werden, daß die Anbahnung eines künftigen Sonderverhältnisses Deutschland-Rußland verhindert oder zumindest beeinflußt werden kann, wenn man die NATO unter amerikanischer Führung aufrecht erhält. Wenn sich erweisen sollte, daß diese Einflußnahme nicht möglich ist, wird das strategische Interesse der USA an der NATO aufhören und die amerikanische militärische Präsenz diesseits des Atlantiks zur Debatte stehen.

Die NATO wird aber auch aufgrund einer weiteren weltpolitischen Konstellation, die unbedingt zu beachten ist, am Leben erhalten. Die jetzige Lage auf dem Gebiet der Ex-Sowjetunion und die Haltung der Westmächte erinnern in zum Teil fataler Weise an die Situation von 1917 bis 1921. Das zaristische Reich befand sich seinerzeit in Auflösung; wenn die Bolschewiki nicht gesiegt hätten, wäre keinesfalls eine demokratische Entwicklung eingeleitet worden, sondern mit Hilfe des Westens die Machtübernahme durch reaktionäre Generale erfolgt. Der Versuch des westlichen Interventionismus im Osten wird auch diesmal nicht der Errichtung demokratisch-kapitalistischer Gesellschaften dienen.

Die neuen unabhängigen Republiken der Ex-Sowjetunion beeilen sich, der NATO in der Erwartung beizutreten, daß die nationalistischen Regimes im Fall ihrer Bedrohung von der NATO aktive Unterstützung erhalten. Mögen sie demokratisch gewählt sein oder nicht, als künftige NATO-Mitglieder werden sie militärische Hilfe erhalten, um das Entstehen neuer politischer Strukturen verhindern zu helfen, die den Westmächten potentiell als unkontrollierbar erscheinen. In den Tresoren des NATO-Hauptquartiers in Brüssel dürften die Pläne für entsprechende Szenarien bereits liegen.

Dennoch werden besonders in industriell entwickelten Gebieten mit einer starken Arbeiterklasse breite Bewegungen zur Wiedererrichtung eines Staatenbundes, der ökonomisch (und militärisch) in der Perspektive eine Herausforderung des Westens verkörpern könnte, wirken. Aufbau- und Entwicklungspläne einer ungeliebten Alternative werden Widerstand im Westen finden.

Es ist nicht zu erwarten, daß finanzielle Mittel für die Rekonstruktion der unter Stalin geschaffenen industriellen Kerngebiete gewährt werden. Der ›Weltmarkt‹ hat aus der Sicht der Altmächte bereits genug Konkurrenten, und daher wird den neuen Staaten der Zutritt zu ihm mit den verschiedensten Mitteln verwehrt.

Die Ausdehnung des inneren Marktes erscheint als Alternative. Dieser Weg wird aber viel Zeit in Anspruch nehmen, und sein Ausgang ist ungewiß. Vorerst droht der Ex-Sowjetunion eine ›Deindustrialisierung‹ des unter Stalin aus eigenen Kräften aufgebauten Potentials. Wenn westliche ›Hilfe‹ die künftigen industriellen Strukturen bestimmen wird, dann steht die Ex-Sowjetunion vor einem Schicksal, dem Deutschland nach dem Ende des Zweiten Weltkrieges entgehen konnte, weil der amerikanische Kapitalismus half, seinen künftigen Konkurrenten zu finanzieren, um ihn als Alliierten im Kampf gegen die Gefahr aus dem Osten zu nutzen.

Die Illusionen fallen. Die Selbstsicherheit, mit der die Weltplaner nach dem Zweiten Weltkrieg in Washington, der Weltbank und den Vereinten Nationen die Weltordnung zu gestalten versuchten, besteht nicht mehr. Niemand hätte geglaubt, daß das ungezügelte Wachsen des finanziellen Reichtums während der Ära des Inflationismus in eine deflationistische Weltkrise münden würde.

Das Weltbild, das der Imperialismus des Westens am Anfang des 20. Jahrhunderts zu zeichnen begann, ist am Ausgang des 20. Jahrhunderts zerstoben. Der sich stürmisch ausdehnende Kapitalismus hatte Weltmärkte hergestellt mit einer internationalen Arbeitsteilung und einer Weltmarktgrundlage für den Industrialismus Westeuropas und Nordamerikas, mit Modellen der Industrialisierung, die nicht kopierbar waren.

Das Weltbild von Friedrich Engels sah am Ausgang des 19. Jahrhunderts wie folgt aus: ›Ist Europa erst (sozialistisch) reorganisiert und auch Nordamerika, so gibt das eine kolossale Macht und ein solches Exempel, daß die halbzivilisierten Länder (von Afrika und Asien) ganz von selbst ins Schlepptau (von Westeuropa und Nordamerika) kommen; das besorgen allein schon die ökonomischen Bedürfnisse. Welche sozialen und politischen Phasen aber diese Länder dann durchzumachen haben, bis sie ebenfalls zur sozialistischen Organisation kommen, darüber können wir heute nur ziemlich müßige Hypothesen aufstellen. Nur das eine ist sicher: das siegreiche Proletariat kann keinem Volk irgend eine Beglückung aufzwingen, ohne damit seinen eigenen Sieg zu untergraben.‹

Engels ahnte nicht, daß Stalin über ein halbes Jahrhundert später im Namen des ›Sozialismus‹ in mehr oder weniger entwickelten Industrieländern Europas die alten kapitalistischen Klassen austilgen und dafür eine ›staatssozialistische Parteihierarchie‹ als neue herrschende und ihm untertane Satelliten-Klasse einsetzen würde.

Das ist Vergangenheit. Das gilt auch für die Entwicklungsländer, die das Modell von Stalins ›Kommandosozialismus‹ aufgenommen hatten. Sie haben es nicht freiwillig getan. Die nach dem Zweiten Weltkrieg an die Macht gekommenen Parteihierarchien konnten nicht die erwartete Kapitalhilfe aus dem Westen erhalten. Sie wollten den Weg der Industrialisierung à la Stalins ›Kommandosozialismus‹ gehen.

Jetzt befinden sich die Industrieländer des Westens in einer deflationistischen Krise. Es gibt für sie kein Zurück. Das explosive Wachsen der Bevölkerung und die Konzentration der Menschen in Großstädten, denen es an den Infrastrukturen einer zivilisierten Gesellschaft fehlt, kann nicht rückgängig gemacht werden. Im Gegenteil, die Urbanisierung und das schnelle Wachsen der Bevölkerung schreitet voran. Das leidenschaftliche Verlangen nach einem Wandel der gesellschaftlichen Strukturen wird als

Folge der deflationistischen Weltkrise an Intensität gewinnen. Die sozialen Sicherheitsnetze, die in den Entwicklungsländern, z.B. in Chile, im Namen des Sozialismus während der Ära hoher Rohstoffpreise und unersättlicher Weltmarktnachfrage hergestellt wurden, bankrottierten, als die Weltmarktpreise als Folge der deflationistischen Krise in den Industrieländern des Westens sanken. Die deflationistische Weltkrise wird die gemäßigten politischen Führer, die dem Beispiel der Industriegesellschaften des Westens nachstreben, kompromittieren. Die Elendsmassen in den neu entstandenen Großstadtzentren von Afrika und Asien müssen vertröstet werden auf ein besseres Leben – im Jenseits, nicht auf Erden. Menschen in vielen Teilen der Welt haben leidenschaftliches Verlangen nach dem Wandel gesellschaftlicher Strukturen. Das Geheimnis des Erfolges neuer religiöser Bewegungen, des Fundamentalismus und anderer fanatischer Glaubensbekenntnisse beruhen auf dem Versprechen, daß die Leiden der Gegenwart im Jenseits belohnt werden und daß im ›korrupten‹ Westen eine herrschende Klasse sich dem materiellen Wohlstand des Lebens im Diesseits widmet – aber dafür das Fegefeuer im Jenseits erleben wird.

Im Westen glaubt der Rentenkapitalist zu siegen. Ich habe dargelegt, daß die Konsumekstase der Jeunesse dorée offensichtlich nicht zukunftsweisend ist.

In den nächsten fünf Jahren sind Entscheidungen fällig, die den Ausgang der deflationistischen Weltkrise entscheiden. Die finanzielle Hilfe des Westens, die er den Ländern der dritten Welt bietet, wird beschränkt und unzureichend bleiben. In den alten Industrieländern mangelt es an Liquidität, national und international. Die fälligen Entscheidungen werden den Ausgang der Weltkrise des Rentenkapitalismus und der kranken Gesellschaften der Dritten Welt bestimmen.

Der Weg der geplanten europäischen Währungsreform wird in eine Sackgasse führen, wenn ein einheitlicher europäischer Geld- und Kapitalmarkt eine Herausforderung für die USA darstellen sollte. Wer glaubt, daß die D-Mark oder der ECU den Dollar schlagen, unterliegt einer Täuschung. Die Währungskrankheit der USA wird virulent auf Europa übertragen werden, wenn die Reformpläne gelingen. Die amerikanische Antwort wird eine Wiederbelebung des monetären Goldes sein. Darauf sind die Eurobürokratien in Brüssel nicht vorbereitet. Sie werden der Notwendigkeit, dem Beispiel jenseits des Atlantik zu folgen, nicht widerstehen können. Sie müssen ihre eigene Existenz verteidigen. Die Monekratien in Washington und in Brüssel werden die Krise überleben, aber ohne die Aufgaben zu erfüllen, die sie ins Leben gerufen haben. Sie können die internationale Währungsreform nicht durchführen.

Der Abtritt von Washington als Zentrum eines globalen Währungs- und Finanzsystems wird nicht durch das Entstehen eines ähnlichen Weltzentrums in Europa oder Südostasien ersetzt werden. Mehrere neue Machtzentren sind im Entstehen. Keines von ihnen wird global herrschen.

Der Industrie- und Rentenkapitalismus bewegt sich westwärts, zuerst über den Atlantik, die USA und Südamerika, weiterhin über den Pazifik hinweg nach Südostasien. Dort entstehen neue Industrie- und Kulturzentren, während in Moskau das Versprechen einer nachkapitalistischen Welt erstirbt. Aber auch der Kapitalismus befindet sich in einer schleichenden Krise und erlebt einen radikalen Wandel, der zersetzend für sein Wesen ist. Man kann den Vorgang als Endkrise bezeichnen. Aber es entstehen neue gesellschaftliche Strukturen inmitten des alten Unternehmerkapitalismus.

Die Ausdehnung der staatlichen Bürokratien und des Staates ist eine Tendenz, die täuschend wirkt. Der Staat ist erfolgreich als Konsument, aber nicht als Produzent; als Konsument wird er eine Dauerbedrohung für den Kapitalismus und auch für neue strukturelle Entwicklungen, die die deflationistische Weltkrise überwinden können. Er erscheint als Ausbeuter für den Kapitalismus.

Die Überwindung der internationalen Währungskrise ist notwendig, sonst werden die zentralstaatlichen Bürokratien unmäßig wachsen und dominierend im gesellschaftlichen Leben sein. Die USA haben den Anspruch einer Supermacht auf Weltkontrolle verloren. Sie drohen in den neuen Rivalitäten zu unterliegen.

Ich erinnere mich an das große Sehnen unter den konservativ-liberalen Führungskreisen im Westen, besonders in Deutschland, in den frühen dreißiger Jahren nach dem Auftreten der USA als Retter aus der Weltkrise. Die Führer des rechten Flügels der deutschen Sozialdemokratie wollten in Washington und Wall Street die Rettung aus den Sternen lesen, daß der Dollar den totgelaufenen Krisenzyklus wieder beleben werde. Es folgte die ›Selbsthilfe‹ von Defizitfinanzierungen in den USA und in Deutschland unter Roosevelt und unter Hitler. Danach kam der Zweite Weltkrieg.

Dieses Mal ist die schleichende Krise auf die Sphäre der Zirkulation des Kapitals konzentriert, im Geld und in den Währungen. Die Versprechungen von Maastricht werden nicht gehalten. Es ist wahrscheinlich, daß die historischen Entscheidungen nicht planmäßig verwirklicht werden. Sie werden ein Rückschlag für die Pläne von Maastricht sein. Die Bürokratien haben niemals die Initiative für historische Entscheidungen ergriffen, noch sich diesen entgegengestellt. Sie sind stets biegsam, wenn andere politische Kräfte handeln, in Paris, Bonn/Berlin und eventuell auch in Moskau. Sie mögen durch mit Gold gefärbte Währungen stärker miteinander verbunden sein als mit der Clearing-Mark oder dem ECU-Indexwert von Papierwährungen.

Der Kapitalismus hat ein Monster mit unersättlichem Appetit gezüchtet: den bürokratischen Superstaat. Das Monster zu befriedigen wird die kapitalistische Gesellschaft ruinieren – mit hohen Steuern und Defizitfinanzierungen. Dann entsteht der vorher beschriebene fatale Kreislauf oder die sich verengende Spirale. Die produktiven Kapitalanlagen werden destimuliert. Die deflationistische Krise verengt den Rahmen für budgetäre Einnahmen. Es wächst das Defizit. Die Spirale beschleunigt die Bildung von Geldkapital, das den produktiven Investitionen entflieht. Das ist die historische Ära der Stagflation.

Mehrmals war eine derartige Lage in den letzten fünfzig Jahren entstanden. Jedes Mal gab es einen Ausbruch aus der Ära des Deflationismus und der Stagflation – durch Kriege, Wettrüsten und Defizitfinanzierungen, für die es keine festen Grenzen gab. Die Grenzen werden erweitert, wenn nationale-internationale Notlagen enstehen. Es fehlt an derartigen Notlagen. Der Kalte Krieg ist abgelaufen. Es fehlen eine Naturkatastrophe oder ein Irak-Krieg, um neue Anlagefelder für das nichtinvestierte Geldkapital zu eröffnen. Das mag zynisch klingen. Die Realitäten widersprechen der einfachen Logik, wie sich auch Rentenkapitalismus und Kampf um Weltmarktanteile widersprechen. Der einzige Kompromiß wird eine neue Währung sein.

Das vorher beschriebene Währungschaos hat seine eigene Logik und den historischen Imperativ. Geldansprüche werden in großen Massen liquidiert, wenn die neue Währung erfolgreich sein will. Es besteht ein Zwang der Verhältnisse, beesonders für die USA. Dreimal mußte der amerikanische Kapitalismus den Weltkapitalismus retten, zuerst im Ersten Weltkrieg, dann in der ersten Zusammenbruchskrise des Weltkapitalismus in den frühen dreißiger Jahren, dann erneut im Zweiten Weltkrieg. Eine vierte Rettung wird nicht erfolgen. Die USA haben die Möglichkeit, einen neuen Expansionszyklus zu beginnen, wenn sie mit kühner Initiative die Fiktion der Papierwerte von international gültigen Währungen abstreift.

Die kapitalisierbare Sicherheit der Rente weckt ein trügerisches Gefühl der Sicherheit und der Erfüllung der finanziellen Ansprüche. Deflationismus und anhaltende Stagflation werden das Selbstvertrauen der Menschen untergraben. In den Ostländern ist versucht worden, den Glauben zu erwecken, daß die Anerkennung der freien

Marktwirtschaft es möglich machen werde, die Ansprüche auf soziale Sicherheit ohne unkontrollierbare Inflation zu erfüllen.

Eine typische Stimme unter den verunsicherten Wohlstandskapitalisten im Westen erklärte: ›Es fehlt die hohe Mauer zwischen West und Ost. Wir wollen nicht zahlen in einen Topf ohne Boden. Die Menschen im Osten werden uns ruinieren, wenn wir die Ostländer subsidieren. Sie müssen die Werte der alten Strukturen abschreiben. Das ist ihr Problem, nicht das unsrige. Sie sollen zu Hause bleiben, wo sie ansässig sind. Deswegen muß eine neue höhere Mauer undurchdringlich gemacht werden.‹

Die Selbstsicherheit, mit der dieser Ausspruch erfolgte, ist im Schwinden. Es ist möglich, eine unüberwindbare Mauer zu errichten, aber der Weltkapitalismus des Westens ist nicht imstande, die selbstgenügsame Sicherheit zu schaffen, die ihm durch den Rentenkapitalismus versprochen wird.

Im Westen ist ebenfalls der Staat ein parasitärer bürokratischer Koloß, der ohne zu produzieren ständig frißt. Seine zunehmenden Ansprüche machen es unmöglich, den Zustand der Stagflation zu beenden. Es beginnt im Westen eine Vertrauenskrise als Folge der allgemeinen Verunsicherung der Menschen gegenüber den kapitalistischen Institutionen und der globalen Weltordnung. In der deflationistischen Krise gerät das System in eine unmögliche Lage, die ihre Ursache in der Sphäre der Zirkulation von Geld/Kapital findet, weil die Zirkulation des Geldkapitals ins Stocken geraten ist. In der Rezession oder Wirtschaftskrise wachsen die staatlichen Ausgaben. Der Anteil des Staates am Sozialprodukt wächst. Der alte Kapitalismus hat sich gewandelt. Er ist ein Krüppelsystem geworden. Die Kapitalisten sind der underdog gegenüber der staatlichen Hierarchie, auch wenn sie die Herren in ihrem Unternehmen bleiben. Sie müssen für den Staat arbeiten, dessen Ansprüche Prioritätsrecht haben. Wenn die Ansprüche nicht erfüllt werden, folgt der Bankrott des Unternehmens.

Es steigen die staatlichen Ausgaben. Es sinken die Einnahmen. Mehr Defizite müssen finanziert werden. Es ist deswegen berechtigt zu glauben, daß die neuen Defizite zunehmend mit Hilfe des Auslandskapitals finanziert werden müssen. Die Ansprüche des Auslands sind liquide, die Anlagen sind illiquide. Das ist eine Tendenz, welche den Wert der Währung erneut aufweichen wird. Der Prozeß ist weltweit für die Industrieländer charakteristisch. Wenn alle Währungen aufgeweicht sind, wird niemand reich werden auf den Devisenmärkten.

Die Zunahme des staatlichen Anteils am Nationalprodukt hat heute eine Höhe erreicht, die, wenn sie weiter steigt, unerträglich für das kapitalistische System sein wird. Dann wird das System sich dem alten zusammengebrochenen ›Realsozialismus‹ des Ostens nähern, auch wenn offiziell Kapitalismus und freie Konkurrenz wirken sollen. Die Privatkapitalisten und Nichtmonopolisten werden bestehen können, wenn sie fähig sind, Steuern zu zahlen und dennoch konkurrenzfähig bleiben.

Zunehmend können der Weltmarktanteil und das Preisniveau nur erhalten werden, wenn der Staat der Protektor ist. Sonst kann der Staat nicht erwarten, daß er seinen Anteil am Nationalprodukt erhält. Ein derartiges System wird dem ›Realsozialismus‹, der von Stalin eingeführt worden war, ähneln. Kurz vor dem Zweiten Weltkrieg wurde in der Sowjetunion eine neue Doktrin praktiziert: die Gültigkeit des Marx'schen Wertgesetzes im Sozialismus. Damit wurde zum Ausdruck gebracht, daß Preise und Werte wie im Kapitalismus bestehen, daß aber der Staat auf die Preisbildung Einfluß nehmen kann und wird. Monopolpreise z.B. werden vom Staat geschützt oder eingeführt, wenn es für den Staat ratsam ist, den Monopolisten zu schützen. Die Absicht war eine garantierte Finanzierung des Staates. Wie weit kann in der westlichen Welt der Anteil des Staates zunehmen, ohne dem Kapitalismus den für ihn ausreichenden Lebensraum zu nehmen? Wenn die Entwicklung der staatlichen Einflußnahme auf die Preisbildung und der staatlichen Appropriation von Werten der Tendenz folgt, die in den letzten dreißig Jahren wirksam war, müßte der staatliche Anteil auf 50 bis 70 Prozent des Nationalprodukts steigen. In diesem Fall wird der freie Kapitalismus so sehr zurückgedrängt, daß das System vorwiegend nicht mehr Kapitalismus ist. Es wird ein Mischsystem von Kapitalismus, Finanzkapitalismus und Staatskapitalismus.

Der tiefe Pessimismus, der weite Kreise der Oberschichten im Westen ergriffen hat und um sich greift, untergräbt den konservativen Rentenglauben. Alles ist ungewiß. Damit wird aber auch gesagt, daß alle Möglichkeiten neuer gesellschaftlicher Entwicklungen offen sind. Man lasse sich nicht durch das arrogante Auftreten konservativer Ideologen täuschen, die nach dem Zerfall der Strukturen des ›Realsozialismus‹ im Osten verkünden, daß der Aufstieg im Westen eine Errungenschaft des Marktkapitalismus und der freien Konkurrenz gewesen sei. Tatsächlich war der Aufstieg des Wohlstandes und die Einführung der Sozialrenten im Widerstand gegen die Urkräfte des Kapitalismus geschehen. Die Einführung der Rente als Grundlage für soziale Sicherheit, für den Proletarier wie auch den Kapitalisten, ist einem Entschlüpfen aus den Gesetzen des Marktkapitalismus zu verdanken. Die Rentenansprüche der Kapitalisten wie auch aller Beschäftigten sind größer als es für die Gesundheit des Kapitalismus gut ist. In der deflationistischen Krise werden die Rentenansprüche zu einem antiproduktiven Bleigewicht für das System. Das kann nicht verstanden werden, wenn die deflationistische Krise als eine Phase des Konjunkturzyklus angesehen wird. Die deflationistische Weltkrise ist keine zyklische Krise. Sie kann nicht im Rahmen des Konjunkturzyklus verstanden werden. Sie ist eine Krise gesellschaftlicher Strukturen. Kühnes neues Denken über den notwendigen Wandel der Wirtschaftsstrukturen wird benötigt. Dazu sind die traditionell konservativen Politiker oder Staatsbeamten und Bürokraten erfahrungsgemäß nicht fähig.

XVII

Der Übergang zu einem neuen internationalen Währungssystem und eine neue Rolle für monetäres Gold

Das weltmonetäre System, das die internationale Liquidität einzelner Länder und der ganzen Welt von dem Schicksal des Dollars und darauf bezogener allgemeiner nationaler Währungen abhängig macht, wird aufgegeben werden. Das System konnte nur erfolgreich sein, als die USA die Supermacht der Welt war und die internationale Liquidität der Welt bestimmte. Diese Zeit ist abgelaufen. Aber ein neues System internationaler Liquidität, das vom Schicksal nationaler Währungen und nationaler Verteidigung der internationalen Liquidität des betreffenden Landes abhängig ist, besteht noch nicht. Es ist nicht möglich, zum internationalen Goldstandard des 19. Jahrhunderts zurückzukehren. Gold aber hat die Eigenschaft, als internationaler monetärer Wert zu gelten. Es mag andere international anerkannte Werte geben, die dem Gold Gesellschaft leisten. Die Funktion des internationalen Geldes im Zahlungswesen kann auf den Ausgleich von Zahlungsbilanzen einzelner Länder beschränkt werden. Diese Probleme werden gegenwärtig nur von wenigen Experten behandelt, u.a. von einer Art Geheimkomitee im amerikanischen Schatzamt, dessen Pläne das Licht der Öffentlichkeit scheuen. Sie werden aber im Vordergrund von Plänen einer weltmonetären Reform stehen, die im Auslauf der deflationistischen Weltkrise verwirklicht werden muß.

Einer anhaltenden deflationistischen Weltkrise ist zu begegnen, wenn neue internationale Liquidität in das Weltwährungssystem hineingepumpt wird. Pläne einer Weltwährungsreform, die nicht in der Öffentlichkeit diskutiert werden, befassen sich mit dem Einsatz der Goldreserven des Internationalen Währungsfonds und auch von Zentralbanken, die als stilles ›idle‹ Geldkapital der internationalen Liquidität nicht zur Verfügung stehen. Die Beträge sind so groß, daß sie eine bedeutsame Ausweitung der Kreditgelder darstellen würden. Die Goldreserven des IWF haben einen Marktwert von 317 Milliarden Dollar. Die Goldbestände der EWG und der BIZ ergeben einen Goldbestand der internationalen monetären und Finanzinstitute von etwa 70 Milliarden Dollar. Außerdem haben die Zentralbanken monetäre Goldreserven von etwa 338 Milliarden Dollar. Damit gibt es monetäre Goldbestände von insgesamt wenigstens 655 Milliarden Dollar. Eine Verdoppelung oder Verdreifachung des gegenwärtigen Marktpreises ist vorgeschlagen worden. Der neue monetäre Goldpreis würde 740 Dollar per Unze betragen. In diesem Fall würde sich sofort die internationale Liquidität sprunghaft erweitern. Der IWF hat monetäre Goldreserven (Ende 1991) von etwa 35 Milliarden Dollar, die Mitgliedsländer des IWF etwa 320 Milliarden. Die internationale Liquidität des IWF würde um etwa 60 Milliarden Dollar steigen, die der Mitgliedsländer um etwa 640 Milliarden. Vorschläge werden wahrscheinlich akzeptiert werden, diesen Zuwachs an internationaler Liquidität für Sonderzwecke zu benutzen, z. T. als Sonderhilfe für Entwicklungsländer und zur Aufstockung des Kapitals der Weltbank.

Der liberale Anhänger des Neo-Keynesianismus, Paul A. Samuelson, schrieb unter Bezugnahme auf einen Vorschlag von Sir Roy Harrod: ›Warum sollen wir einen Plan annehmen, der einen Sondergewinn für Südafrika, Rußland, den Spekulanten und privaten oder offiziellen Hamsterern von Gold gewährt?‹ Das politische Argument gegen eine Erhöhung des monetären Goldpreises, daß eine

Erhöhung vor allem Südafrika und Rußland als größten Goldproduzenten der Welt zugute kommt, ist nicht mehr gültig.

Es ist kein Zufall, daß Gold als internationale Reservewährung diese Eigenschaft zur Zeit des Kalten Krieges verloren hatte. Damals waren Südafrika und die Sowjetunion die größten Goldproduzenten der Welt. Sie hätten von einer Erhöhung des Goldpreises am stärksten profitiert. Die Preiserhöhung wäre unvermeidbar gewesen, wenn die offizielle monetäre Rolle von Gold erhalten worden wäre. Jetzt hat der Kalte Krieg aufgehört. Außerdem gibt es einen strukturellen Wandel in der Produktion von Gold und der internationalen Verteilung von Gold als Grundlage für internationale Liquidität. Die politischen Gründe für die Aufhebung der monetären Rolle von Gold bestehen nicht mehr.

Südafrika hatte einen Anteil an der westlichen Goldproduktion von 78,6 Prozent im Jahr 1970 und 70,2 Prozent im Jahr 1980. Zwanzig Jahre später, d.h. 1990, war mit 34,9 Prozent der Anteil auf weniger als die Hälfte gesunken. Stattdessen sind die USA zum zweitgrößten Weltproduzenten von Gold geworden. 1980 betrug die amerikanische Goldproduktion nur etwa 4,5 Prozent der Produktion von Südafrika. 1990 lag der Anteil bei fast 50 Prozent. Andere Länder haben ihre Goldproduktion ebenfalls so gesteigert, daß sie einen bedeutenden Anteil gewonnen haben, vor allem Australien, Kanada und im weiten Abstand Brasilien, die Philippinen, Papua Neu-Guinea, Kolumbien und Chile.

In den letzten zwanzig Jahren (bis 1990) stieg die Goldproduktion über ein Drittel, die Produktion von Südafrika jedoch sank um 40 Prozent. Die stärkste Steigerung (Gewichtszahlen) verzeichneten die USA, Australien und Kanada. Diese drei Länder, die zur Dollarzone gehören, produzieren gegenwärtig bedeutend mehr Gold als Südafrika (1991 über 700 Tonnen, gegenüber 605 Tonnen von Südafrika, mit einem Anteil an der Weltproduktion von 41,2 Prozent gegenüber 34,9 Prozent von Südafrika). Die Gold-

reserven der zehn führenden Industrieländer des Westens
betragen 8 Prozent, bei den anderen Industrieländern des
Westens ist der Anteil 22, bei den neu-industrialisierten
Ländern 4 und die führenden Entwicklungsländern verfügen über einen Anteil von 26 Prozent.

Die rapide Zunahme der Goldproduktion der westlichen
Hemisphäre, in Australien und Lateinamerika, zum geringen Teil auch in Afrika und Asien, vor allem aber die
außerordentliche Zunahme der Goldproduktion in den
USA kann nicht reiner Zufall sein. Die USA sind zum
zweitgrößten Goldproduzenten der Welt geworden. Nach
einem Rückgang der Goldproduktion in den siebziger Jahren (vor allem in Südafrika), ist in den achtziger Jahren ein
heftiger Anstieg erfolgt – plus 80 Prozent oder 8 Prozent
jährlich, hauptsächlich dank des Anwachsens der Goldproduktion in den USA. 1990 lag die Goldproduktion fast doppelt so hoch wie 1953. Wenn Australien in einen ›Dollarblock‹ zusammen mit den USA und Kanada einbezogen
wird, produziert dieser Dollarblock jetzt bereits mehr Gold
als Südafrika, mit einem Anteil an der Weltgold-Produk-
tion von 40 Prozent (1990) gegenüber einem Anteil von
Südafrika von 34,9 Prozent.

Es wird vielfach erwartet, daß im Gefolge der neuen politischen Entwicklung in Südafrika die Produktionskosten
im goldreichsten Land der Welt erheblich steigen werden.
Das kann sich als eine Täuschung erweisen. Es scheint eine
Politik der größten Goldproduzenten in Südafrika (vor allem von de Beers) zur Zeit der Apartheid gewesen zu sein,
die reichsten und vom Standpunkt der wichtigsten Goldproduzenten geographisch besonders günstig gelegenen
Goldfelder mit den billigsten Produktionskosten bisher wenig ausgenutzt zu haben. Stattdessen wurden die weniger
produktiven Goldfelder mit relativ hohen Produktionskosten vorzugsweise ausgebeutet.

Ein ›Two-Tiers‹ Preis-System oder Doppelpreis von
einem offiziellen monetären Preis der Zentralbanken und
Regierungen und einem Freimarktpreis für den nichtstaat-

lichen Sektor kann weit auseinander liegen. Die Befürchtungen, daß der Doppelmarkt unkontrollierbar sein wird, ist nicht durchschlagend. Der Markt für monetäres oder Zentralbankgold wird nur relativ wenige Teilnehmer haben. Transaktionen in großen Beträgen können nicht geheim bleiben. Das Two-Tiers System des Goldpreises der siebziger Jahre wurde aufgegeben, weil die Neo-Keynesianer in Washington gegen eine monetäre Rolle des Goldes auftraten und weil die amerikanische Regierung den Dollar nicht offiziell abwerten wollte.

Im Rahmen einer internationalen Währungsreform, die die monetäre Rolle von Gold erneuert, kann ein wichtiger Teil des Bretton-Woods-Systems wieder hergestellt werden. Das monetäre Gold wird im Bereich von Zentralbanken und Regierungen und der internationalen monetären Institution einen interstaatlichen Markt haben, der vom Freimarkt des privaten Handels getrennt ist.

Technisch ist ein derartiger Doppelmarkt eine Einrichtung, die relativ leicht eingeführt werden kann, ohne die Notwendigkeit einer ausgedehnten staatlichen Überwachungsbürokratie. Deswegen bereitet es wenig Schwierigkeiten, einen monetären Preis für Gold festzusetzen, der unabhängig vom Freimarktpreis gilt.

Eine neue Anerkennung von Gold als monetäre Reservewährung wird die internationale Liquidität wesentlich verbessern. Die außerordentlich hohen Preisausschläge der Goldpreise in den letzten fünfzig Jahren sind weitgehend von spekulativen Erwartungen des Inflationismus beeinflußt worden. Mit dem Ende der Ära des Inflationismus werden auch die spekulativen Ausschläge des Goldpreises aufhören. Historische Erfahrungen verdienen erneut Beachtung.

Die Ausdehnung des Weltmarkts und der Weltmarktproduktion wurde vor dem Ersten Weltkrieg wesentlich durch die Zunahme der internationalen Liquidität und das Sinken der Produktionskosten von Gold, deswegen auch des Goldpreises, stimuliert.

Von 1906 bis 1910 nahm die Welt-Goldproduktion im Gefolge der Entdeckung und Erschließung neuer Goldminen in Australien und Kalifornien um über 100 Prozent zu.

Die ›Erschließungen‹ der reichen Goldschätze in Süd- und Mittelamerika im 19. Jahrhundert sind oft zitiert worden als ein wesentlicher Grund für die rapide Ausdehnung des Welthandels im 19. Jahrhundert. Zwischen 1951 und 1990 hat sich die geschätzte Weltproduktion von Gold verdoppelt, dagegen von Anfang des 18. Jahrhunderts bis Mitte des 19. Jahrhunderts mehr als vervierfacht, in den folgenden fünf Dekaden bis Ende des 19. Jahrhunderts versiebenfacht und war in den folgenden zwei Dekaden (bis 1921) nochmals um über 70 Prozent gestiegen. Dem gegenüber war die Welt-Goldproduktion in fast zwei Dekaden nach dem Zweiten Weltkrieg zwar um 68 Prozent gestiegen, dann aber um 21 Prozent gesunken. In der folgenden Dekade (1980 bis 1990) erfolgte eine kräftige Erholung (plus 80 Prozent oder 8 Prozent jährlich) trotz Abnahme der Goldproduktion in Südafrika. Gleichzeitig war der Goldpreis stark gesunken, von 614 Dollar pro Unze 1980 auf 383 im Jahr 1990. Seitdem sind die Ausschläge des Goldpreises relativ mäßig geblieben, zunächst mehr nach unten, mit einer Festigung am Anfang der neunziger Jahre, gefolgt von neuen Schwächeanfällen. Trotz der Möglichkeit erneuter heftiger Ausschläge nach beiden Seiten ist der Stimulus des Inflationismus ausgeblieben.

Die nächste große Bewegung wird wahrscheinlich erst im Gefolge der Reform des internationalen Währungssystems erfolgen – kräftig nach oben. Die Spekulanten werden inzwischen schwere Verluste erleiden. Sie stammen nicht nur aus heftigen Preisausschlägen, sondern (vor allem) aus den Zinsverlusten. Der Marktpreis für Gold müßte sich etwa alle acht Jahre verdoppeln, um die Zinsverluste auszugleichen. Das ist ein hoher Preis für die Spekulanten wie auch für diejenigen, welche eine Inflationsabsicherung für ihr Kapital suchen. Deswegen werden die Goldspekulanten wahrscheinlich am Vorabend eines kräftigen Aufstieges des Goldpreises nochmals einen Abstieg erleben, als ob in Vorbereitung auf die weltmonetäre Reform und die Herstellung eines erhöhten monetären Goldpreises der spekulative Goldbesitz kräftig ›ausgebeutet‹ werden soll. Bekanntlich werden die Goldspekulanten durch den Verlust von Zinseinkommen ›bestraft‹. Hohe Zinssätze vergrößern die Zinsverluste der Goldspekulanten. Nach dem ›Austrocknen‹ der Goldpreisspekulation wird am Vorabend einer Weltwährungsreform, die monetäres Gold aufwertet, die Goldpreisspekulation relativ unbedeutend sein.

Ohne ausreichende internationale Liquidität müssen die Zinssätze relativ hoch bleiben, auch wenn eine Zinsprämie für das Inflationsrisiko nicht bezahlt werden muß. Die Aufhebung des Goldstandards nach dem Ersten Weltkrieg hat automatisch die Schranken für die inflationistische Ausweitung der internationalen Liquidität beseitigt. Als Ergebnis konnten sonst temporäre Defizite in internationalen Zahlungsbilanzen tiefe langfristige Währungskrisen auslösen. Sir Roy Harrod, die englische weltmonetäre Autorität der Nachkriegszeit, hatte in einer Untersuchung über die Entwicklung der internationalen Liquidität nach dem Zweiten Weltkrieg festgestellt, daß die internationale Liquidität, insoweit sie auf Goldreserven beruhte, anfangs der fünfziger Jahre nur dem Wert von zwei Monaten des Welthandels gleichkamen, gegenüber Goldreserven von fast sechs Monaten im Jahr 1937.

Die internationale Liquidität, auf die monetären Goldreserven bezogen, ist weiter gesunken. Die monetären Goldreserven ›deckten‹ 1950 den Außenhandel von 3,3 Monaten, im Jahr 1980 nur noch von 1,7 Monaten und 1990 von weniger als einem Monat. Der Grund dafür ist nicht die Abnahme des Volumens der monetären Goldreserven (in Unzen), sondern das rapide Wachsen des Außenhandels. Sogar wenn die Devisen als Maßstab für die internationale Liquidität angesehen werden, ergibt sich eine kritische niedrige internationale Liquidität. Die Summe aller monetären Devisenreserven der Mitglieder des IWF und der

EWG, einschließlich der BIZ, besaßen 1990 nur einen Umfang von 1,5 Monaten des Welthandels, sie erreichten damit zwar einen größeren Umfang als 1980 (weniger als ein Monat), befanden sich damit aber nur auf dem gleichen Niveau wie im Jahr 1950.

Die globale internationale Liquidität ist empfindlich zurückgegangen. Offizielle monetäre Reserven (IWF-Statistik) bekunden, daß die globalen monetären Reserven (internationale Liquidität) in Prozent des Welthandels (beruhend auf offizieller Welthandelsstatistik) von 60 Prozent 1961 auf 33 Prozent 1981 und 19 Prozent 1991 zurückgegangen waren. Der Anteil der USA, Deutschlands und Japans an der globalen internationalen Liquidität im Frühjahr 1972 betrug 6,7 Prozent. Die Verteilung der internationalen Liquiditätsreserven hat sich zugunsten der USA verbessert. Der Anteil der USA, Deutschlands und Japans betrug 1991 8,9 bzw. 6,9 und 7,4 Prozent. Der Anteil der Industrieländer war auf 63 Prozent (1991) gegenüber 59 Prozent 1981 gestiegen , aber gegenüber 82 Prozent im Jahr 1961. Der Anteil der USA ist im Steigen (8,1 gegenüber 6,9 und 3,2 Prozent). Diese Zahlen schließen die unausgenutzten Fazilitäten des Kreditgeldes nicht ein.

Der Einsatz von Kreditgeld zur Ausweitung internationaler Liquidität ist kurzfristig und kündigt harte deflationistische Politik in den Schuldnerländern an. Ein Schrumpfen der internationalen Liquidität wird im Fall einer weltmonetären Reform hemmend wirken, es sei denn, daß neue Quellen hierfür eröffnet werden.

Die Politik des Deflationismus erzeugt die Vorbedingungen für eine internationale Währungsreform. Als Kernstück wird eine neue übernationale Währung für monetäre Reserven eingeführt werden. Gold wird wahrscheinlich erneut eine Schlüsselrolle spielen.

Zur Zeit des Kalten Krieges wurde die ›Demonetisierung‹ von Gold mit dem Argument begünstigt, daß Südafrika und die Sowjetunion den größten Anteil an der Goldförderung haben und deswegen von einer neuen weltmonetären Rolle des Goldes bevorteilt würden. Der Anteil von Südafrika und der Sowjetunion an der Welt-Goldproduktion ist in den letzten 20 Jahren zugunsten des Anteils vor allem der USA, von Kanada und Australien, in geringerem Maß auch von Brasilien und anderen Ländern der ›Dritten Welt‹ stark zurückgegangen. Die reichen Industrieländer werden von einer Remonetarisierung des Goldes und einer kräftigen Erhöhung des Goldpreises unmittelbar mehr als die Entwicklungsländer profitieren. Denn sie, die Industrieländer, besitzen den Löwenanteil des weltmonetären Goldes (84 Prozent des Goldbesitzes von Zentralbanken oder fast 785 Milliarden Dollar). Hinzu kommen die Eigenbestände von Gold seitens des IWF von etwa 35 Milliarden Dollar und der EWG mit etwa 35 Milliarden Dollar. Wie bereits ausgeführt, können diese Buchgewinne für die Bildung eines Sonderfonds verwendet werden, aus dem die internationale Liquidität der Entwicklungsländer internationale Liquiditätshilfe bekommt. Das monetäre Gold dagegen würde ausschließlich für den Ausgleich internationaler Zahlungsbilanzen zur Verfügung stehen. Es kann kein Zufall sein, daß ein Sonderkomitee des Kongresses Mitte der achtziger Jahre die Möglichkeit einer Remonetarisierung des Goldes untersucht hatte. Die Berichte darüber sind wenig beachtet worden. Offensichtlich wollten die staatlichen Stellen die Öffentlichkeit nicht vorzeitig mit konkreten Vorschlägen beunruhigen. Deswegen gab es keine Empfehlung für neue Beschlüsse, aber zahlreiche Hinweise für eine weltmonetäre Reform und die Herstellung einer neuen, mit Gold verbundenen Weltwährung.

In früheren Jahrhunderten verfügten die Führungsmächte der Welt über die Kontrolle der Produktionsstätten von Gold. Fremde Länder wurden erobert und kolonialisiert auf der Suche nach Gold und zur Kontrolle der Produktionsstätten von Gold. Eine neue Lage trat ein, als Südafrika ein souveränes unabhängiges Land wurde und mit der Industrialisierung der Sowjetunion die Erschließung des großen Landes begann. Beide Länder galten als Gegner im Kalten Krieg. Sie kontrollierten etwa zwei Drittel der Welt-Goldförderung. Die Theorie der Demonetarisierung des Goldes sollte u. a. die strategische Rolle der führenden Goldproduzenten treffen.

Die neo-keynesianischen Wortführer in Washington sagten voraus, daß die Auflösung der monetären Goldreserven dem Beschluß, daß Gold keine monetäre Rolle mehr spielen solle, folgen werde und daß deswegen der Goldpreis vom damaligen Stande von 35 Dollar auf 3 bis 8 Dollar sinken werde. Das werde ruinös für Südafrika und die Sowjetunion sein. Tatsächlich begann die Ära des Inflationismus in den USA. Der Goldpreis stieg zeitweilig auf fast 900 Dollar pro Unze. Er verfiel danach, konsolidierte sich aber auf einem Stand von über dem Zehnfachen des Marktpreises, der galt, als Gold offiziell demonetarisiert wurde. Das gelbe Metall besitzt eine Eigenschaft, die es zum idealen Schatz- und internationalen Zahlungsmittel erhebt. Es ist als Privatbesitz in Ländern zentralstaatlicher Diktatur verdammt worden. Gleichzeitig ist es das Mittel geblieben, mit dem ein großer Teil der Bevölkerung einen Bereich privater Unabhängigkeit in Diktaturländern verteidigen konnte. Vor allem aber war es und ist es ein Schutzmittel gegen inflationistische Abwertung des Geldes. Papier- und Kreditgeld können als Zahlungsmittel benutzt werden, ohne goldwertig zu sein. Aber es besteht wenig Vertrauen in die Wertbeständigkeit des Geldes, wenn die Regierung jederzeit budgetäre Defizite durch inflationistische Geldschöpfung finanzieren kann, wenn Geld für internationale Zahlungen oder Reservenbildung benutzt wird, dessen Wert durch nationalstaatliche Geldschöpfung vermindert werden kann. Die USA mußten den Dollar unter dem Bretton-Woods-System als internationale Reservewährung der Welt durch die Verteidigung der Goldwertigkeit des Dollars schützen. Jetzt gibt es keine goldwertigen Währungen.

Die monetären Reserven der Nationalstaaten bestehen aus Depositen bei Zentralbanken anderer Länder, die souverän ihr Geld entwerten oder die Benutzung der Inlandskonten blockieren können. Die Benutzung der neuen offiziellen internationalen Reservewährungen (SZR und ECU) erfüllt nicht die Funktion einer übernationalen Reservewährung. Sie sind nur Ansprüche auf Nationalwährungen, die lediglich beschränkte internationale Liquidität besitzen.

Die führenden Produzenten von Gold werden ihre strategische Position stärken können, wenn auch nicht in ähnlichem Ausmaß wie einst Spanien und England, die durch den Besitz der wichtigsten Goldquellen der Welt ihre Weltmachtkontrolle fundieren konnten. Eine internationale Währungsreform wird den Goldstandard nicht wieder einführen, aber dennoch die internationale Liquidität in Werten wieder herstellen, die nicht an eine Nationalwährung gebunden sind und die auch nicht in versteckter Weise, z.B. durch eine Indexzahl, Nationalwährungen als Standard gelten lassen. Ein Index der Marktpreise von Welthandelswaren kann als Basiswert gelten. Es ist aber wahrscheinlich, daß Gold ebenfalls wieder einen neuen internationalen monetären Wert erhalten wird. Jetzt bereits ist es möglich, den Ausgleich von Zahlungsbilanzen unter Zentralbanken und Staaten in harten Devisen oder in Gold zu vollziehen. Die internationale Liquidität aller Länder gilt jetzt bereits als höhere Qualität, wenn sie durch Goldbestände erhalten wird, statt lediglich in Nationalwährungen anderer Länder, einschließlich des Dollars. Das heiße Eisen einer internationalen Währungsreform wird nach der Austreibung der inflationistischen Psychologie angepackt werden. Dann wird das Gespenst einer verschärften internationalen Liquiditätskrise die monetären Politiker drängen, nach Wegen zu suchen, auf denen neue Mittel der internationalen Liquidität dem System zugeführt werden können.

Der Versuch, staatliche Nationalwährungen als Träger der internationalen Liquidität zu benutzen, sollte der Supermachtkontrolle der internationalen Liquidität dienen. Aber damit wurde das internationale Währungssystem verunsichert. Die Globalisierung der internationalen Geldmärkte hat zu dieser Verunsicherung beigetragen.

Die schleichende deflationistische Weltkrise stellt die Vorbedingungen für eine Ausschaltung der spekulativen Massenbewegungen von flüssigem Geldkapital her. Es gibt weiterhin spekulative Bewegungen von Geldkapital. Sie werden aber kurzatmig sein und stets mit großen Verlusten für die Träger der Bewegungen enden. Damit werden die Vorbedingungen geschaffen, die gestörte Funktion von internationalen Liquiditätsreserven wieder herzustellen. Sie sollen dem Ausgleich temporärer Defizite der internationalen Zahlungsbilanzen einzelner Länder dienen. Das kann auf dem Wege des Kreditgeldes getan werden oder durch das Steigen der Zinssätze in den Defizitländern.

Dieser Weg des Ausgleiches der Zahlungsbilanzen kann durch den Einsatz internationaler Liquiditätsreserven, die übernational sind und nicht aus nationalem Währungsgeld bestehen, vermieden werden. Das können international benutzte Waren sein oder vorzugsweise international anerkanntes Weltgeld, d.h. Gold. Es ist nicht notwendig, Gold, d.h. Goldmünzen, wieder als Zirkulationsmittel zu benutzen oder zur reinen Goldwährung zurückzukehren.

Es ist viel über die hohen ›barbarischen‹ Kosten der Benutzung von Gold als Weltgeld geschrieben worden. Ich gebe statt Keynes die Ansicht von Triffin wieder: Die Kosten des Fehlens von stabilem Weltgeld und der entsprechenden Störungen in der Zirkulationssphäre von Kapital sind vielfach größer als die Kosten eines ›barbarischen‹ Zirkulationsmittels von Weltgeld, das nicht durch inflationistische Geldschöpfung vermehrt werden kann. Die Remonetarisierung des Goldes wird es erleichtern, die versteckte internationale Liquidität der staatenlosen Gelder, die der Kontrolle von Zentralbanken und Regierungen entgehen, in das System internationaler Liquidität einzuordnen und für die Aufstockung der internationalen Liquidität zu aktivieren. Ein Versuch der neuen monetären Bürokratien (in

Washington und in Brüssel), unmittelbar die monetären Goldreserven zu kontrollieren, wird sich als illusorisch erweisen. Die praktische Erfahrung des IWF, der vor über zwanzig Jahren beschlossen hatte, die monetären Goldbestände der Mitgliedsländer gegen Ausgabe von SZR oder Papier-Buchwerten zu appropriieren, ist zukunftsweisend. Ein regionales oder internationales Clearing-System von internationalen Zahlungsbilanzen würde die Rolle von Goldreserven überflüssig machen. Aber ein derartiges Clearing-System war bereits auf der Bretton-Woods-Konferenz (1944) abgelehnt worden. Vergeblich bereiten sich die Monekratien in Washington und Brüssel auf die Verwaltung der internationalen Liquidität und des Ausgleiches von internationaler Zahlungsbilanz durch ein Weltzentrum der Monekratie vor. Das internationale Kreditsystem kann temporäre Defizite in Zahlungsbilanzen mit Hilfe internationaler Institute finanzieren. Aber diese Möglichkeiten werden nicht das Problem lösen, internationale Liquidität des Systems von einer Nationalwährung und damit von nationalstaatlicher Politik unabhängig zu machen.

Die Grundeinstellung der amerikanischen maßgebenden monetären Experten in Washington gegenüber der monetären Rolle von Gold ist von den amerikanischen Ratgebern in Moskau über die kommende Währungsreform in den Ländern der Ex-UdSSR zum Ausdruck gekommen. Es wurde vorgeschlagen, einen goldwertigen Rubel einzuführen. Diese Vorschläge wären nicht gemacht worden, wenn die amerikanischen Experten sich nicht überzeugt hätten, daß ein goldwertiger Dollar ebenso notwendig ist wie ein goldwertiger Rubel.

Die monetäre Bürokratie im IWF spricht ungern über derartige Pläne. Sie glaubt, an dem jetzigen Nicht-System festhalten zu können und unterscheidet sich darin von den Experten in der BIZ. Ich hatte Anfang 1991 die Gelegenheit, diese Fragen während eines Interviews von Mitgliedern des Direktoriums des IWF zu stellen. Die Antworten erweckten den Eindruck, daß Reformpläne nicht angebracht und nicht notwendig sind. Ich wurde auf den zunehmenden Wohlstand und das Wachsen der Produktivität in der westlichen Welt während der achtziger Jahre verwiesen, als wenn auf dem Weltwährungsgebiet der Status quo erhalten werden kann.

Zu Beginn des Kalten Krieges war die USA ein Monopolbesitzer internationaler Liquidität. Sie beruhte auf monetären Goldreserven, die zu etwa 90 Prozent im Besitz der USA waren. Die Neuverteilung der internationalen Liquiditäten, die auf Gold beruhten und in zweiter Linie auf dem Besitz von Dollar, bewegte sich mit Riesenschritten vorwärts, als Westeuropa und Japan ihre industriellen Kapazitäten wieder hergestellt hatten und Exportüberschüsse erzielen konnten. In der Geschichte der Wiederherstellung internationaler Liquidität sind aber zwei politische Ereignisse wichtig. Der amerikanische Krieg in Korea und später in Vietnam begünstigte die Bildung von hohen Exportüberschüssen seitens Japans und der westeuropäischen Industrieländer. Ohne diese Ereignisse wäre die internationale Liquidität von Japan und Westeuropa nicht so schnell neu entstanden. Gleichzeitig wurde die internationale Reservewährung, der Dollar, durch den Inflationismus der USA entwertet. Damit entwerteten sich auch die monetären Reserven der Nicht-Dollarländer. Die US-Regierung mußte befürchten, daß eine Flucht aus dem Dollar einen offenen Zusammenbruch des Weltwährungssystems herbeiführen werde. Die amerikanische Regierung ist einer derartigen Krise zuvorgekommen, indem sie die Dollar-Gold-Konvertibilität aufhob. Später behaupteten die monetären Berater in Washington, daß die Aufhebung der Dollar-Gold-Konvertiblität ein Fortschritt sei. Die Nationalstaaten hätten die Freiheit gewonnen, das Volumen von Geld, einschließlich Kreditgeld, ungebunden und frei zu bestimmen.

Die bedingungslose internationale Liquidität gilt nicht für monetäre Reserven, die in einer nationalen Währung gehalten werden, auch wenn die Reservewährung stärker als andere Nationalwährungen ist und weniger inflationistisch entwertet wird als andere Währungen. Wie an anderer Stelle ausgeführt, muß das Reservewährungsland stets das nationale Interesse dem Interesse anderer Staaten, die die ausländische Währung als internationale Liquiditätsreserve benutzen, voranstellen. Historische Erfahrungen bestätigen das Argument. Als nach dem Ersten Weltkrieg die englische Regierung in Gefahr war, ihre internationale Liquidität zu verlieren und Inflationismus drohte, wollten die ausländischen Zentralbanken und Regierungen mit ihren monetären Sterling-Reserven Gold kaufen. Als für die USA die Gefahr bestand, mit dem Schwund ihrer Goldreserven ihre eigene internationale Liquidität zu verlieren, schloß die Regierung das ›Goldfenster‹ und blockierte die ausländischen Reservegelder. Sie konnten später zur Finanzierung von Exporten britischer Waren benutzt oder für den Verbrauch von Waren in England verwendet werden. Die amerikanische Regierung folgte dem historischen Beispiel Anfang der siebziger Jahre. Die Dollar-Gold-Konvertibilität, auf der die internationale Liquidität der monetären Dollarkonten der ausländischen Regierungen und Zentralbanken beruhten, wurde eingestellt. Als später der IWF das monetäre Gold und die Dollarreserven durch Einführung der SZR ersetzen wollte, erwies sich die ›Reform‹ als ein Schlag ins Wasser. Der illiquide Dollar wurde dem ›weißen‹ Nichtdollar als monetäre Reserveneinheit vorgezogen, ohne damit der Papierwährung des Dollars die Qualität einer hochwertigen internationalen monetären Reservewährung zu geben. Das Mißtrauen gegen den Dollar spiegelte sich in den relativ hohen Zinsen, welche die amerikanische Regierung für die Auslandsgelder zahlen mußte, wider. Inzwischen ist der Privatbesitz von Gold in den USA voll legalisiert worden.

Die Remonetarisierung des Goldes gewinnt unter einflußreichen politischen Kreisen in Washington an Anhang. Es wird vertraulich darüber mehr gesprochen als der Öffentlichkeit bekannt ist.

Eine internationale Währungsreform wird den Goldstandard nicht wieder einführen, aber dennoch die internationale Liquidität in Werten wieder herstellen, die nicht an eine Nationalwährung gebunden sind und die auch nicht in versteckter Weise, zum Beispiel durch eine Indexzahl, Nationalwährungen als Standard gelten lassen. Ein Index von Welthandelsware mag als Basis gelten. Es ist aber wahrscheinlich, daß Gold wieder einen neuen internationalen monetären Wert erhält. Jetzt bereits ist es möglich, den Ausgleich von Zahlungsbilanzen unter Zentralbanken und Staaten in harten Devisen oder in Gold zu vollziehen. Die internationale Liquidität aller Länder wird bereits eine höhere Qualität erhalten, wenn sie durch Goldbestände gestützt wird, statt lediglich in Nationalwährungen anderer Länder, einschließlich des Dollars.

Das heiße Eisen einer internationalen Währungsreform wird vor Ende des Jahrhunderts angepackt werden. Das Gespenst einer verschärften internationalen Liquiditätskrise drängt die monetären Politiker, nach Wegen zu suchen, auf denen neue Mittel der internationalen Liquidität dem System zugeführt werden können, ohne dem Inflationismus erneut den Weg freizugeben. Die USA wird dann ihre Führerstellung durch eine Währungsreform erneut zum Ausdruck bringen und den alten schwachen, oft verrufenen Papierdollar durch einen neuen goldwertigen Dollar und einen monetären Goldpreis (mindestens des doppelten Marktpreises von 1992), allerdings nur gegenüber Zentralbanken und Regierungen, ersetzen. Mit einem Schlag würde der unterirdische Markt in ›Schwarzmarkt-Dollar‹ aufs Schwerste verlieren. Die USA könnten auf diese Weise ihre internationale Verschuldung um mindestens 400 Milliarden Dollar erleichtern.

Der neue Dollar müßte Vertrauen in seine zukünftige Werterhaltung ausstrahlen. Dies würde geschehen, wenn er offiziell ›goldwertig‹ sein wird. ›Goldwertigkeit‹ gewährt nicht das Recht, das gelbe Metall zu einem offiziellen stabilen Preis kaufen zu können, außer für Zentralbanken, Regierungen und Institutionen.

Eine internationale Währungsreform, die eine allgemein anerkannte internationale Reservewährung herstellt, wird wahrscheinlich erst nach einer längeren Periode von relativer Stabilität der Devisenkurse der Schlüsselländer, vor allem des US-Dollars, der D-Mark und des Yen ins Auge gefaßt werden. Diese relative Stabilität hat bereits begonnen.

Die Absicht der Zentralbanken und Regierungen, die Fluktuationen der Devisenkurse unter den Währungen der G-7 Führungsländer in engen Grenzen zu halten (wahrscheinlich 10 Prozent), muß als Anzeichen dafür gelten, daß nach einer Periode von mehreren Jahren relativ stabiler Devisenwerte inflationistische Psychologie nicht mehr ein Faktor für die Gestaltung der Währungswerte darstellt.

Dann sind die Vorbedingungen für eine endgültige Währungsreform günstig. Inzwischen werden die Zentralbanken unter den Bedingungen der Stagflation weiter gehemmt sein, mit monetärer Politik die Wirtschaftskonjunktur zu stützen. Das können sie erst, wenn die Bedingungen der Stagflation überwunden sind. Anhaltende Stagflation wird der Antrieb sein für eine Währungsreform, die es den Zentralbanken möglich macht, mit niedrigen Zinssätzen die konjunkturellen Bewegungen zu beeinflussen.

Der Umlaufwert des neuen Dollars könnte durch inflationistische Geldschöpfung nicht verwässert werden. Er darf nicht für die Finanzierung budgetärer Defizite benutzt werden, würde aber den alten Papierdollar ersetzen. Ein radikaler Vorschlag dieser Art kann den Umtausch des alten Dollars in den neuen Dollar ermöglichen, zu Umtauschkursen, die eine Vorzugsbehandlung von Sparkonten, für soziale Versicherung usw. erleichtert.

Einen derartigen Ersatz einer alten Währung durch eine neue hat es bisher nur bei völligem Untergang der alten Währung als Folge von unkontrollierbarer Hyperinflation nach einem verlorenen Krieg oder einem Zusammenbruch der alten staatlichen Ordnung gegeben. Politisch wäre eine derartige radikale Abwertung der alten Schuldverpflichtungen nicht tragbar, wenn nicht eine offene politische Krise eine radikale Entwertung der alten Schuldverpflichtungen und des Sparkapitals rechtfertigt. Es ist daher auch möglich, daß die Umtauschkurse einen Kompromiß darstellen, statt 10:1 oder 100:1 ›nur‹ 2:1 oder 3:1. Es ist ebenso möglich, daß der ›neue Dollar‹ nur graduell eingeführt wird, z.B. für langfristiges Leihkapital auf bestimmten Gebieten der Emission von neuen Anleihen. Es gibt bereits neue Schuldaufnahmen, die vorsehen, daß Zins- und Amortisationszahlungen goldwertig sein sollen oder entsprechend nach einem Warenpreisindex gezahlt werden. Die Kaufkraft der Geldforderung soll für den Gläubiger ›konstant‹ sein. Die Ausdehnung derartiger Vereinbarungen muß als Vorläufer der Einführung einer neuen Währung angesehen werden, deren Kaufkraft ›konstant‹ goldwertig ist. Die alte Verschuldung würde im Bereich der alten Währung verbleiben. Die Schulddienstzahlungen würden sich entsprechend verringern, wenn die neue Währung allgemeine Geltung erhält.

Als in den siebziger Jahren eine Krise der internationalen Liquidität der USA begann und damit eine deflationistische Weltkrise drohte, wurde von Sir Roy Harrod (University of Oxford) vorgeschlagen, einer Krise der internationalen Liquidität durch eine Erhöhung des monetären Preises für Gold von 35 auf 70 Dollar oder 100 Dollar pro Unze aus dem Wege zu gehen. Der monetäre Goldpreis sollte für alle Währungen entsprechend steigen. Als Ergebnis würde sich die internationale Liquidität, insoweit sie aus Gold besteht, verdoppeln und verdreifachen, allerdings in den Papierwährungen. Aber dennoch würde mit einem Schlag der Mangel an internationaler Liquidität behoben werden können. Der Vorschlag wurde von den weltmonetären Autoritäten ernsthaft erwogen. Aber damals beschloß die amerikanische Regierung, anstelle obigen Vorschlags die Dollar-Gold-Konvertibilität aufzuheben. Statt der Erweiterung der internationalen Liquidität durch die Erhöhung des Goldpreises wurde durch inflationistische Geldschöpfung (Finanzierung budgetärer Defizite) die internationale Liquidität erweitert. Dieser Weg kann nicht erneut beschritten werden. Unter anderen Bedingungen kann aber der Kern des Vorschlages von Sir Roy Harrod aufgenommen werden. Die Industrieländer z. B., die den Löwenanteil am Sondergewinn aus der Erhöhung des Goldpreises erhalten würden, können veranlaßt werden, die Hälfte dieses Gewinns dem IWF für einen Sonderfonds zur Verfügung zu stellen. Dieser Fonds würde Entwicklungsländern mit Zahlungsbilanzschwierigkeiten dienen.

Eine derartige Remonetarisierung des Goldes würde es notwendig machen, das alte System eines Doppelmarktes für Gold (monetär und Freimarkt) wieder einzuführen. Der monetäre Preis wäre fixiert, der Marktpreis würde frei fluktuieren. Der Marktpreis würde sich wahrscheinlich dem monetären Preis annähern. Es besteht dabei die Gefahr, daß die Preisdifferenz im Goldhandel oder auch von Regierungen, die sich in Zahlungsbilanznöten befinden, betrügerisch ausgenutzt wird. Aber derartige Transaktionen werden sich wahrscheinlich im engen Rahmen halten. Bei großen Beträgen können sie nicht unbekannt bleiben. Es gibt mehrere Varianten von Vorschlägen monetärer Reformen. Was immer geschehen wird, wird dem Zweck dienen, die Schuldenkrise zu überwinden und die Verwertungsbedingungen für neues Investitionskapital zu verbessern. Der Hauptgewinner bei den Reformvorschlägen wird der Staat sein. Er ist der größte Schuldner des Landes. Der hohe Anteil des Staates am Sozialprodukt, der als Hemmschuh für die Neubildung von Kapital wirkt, wird zurückgehen, wenn obige Reformvorschläge eingeführt werden.

Die Verlagerung der schleichenden Krise des Kapitalismus auf den Geldsektor wird es erforderlich machen, ebenfalls im Geldsektor den Weg für eine neue Expansionsphase des Kapitalismus zu suchen. Dabei handelt es sich immer nur um eine Erholungsphase, nicht um eine Endlösung des Krisenproblems.

Es gibt einen funktionellen Zusammenhang zwischen den Bemühungen der USA, die Abhängigkeit von Kapitaleinfuhr oder Auslandskrediten zum Ausgleich der eigenen Zahlungsbilanz abzuschütteln und dem zunehmenden Mangel an internationaler Liquidität. Das System benötigt ständige Zunahme der internationalen Verschuldung als einen Prozeß, der die internationale Position der monetären Reservewährung unterminieren muß. Wenn dieser Prozeß stoppt, beginnt die internationale Liquiditätskrise. Der Ersatz des monetären Goldstandards durch den Dollarstandard und den Dollar-Devisen-Standard war eine versteckte Flucht in den Inflationismus, als ob dadurch die Geldansprüche des Rentenkapitalismus aufgebaut und dann zum Verschwinden gebracht werden können. Aber als Goldproduzent schlägt die USA alle anderen Länder aus dem Feld, außer Südafrika. Aber der Dollar-Goldblock ist als Goldproduzent ebenfalls stärker als Südafrika.

Die deutschen monetären Goldreserven sind die größten unter den europäischen Staaten. Die Europa-Union würde in monetären Goldreserven stärker sein als ein amerikanischer Gold-Block (USA, Kanada, Australien, Neuseeland und Mexiko), während Deutschland allein etwas mehr als die Hälfte des amerikanischen Besitzstandes in Gold hat. Es wird keinen monetären Währungs- oder Goldkrieg geben. Im Gegenteil, eine internationale Rolle von monetärem Gold kann protektionistischen Rivalitäten von Währungsblöcken ausweichen.

Die Regenerierung des Goldes als Weltreservewährung oder der Goldwertigkeit von Währungen wird als Überraschung kommen. Es ist nicht möglich, die Öffentlichkeit auf einen derartigen Schritt vorzubereiten. Im Gegenteil, die Spekulation muß im Dunkeln gelassen oder verschleiert werden. Ich denke dabei an Bundeskanzler Kohl, der eine Nachfolgewährung für die bewährte D-Mark angekündigt hat – mit wenigen Worten – und sich danach in

Schweigen hüllte. Er mag unfreiwillig (oder bewußt?) die Öffentlichkeit darauf vorzubereiten gesucht haben, daß die international populäre D-Mark die Regierung nicht davon abhalten wird, eine neue international starke Währung einzuführen. Sie muß stärker sein als der jetzige ECU der EWG oder der SZR des IWF. Sie wird nur eine beschränkte Rolle als internationale Reservewährung, die für den Ausgleich von internationalen Zahlungsbilanzen oder allgemein für die Erfüllung von Schuldverpflichtungen und Finanzierungen benutzt werden kann, spielen. In dieser Hinsicht können Nationalwährungen überflüssig werden. Die weltmonetären Planer hüllen sich in Schweigen. Sie wollen die Öffentlichkeit 1993 überraschen. Das wird nicht gelingen.

Aber die Notwendigkeit der Einführung neuer goldwertiger Währungen, die nicht der Willkür nationalstaatlicher Politik unterliegen, wird den Politikern den Willen zum Handeln, wie oben beschrieben, aufzwingen.

XVIII

Ausblick auf die schleichende Krise

In den letzten dreißig Jahren gab es im Westen einen außerordentlichen Anstieg des Wohlstandes der Massen und der Investitionen in neue Technologien. Wer glaubt, daß das ein Triumph des Kapitalismus war, vergißt, was vorausging und gleichzeitig erfolgte: Es wurden Kapitalwerte von ungezählten Milliarden, in Dollar oder Gold gerechnet, in Kriegen und im Frieden zerstört. Diese Zerstörung war das Stimulans für die Baukonjunkturen und die Einführung neuer Technologien. Sie halfen, das alte Strukturkapital mitten im Frieden zu vernichten und zu erneuern.

Der moralische Verschleiß von Strukturkapital ist ein Kostenfaktor geworden. Die Preise steigen, wenn die Kosten sinken. Der erhöhte moralische Verschleiß von Altkapital muß im Preissektor der Monopolisten oder Kartellierten wieder eingebracht werden. Es gibt versteckten Inflationismus mitten im Deflationismus. Wer die außerordentliche Expansion des Finanzkapitals der letzten fünfzig Jahre verfolgt hat, muß sich fragen, wo sich das nächste Anlagefeld für das Finanzkapital, das gehemmt in der Geldsphäre liegt, befinden wird. Wird es im Krieg oder im Frieden eröffnet werden? Welche Rolle wird das Geld dabei spielen? Die Investitionskonjunktur, die nach dem Ersten Weltkrieg etwa zehn Jahre andauerte, folgte der Zerstörung der industriellen Struktur in Westeuropa, besonders in Deutschland und Frankreich. Nach dem Zweiten Weltkrieg standen weitere Anlagefelder in Deutschland und Japan offen. Der Aufbau neuen finanziellen Reichtums wäre ohne die Vernichtung des Grundkapitals in den Regionen der alten Welt einschließlich Japans nicht möglich gewesen. Ich habe auf einen ähnlichen Vorgang Anfang der neunziger Jahre im Kontext des Krieges gegen den Irak bereits hingewiesen. In diesem Fall gab es jedoch nicht genug Vernichtung von Grundkapital, um eine folgende Investitionskonjunktur zu erreichen.

Der kritische Leser muß sich fragen, wo das nächste Investitionsgebiet liegt, dessen Strukturkapital zerstört werden muß, um eine Modernisierungskonjunktur zu erreichen. Es gibt Kandidaten, die besonders geeignet sind, diese Rolle zu spielen. Ein Gebiet, das eine Aufbaukonjunktur erleben wird, könnte zum Beispiel die Region jener Staaten sein, die aus dem zerfallenen Jugoslawien entstehen werden, oder aber auch Südafrika, nachdem die Apartheid dort überwunden sein wird.

Oft wird über die Endkrise orakelt. Es gibt keine Endkrise in dem Sinn, daß das internationale Währungs- und Finanzsystem zusammenbrechen und ein Vakuum auf diesem Gebiet entstehen wird. Es wird Notlösungen geben, aber sie werden in ein neues System internationaler Währungen eingefügt werden. Es wird post factum einen Weltplan und eine Verständigung geben. Aber erst kommt die Krise, die Teillösungen notwendig macht. Wie bereits im Kapitel über Gold angedeutet, wird die Initiative von den USA ausgehen. Die Europa-Union und das europäische monetäre System sind kühne Pläne. Aber die ECU-Währung wird nicht stärker als die D-Mark sein, die unter der ›Dollarisierung‹ leidet. Im Spätstadium der internationalen Schuldenkrise in Amerika und Japan wird diese Europa erreichen. Hier wird der Kapitaleinsatz in Osteuropa, vor allem Rußland, das Mehrfache der jetzigen Verschuldung betragen, eine Summe von mehreren hundert Milliarden Dollar an Krediten und Anleihen, die illiquide sein werden. Der amerikanische Einsatz in Lateinamerika ging zu 30 bis 70 Prozent verloren. Der europäische Einsatz in den früheren Ländern der Sowjetunion wird zu 70 bis 80 Prozent abgeschrieben werden müssen. Es ist möglich, diesen Einsatz eventuell in Konzessionsgebiete oder Partnerschaftsabkommen einzubringen. Aber das ist nur eine Perspektive von vielen.

Inzwischen wird die USA gezwungen sein, das Weltwährungssystem zu reformieren. Die Krönung wird der goldwertige Dollar sein. Dann wird der Geldmarkt USA erfolgreich mit dem Geldmarkt des vereinten Europa konkurrieren. Wer glaubt, dies wird nicht geschehen und die Staatsbürokratie sei unfähig zu handeln, da die Politiker die Opposition der kleinen Sparer und allgemein der Besitzer von finanziellen Ansprüchen fürchten, irrt. Die Gläubiger werden gewinnen. Das ist nicht populär, aber es gibt den Zwang der Verhältnisse. Die kumulativen Wirkungen anhaltender Stagflation werden zunehmend unerträglich. Es gibt keine Alternative. Es ist wahrscheinlich, daß die Europa-Union der amerikanischen Initiative folgen wird. Das würde die Einführung eines goldwertigen ECU und einer goldwertigen D-Mark bedeuten. Solche Erwartungen werden in den Ohren vieler konservativer Banker und Regierungen, die stets auf der Erhaltung des Status quo bestehen, wenig glaubhaft sein. Aber der Status quo wird zunehmend unerträglich; für das Finanzsystem und für Regierungen, die ihre Versprechungen hinsichtlich einer Lösung der Probleme der Stagflation nicht erfüllen können.

In den achtziger Jahren wurden finanzielle Ansprüche und Kapitalisierungswerte inflationistisch erweitert. Der ›Merger Boom‹ in Amerika, Europa und Japan wurde von den Banken durch die Finanzierung von Aktienpaketen sowie von Industriekonzernen oder Aktiengesellschaften angeheizt. Die neuen Besitzer der Aktiengesellschaften konnten die ›stillen Reserven‹ ihrer Gesellschaften durch Vollkapitalisierung der erwarteten Gewinne nutzen, um

das Doppelte und Dreifache des Kaufpreises für ›Extrage-
winne‹ in Milliardenbeträgen zu erzielen. Eine neue ›Finanzaristokratie‹ wurde gebildet.

Die ›neureichen‹ Finanzkapitalisten, ohne die Tradition
einer alten Aristokratie, entwickelten sich zu einer neuen
Spitzenklasse mit Anlagen von Industriekonzernen, Spiel-
kasinos, staatlichen und Rentenpapieren, von Autofabri-
ken und Getreidesilos in vielen Ländern.

Das Monopol und die Rente sind Kennzeichen des Finanzkapitalismus, aber es fehlt ihnen die politische Macht
im Staat ihres Landes. Neue Konkurrenz ist ruinös. Sie
droht, die Rentenansprüche zu zerstören. Die ständig zunehmende Massenzerstörung von finanziellen Ansprüchen
und damit auch auch von Finanzkapital eröffnet den Weg
zu neuen Kapitalanlagefeldern. Es genügt nicht der moralische Verschleiß von Grundkapital. Die physische Zerstörung von Infrastrukturen und des Grundkapitals im Mittelosten half, eine Hochkonjunktur und Vollbeschäftigung
für Bau- und Konstruktionsindustrien in Amerika mit Aus-
läufern in England und auch ein wenig in Japan zu erzeugen. Es wurde also nicht genug zerstört, um die günstige
Konjunktur auszuweiten und zu verlängern. Gleichzeitig ist
die Verschuldung der großen und der kleinen Kapitalisten,
der Konsumenten und des Staates gewachsen. Sie alle haben ein unerträgliches Schwergewicht in der Zeit der deflationistischen Krise.

Die Industriearbeiter sind stärker an die nationalstaatli-
chen geschützten industriellen Komplexe gebunden als die
Geldkapitalisten, die internationalistisch sind. Aber ihre
Globalität existiert nicht in einem Land ›global‹, sondern
realisiert sich in vielen nationalistischen Komplexen. Die
Interessen sind national und international. Die sozialen
Klassen, die national verankert sind, erwarten national-
staatlichen Schutz, aber dieser Schutz wird von staatlichen
Bürokratien gewährt, die von einer politischen Parteibüro-
kratie geführt werden und die ein Eigeninteresse an der
Rente, die ihnen zukommt, besitzen. Ein derartiges System

ist nicht demokratisch, wenn auch in demokratischen Wahlen und mit einer demokratischen Konstitution das Verhältnis zwischen staatlicher Macht und den sozialen Klassen flexibel ist. Dabei gilt, daß das Rentenbewußtsein das Klassenbewußtsein zu verdrängen tendiert. Der innere Sozialfrieden wird gefährdet, wenn durch Inflationismus/Deflationismus und anhaltende Stagflation die ökonomische Basis für die Rente eingeengt wird.

Die schleichende Krise des Rentenkapitalismus wird zu einer Krise des sozialen Friedens. Es beginnt ein neuer Kampf der sozialen Klassen um die Verteilung des Mehrwertes und gegen ein System, das den Massen die soziale Sicherheit nimmt. Konkret wird die internationale Währungskrise zu einer Gefährdung der Rente. Die Konsolidierung des Systems durch den Rentenkapitalismus wird unterminiert. Mit einer goldwertigen Währung wird eine neue solide, wertbeständige Grundlage für den Wiederaufbau eines Rentenkapitalismus hergestellt – temporär. Aber im Übergang wird die Rentenbasis des sozialen Friedens so eingeengt, daß der Boden für neue sozialrevolutionäre Krisen entsteht. Die politischen Parteien, deren Bürokratien im Rentenkapitalismus verwurzelt sind, werden verunsichert und zutiefst kompromittiert. Die Aussicht auf eine neue Expansions- und Prosperitätsperiode – für eine Generation – kann erst nach einer tiefen deflationistischen Krise des Rentenkapitalismus, der sich in fünfzig Jahren nach dem Zweiten Weltkrieg entwickelt hat, zur Wirklichkeit werden. Die schleichende Krise der Parteien und Bewegungen, die die Verteidigung der Rente auf ihr Banner schreiben, führt sie zu einem Kampf gegen Windmühlen. Durch die bevorstehende Einengung der Rentenbasis wird eine Reproletarisierung eines großen Teils der Arbeiterklasse und der Mittelklassen erfolgen. Dieser Prozeß wird falsch eingeschätzt, wenn das soziale Gewicht der ›Arbeiterklasse‹ auf die Industriearbeiter in den Betrieben beschränkt wird. Bekanntlich unterliegt die Klasse der Betriebsarbeiter einer Schrumpfungstendenz.

Ihr Anteil an den Beschäftigten ist stark gesunken. Sie sind eine Minderheit unter den ›Arbeitern‹. Sie haben weiterhin ein starkes politisches Gewicht, weil sie in Großbetrieben stärker konzentriert sind. Entscheidend ist ein anderer Vorgang. Die Intelligenzarbeiter, die die neuen technischen Strukturen kontrollieren und dirigieren, werden die Produktivkräfte weiterführen.

Die politischen Parteien, die in demokratischen Wahlen gewinnen, sind mehr oder weniger mit einer sozialen Klasse, den Arbeitern oder den Kapitalisten oder den unabhängigen Mittelklassen, verbunden. Aber alle großen Parteien sind bürokratische Organisationen geworden, mit einer hierarchischen Spitze. Sie streben die Konsolidierung ihrer Position an und versprechen, nach gewonnenen Wahlen die staatlich geschützte Rente zu erweitern und zu kontrollieren.

Unter dem Einfluß der Rente haben sich alle sozialen Klassen gewandelt. Es fehlt das Klassenbewußtsein. Der Rentenarbeiter ist mehr als der ›vogelfreie Proletarier‹. Das Ziel der Sicherung des Einkommens durch die Renten besteht sowohl bei den Arbeitern als auch bei den Industriekapitalisten. Wenn mit dem Staat verbunden, müssen sich alle der souveränen staatsbürokratischen Macht bzw. ihrer Führung, der Parteihierarchie unterordnen. Deswegen tendiert das reine Finanzkapital mit seinen globalen Interessen zu einem Internationalismus, der bei Staatskapitalisten fehlt. Militarismus und Imperialismus sind nationalstaatlich fundiert und werden von den nationalstaatlichen Parteihierarchien geführt.

Die traditionsbewußte frühere Arbeiterbewegung wird nicht mehr auferstehen. Die Traditionen leben in der Erinnerung der Intelligenzija, bei Historikern und Menschen, die ohne politische Macht sind. Die Verkündung der alten Lehre als neue Weisheit, daß der Staat aus der Verantwortung für das Schicksal des Menschen entlassen werden muß, weil jedermann im Marktkapitalismus und im Konkurrenzkampf seinen Platz selber zu finden hat, scheint den

Glauben von Darwin, das der Stärkste in der Natur und in der Gesellschaft überlebt, zu bestätigen. Das galt aber nur im Frühkapitalismus oder der Frühzeit des Kapitalismus, als die ›Räuberbarone‹ früh reich und mächtig wurden und sich mit den Ex-Feudalherren verbanden. Die Erben totalitärer Staaten, die zusammengebrochen sind, befinden sich in einer hoffnungslosen Lage, es sei denn, daß sie über qualifizierte Arbeitskraft verfügen und diese verkaufen können. Es gibt Zentren wissenschaftlich technischer Kenntnisse, wo neue Mittel der Massenzerstörung, aber auch von revolutionären Technologien entwickelt werden können. Utopische Ziele rücken in den Bereich praktischer Möglichkeiten. Das Bestreben, sie zu erreichen, wird genügen, um die eng gewordenen Grenzen der Beschäftigung der gesellschaftlichen Produktion während einer deflationistischen Weltkrise zu überschreiten. Die schleichende deflationistische Weltkrise wird die Vernichtung von Kapitalwerten als moralischen Verschleiß konkurrieren. Aber die wertlos gewordenen Kapitalanlagen bestehen weiter als Produktionsmittel und können verbilligt produzieren, wenn das Grundkapital abgeschrieben wird. Es gibt dadurch Mittel des Überlebens und des Vorstoßes in das Neuland unerschlossener neuer Technologien in größerem Ausmaß als je zuvor. Deswegen wird die deflationistische Weltkrise die Mittel für das Entstehen von ›Inseln des Fortschritts‹, in denen neue Dienstleistungstechnologien gefunden werden, freisetzen. Sie werden eventuell von größerer Bedeutung sein als die alten Schwerindustrien. Der Realist ignoriert nicht die neuen Realitäten des Finanzkapitalismus, besonders, wenn die deflationistische Krise chronisch wird, unterbrochen durch das Neuerwachen des Inflationismus.

Die Währungskrise gebietet, neue Wertbegriffe für Geld einzuführen. Am Anfang einer neuen Währung wird Liquidität getestet – für den Einzelkapitalisten, der sich auf Renteneinkommen erzeugende Kapitalwerte verlassen hat, die zutiefst dezimiert wurden; für den kleinen Mann, der als Wohlfahrtsempfänger im System der Sozialversicherung geglaubt hat, dem Konkurrenzkampf entgangen zu sein; der kleine Sparer und der Großrentner, der dem Staat sein Vermögen durch Kauf von Staatsanleihen überlassen hat. Sie alle glauben, finanziell gesichert zu sein. Sie verloren ihre Ansprüche oder sind illiquide geworden, weil sie dem Staat halfen, liquide zu sein. Sie haben das Land neuer Währungen zu einem Zeitpunkt betreten, wo Liquidität mehr bedeutet als Kapitalbesitz. Staaten, die ihre monetären Reserven in illiquiden Nationalwährungen belassen haben, statt in liquiden physischen Werten, z. B. Gold, werden illiquide sein.

Das internationale Finanzkapital finanziert die Konkurrenz und die eigenen Verluste. Es ist stärker verbunden mit dem kapitalintensiven als mit dem lohnintensiven industriellen Sektor, wo die menschliche Arbeitskraft mit den Maschinen konkurriert, während in den kapitalintensiven Industrien Maschinen gegen Maschinen konkurrieren, die vom Finanzkapital finanziert worden sind.

In den fortgeschrittenen Industrieländern ist die Konkurrenz von Maschine gegen Maschine viel wirksamer für den Erfolg als die alte Konkurrenz Maschine gegen menschliche Arbeitskraft. Deswegen schreitet der technische Fortschritt in den alten Industrieländern schneller voran als in den zurückgebliebenen ›Entwicklungsländern‹. Die Kluft zwischen beiden in bezug auf Produktivität oder Produktivkraft der Arbeit erweitert sich. Sie wird sich mit den neuen technischen Revolutionen weiter vergrößern.

Der Inflationismus hat in den letzten zwanzig Jahren diese Kluft überdeckt. Bei steigenden Weltmarktpreisen konnten die meisten ›Entwicklungsländer‹ ihre Anteile an der Weltmarktproduktion vergrößern. Sie waren begehrte Abnehmer von westlichem Kapital. Während der ›Ära des Inflationismus‹ gab es in allen Westländern eine Hochkonjunktur für professionelle Berater, die wußten, wie den Verlusten durch Inflationismus zu entgehen war. Wer diesem Rat zu lange folgte, hat die Ära des Deflationismus illiquide betreten. Die Folgen sind schwerer zu ertragen für den Pensionär und Arbeiter, wenn er die Sozialversicherung verliert, als für den Fluchtkapitalisten.

Viele Unternehmen sind von der Hilfe des Staates, der finanziell bankrott ist, abhängig geworden. Der Staat ist der Gewinner im Inflationismus, wenn er übermäßig verschuldet war. Seine Schuldenlasten nehmen in der deflationistischen Krise mit neuen Defizitfinanzierungen zu. Er muß mehr Defizite finanzieren. Das kann er nicht ohne höhere Steuerlasten. Er wird damit den freien Kapitalismus ruinieren. Die berühmte Geschichte der Gans, die sterben muß, obwohl sie goldene Eier legt, erscheint als gesellschaftliche Wirklichkeit. Das logische Ende besteht darin, daß der Staat die Gans, die goldene Eier legt, selber übernehmen muß, aber dann kann die Gans nicht mehr die goldenen Eier legen. Diesem Dilemma kann unsere Gesellschaft nicht entgehen.

Neue industrielle Strukturen sind auf allen Kontinenten im Entstehen. Die Entwicklung der Produktivkräfte schien in den Ländern mit hoch entwickelten zentralstaatlichen Bürokratien wie Indien, Indonesien und Lateinamerika einzuschlafen. Nach dem Zerfall des Entwicklungsmodells der Sowjetunion und dem Abbau der ›Deregulierung‹ der Wirtschaftssysteme in den meisten Ländern der ›Dritten Welt‹ hat ein stürmischer Aufbruch eingesetzt, mit Tausenden von Klein- und Mittelunternehmen und einigen Großkonzernen als Initiatoren der Einführung neuer Technologien. Die Zunahme der Pro-Kopf-Produktion und -Einkommen in diesen Ländern beträgt das Zwei- bis Dreifache des traditionellen ökonomischen Wachsens in den Industrieländern. Das soziale und politische Gewicht einer industriellen Unternehmerklasse wächst.

Die staatsbürokratisch herrschende Klasse ist dezimiert und kompromittiert durch die enttäuschenden Ergebnisse der staatsbürokratischen Planung. Die korrupte Verteidigung von Privilegien war zu einem Hindernis für den neuen

Aufstieg der Produktivkräfte geworden. Der Schutz, den die militärische Klasse/Kaste gewährt hatte, war bedingt, da das Eigeninteresse dazu trieb, das alte System zu ›deregulieren‹ und damit den Weg für die stürmische Neuentwicklung der Produktivkräfte freizugeben.

Neue industrielle Strukturen sind auf allen Kontinenten im Entstehen, die darauf eingestellt sind, für Weltmärkte zu produzieren und die ihre Rechtfertigung nachweisen müssen. Ich denke dabei vor allem an den Aufbau einer neuen industriellen Struktur in Ost- und Mitteldeutschland, dem Gebiet der ehemaligen DDR. In noch größerem Ausmaß sollen industrielle Strukturen auf den Gebieten der Ex-Sowjetunion erneuert und ausgebaut werden. Das kann allerdings nur mit deutscher Hilfe – finanziell, Management und Weltmarkterschließung betreffend – geschehen. Es muß erwartet werden, daß eine neue industrielle Struktur auch im Fernen Osten hergestellt wird.

Die neuen industriellen Strukturen werden Weltmärkte füllen. Der Kampf um Weltmarktanteile wird sich verschärfen. Er wird entscheiden über die weltwirtschaftliche Grundlage der neuen Industriestrukturen. Die rein binnenwirtschaftliche Marktbasis wird nicht ausreichen. Die neuen Industriekapazitäten und die damit verbundenen Investitionen werden langfristige Anlagen darstellen, z.T. für die nächsten fünfzig Jahre bestimmt. Es ist sicher, daß die kapitalistischen Weltstrukturen inzwischen Veränderungen unterliegen werden, die nicht den Plänen der neuen Industriestrukturen entsprechen. Aber das wird sich erst in einer späteren Periode erweisen. Zunächst steht eine Erweiterung der weltindustriellen Basis besonders in Asien bevor. Sie wird die deflationistische Weltkrise, die bereits begonnen hat, durchkreuzen. Der Inflationismus wird regional und auch weltwirtschaftlich mitten in einer deflationistischen Krise neu erscheinen. In den nächsten zehn Jahren sollte die Neugestaltung der kapitalistischen Welt Entwicklungen während der nächsten fünfzig Jahre vorzeichnen.

Es muß damit gerechnet werden, daß das rapide Tempo der Veränderungen der Weltstruktur sich fortsetzen wird. Sie ist das Werk des Kapitalismus. Er mußte die ganze Welt erfassen und würde das Weltall erobern, wenn das möglich wäre. Aber der Erschließung von Weltmärkten, von Anlagegebieten für das Kapital und allgemein der Entwicklung einer Weltwirtschaft und internationaler Gemeinschaften sind Grenzen gesetzt, die noch nicht erreicht worden sind. Sie werden bei dem raschen Tempo der Bildung neuer Weltstrukturen wahrscheinlich in den nächsten fünfzig Jahren erreicht werden.

Die konservativen Staatsmänner im Westen werden tiefe Enttäuschungen erleben. Sie sind von Natur aus Verteidiger des Status quo, der aber zunehmend unerträglich wird für die meisten Völker und auch für Staatsführungen, die autoritär ihre Macht im eigenen Lande mit kostspieligen staatlichen Bürokratien, beherrscht von Staatsparteien und staatlicher Kontrolle der Gesellschaft, errichtet haben. Sie werden am Beginn einer deflationistischen Weltkrise riskieren, ihre innere Machtbasis zu verlieren. Sie haben aber nicht die Absicht, politischen Selbstmord zu begehen.

Die finanzstarken Großmächte und die einstige Supermacht, die in dieser Eigenschaft aufhören wird, die Rolle des Weltführers und Weltpolizisten zu spielen, werden nicht die Mittel haben, die benötigt werden, um die inflationistisch aufgeblähten Machtstrukturen ausreichend zu erhalten.

In den führenden Ländern des Westens wird der Kapitalismus durch die kostspieligen staatsbürokratischen Strukturen und Systeme der sozialen Sicherung für breite Schichten der Arbeiterklasse gelähmt. Zwar wird dadurch der innere Markt für Konsumgüter gestärkt. Aber im internationalen Konkurrenzkampf werden sich die unproduktiven Soziallasten als Hemmnis erweisen. Die Konkurrenz mit billiger Arbeitskraft wird in den unterentwickelten Ländern wirksam sein. Hier sind die industriellen

Strukturen noch nicht ausreichend entwickelt, um der menschlichen Arbeitskraft ein nur relativ geringes Gewicht in der industriellen Produktion zu geben, da die Konkurrenz der menschlichen Arbeitskraft mit der Maschine noch wirksam ist.

Der Leser mag es schwierig finden, sich mit den komplexen Problemen von Währungen, Zahlungsbilanzen und Schuldenkrise vertraut zu machen. Die ›chinesische‹ Sprache der Finanz- und Währungsexperten wird nur von einer kleinen Zahl von Spezialisten vestanden. Es genügt aber Klarheit über wenige Grundbegriffe, um die schleichende Krise des sozialen Sicherheitsystems und auch die Möglichkeit und Bedeutung einer Währungsreform erkennen zu können. Die Sprache des Finanzkapitalismus hat die Begriffe der Ökonomie, die dem Leser klassischer ökonomischer Literatur vertraut sind, auf den Kopf gestellt. Schulden werden Anlagekapital. Das Finanzkapital kapitalisiert Ansprüche auf Geldzahlungen. Die Ansprüche können erweitert werden, unabhängig von der Produktionsbasis. Wenn das in großem Ausmaß erfolgt, wird es notwendig, durch Inflationismus, gefolgt von Deflationismus, einen Anpassungsprozeß herbeizuführen. Er kann das System zerstören.

· Die schleichende Inflation hat die Erweiterung der Schuldendecke stimuliert. Sie wird schneller wachsen als die Entwertung des Geldes bei schleichender Inflation.

Das ist eine historische Erfahrung, die nicht oft wiederholt werden kann. Eine neue Währung würde aber die Möglichkeit schaffen, die alte Schuldendecke oder Zahlungsansprüche radikal zu vermindern. Das wird automatisch geschehen, wenn die Umwechslung des Geldes von der alten in die neue Währung zu Umrechnungssätzen erfolgt, die die alten Zahlungsansprüche drastisch vermindern. Sie werden dann in der neuen Währung ausgedrückt. In diesem Fall ist es möglich, Umrechnungskurse zu Vorzugsraten für Ansprüche der sozialen Versicherung und der kleinen Sparer zu bieten. Dadurch würden die politischen Folgen einer radikalen Aufhebung des alten sozialen Sicherheitssystems gemildert. Es wird an Liquidität mangeln.

Einer Währungsreform würde der Weg geebnet werden durch die Einführung eines parallelen Kapitalmarktes, der den Anlegern konstante Werte für Zinszahlungen bietet. Das kann geschehen, wenn Zahlungsansprüche an materielle, konstante Werte, Gold und/oder andere Welthandelswaren gebunden sind. Derartige Pläne müssen als Vorzeichen dafür vermerkt werden, daß eine Währungsreform geplant ist.

Während der schleichenden deflationistischen Weltkrise wird es den Zentralbanken nicht möglich sein, durch eine Politik flüssigen Geldes und niedriger Zinssätze die wirtschaftliche Konjunktur zu stimulieren, denn es wird Reflation stattfinden. Sie soll es möglich machen, den Folgen des Deflationismus zu begegnen. Aber damit wird es auch unmöglich sein, eine Politik niedriger Zinssätze zu befolgen.

Ein neues Phänomen taucht auf: Relativ hohe Zinssätze in einer deflationistischen Weltkrise gehen nicht, wie in den dreißiger Jahren, tief genug herunter. Die wirtschaftliche ›New Deal‹-Belebung, die der tiefen Depression damals folgte, wäre nicht möglich gewesen, wenn nicht flüssiges Geld und Kapitalmärkte und niedrige Zinssätze bestanden hätten. Aber niedrige Zinssätze allein werden nicht ausreichen, um die Strukturkrise zu beenden oder die Investitionen von Geldkapital ausreichend zu stimulieren. Die Krise der frühen dreißiger Jahre wurde nicht durch die sehr niedrig gewordenen Zinssätze überwunden. Der Stimulus war der staatliche Einsatz des Geldkapitals durch die ›New Deal‹-Programme von Roosevelt und Hitler. Eine deflationistische Krise wäre gefolgt, wenn die Aufrüstungsprogramme und der Zweite Weltkrieg den Zustand der Vollbeschäftigung nicht herbeigeführt hätten. Jetzt werden die Zinssätze auf den internationalen Kapitalmärkten auf einem relativ hohen Stand verbleiben, trotz der ›unbeschäftigten‹ großen Beträge von flüssigen Geldern auf den internationalen Kapitalmärkten.

Es gehört zum Wesen einer deflationistischen Ära, daß eine Vergütung für das inflationäre Risiko nicht berechtigt ist, aber inflationistische Geldschöpfung stimuliert. Die deflationistische Krise wird gemildert, wenn neue Anlagefelder für flüssiges Kapital erschlossen werden. Das wird, bevor die deflationistische Weltkrise ausgelaufen ist, in einem Umfang geschehen, der den Bedarf an Anlagekapital sprunghaft steigern wird.

Die Kapitalisierung von Profiten, die nicht realisiert werden können, oder von Verlusten, die negative Werte erzeugen, macht es notwendig, Papierwerte zu vernichten, um die Vernichtung von Realwerten in Schranken halten zu können. Banken und Konzerne müssen an den fiktiven Werten festhalten, sonst werden sie untergehen. Die Regierung schiebt die Verantwortung für hohe Zinsen auf die Zentralbank, die ihrerseits mit Recht über einen Zwang der Verhältnisse (Finanzierung von budgetären Defiziten) klagt. Sie wird nur handeln, wenn der Zwang der Kredit- und Geldverhältnisse das Geld- und Kreditsystem gefährdet und eine neue Beschäftigungskrise droht. Dann wird der staatliche Kredit erneut eingesetzt werden müssen.

Wir wissen wenig über die wahre Lage der Verschuldung und Liquidität der Banken, Finanzinstitute und Industriekonzerne in Japan, weniger als über ihre Gefährten in den USA. Fest steht, daß die Schuldenkrise nicht bewältigt ist und große Anlagen, die mit liquiden Geldern finanziert wurden, illiquide sind. Die Folgen werden beide Führungsländer treffen, Japan und die USA: sie können so charakterisiert werden:

1. Japan wird versuchen, möglichst viele Anlagen in den USA und Europa zu liquidieren, mit Verkäufen von Aktien und staatlichen Schuldpapieren.

2. Zunehmende amerikanische budgetäre Defizite werden ohne den japanischen Beitrag finanziert werden müssen.

3. Neue inflationistische Geldschöpfung wird unvermeidlich sein. Die Folgen werden durch deflationistische Politik höherer Zinsen und Kreditverknappung bekämpft werden.

Das sind ungünstige Aussichten für den amerikanischen Präsidenten, aber es verbessern sich die Ausichten für eine Reformpolitik der Schlüsselwährungen in Amerika, Europa und Japan. Die hilflosen Regierungen der Stagflation müssen allen Hilfeersuchen mit der Losung ›Es wird anders werden… besser als bisher‹ entgegentreten. Nur wissen sie nicht, wohin der Wandel führen wird. Das wissen nur die heimatlosen Kapitalisten – ins ›Niemandsland‹.

XIX

Post-Stagflation

Die neue deflationistische Weltkrise ist keine kurzfristige zyklische Konjunkturphase, die überwunden werden kann, wenn zahlreiche Bankrotte, das Abschreiben verlorener Werte, Sinken der Löhne in den Industrien, in denen Gewerkschaften wenig Einfluß haben, eine gewisse Erholung der Konjunktur suggerieren können.

Eine Systemkrise hat begonnen. Sie setzte zu Beginn der dreißiger Jahre ein. Unter dem Einfluß der Siegermächte hat die Geschichtsschreibung den Zusammenhang zwischen der Krise der dreißiger Jahre und dem Ausbruch des Zweiten Weltkrieges verdeckt. Hitler und das Nazi-Regime haben den Zweiten Weltkrieg ausgelöst. Aber sie hätten das ohne die tiefe Krise des Weltkapitalismus nicht tun können. Es gibt einen Kausalzusammenhang, der durch die Geschichtsschreibung, insoweit sie unter dem Einfluß der Siegermächte nach dem Zweiten Weltkrieg geschrieben worden war, verschleiert wurde.

Am Vorabend des Zweiten Weltkrieges war eine zweite deflationistische Weltkrise im Kommen. Sie wäre das Omen einer politischen Niederlage von Roosevelt in demokratischen Wahlen in den USA gewesen, auch für Hitler, der eine Art Gefangener der Reichswehr geworden wäre, wenn aufgezwungene budgetäre Sparmaßnahmen ihn genötigt hätten, die Mitglieder seiner ›Privatarmee‹ (SA und SS) in das Heer der Arbeitslosen zurück-zustoßen.

Die politischen Auswirkungen einer neuen deflationisti-schen Krise wurden zeitweilig durch Ausdehnung der staat-lichen Defizitfinanzierungen überdeckt. Das Wettrüsten und der Zweite Weltkrieg schufen einen nationalen Notzu-stand, der die Mobilisierung aller Sparkapitale der Nation und noch größere (inflationistische) Geldschöpfung erfor-derte.

Am Ende dieser Zeit nach der tiefen Krise und der ›New-Deal‹-Erholung und dem Zweiten Weltkrieg war halb Europa zerstört, Deutschland besetzt und geteilt. Der Sieg von Hitler in Deutschland war der Ausdruck einer Strukturkrise des Kapitalismus. Sie sollte durch die Aus-dehnung des staatlich-bürokratischen Interventionismus überwunden werden. Der Steuerstaat wurde geboren. Da-mit kam ein Stein ins Rollen, der von Zeit zu Zeit gebremst, auch temporär zurückgerollt wird, aber dennoch in seiner Bewegung unaufhaltsam ist.

Der Staat hat seine Macht in einem Maß ausgedehnt, die die Struktur des Kapitalismus verändert. Ein neuer Auf-stieg auf den Krücken zentralstaatlicher Macht wurde an-gesagt.

Ost und West tendierten am Vorabend des Zusammen-bruchs der staatlichen Führungsmacht im Osten zu kon-vergieren. Das Erbe wird zu einer Belastung im Westen, wo das System durch Ausdehnung der finanziellen Ansprüche und des Geldkapitals unabhängig von den Produktionsver-hältnissen Konsolidierung anstrebt. Das Ergebnis ist eine schleichende deflationistische Weltkrise. Sie wird den Zer-fall der internationalen Ordnung der Siegermächte nach dem Zweiten Weltkrieg vollenden. Trotz anhaltendem schleichenden Inflationismus erhebt der Deflationismus sein Haupt. Ohne ihn kann das System die Krise nicht über-leben.

Der neue Deflationismus hat die Krankheit des Inflatio-nismus nicht endgültig besiegt. Deflationismus bedeutet nur noch Abnahme des Inflationismus mit dem Ergebnis der Stagflation.

Als Folge der restriktiven Geld- und Kreditpolitik der Zentralbank wird die Liquidität des Geld- und Kreditsystems erschüttert. Neue Geldschöpfung wird benötigt, um die Liquiditätskrise, die das System zu paralysieren droht, zu bewältigen. Danach wird der Inflationismus die Währung erneut verunsichern. Deswegen ist die Bank für Internationalen Zahlungsausgleich viel vorsichtiger als der IWF in Washington, wenn es um eine Einschätzung der Weltwirtschaft des Westens geht. So heißt es im Jahresbericht (1990/91) der BIZ: ›Der Inflationismus ist in keinem der Industrieländer ausgelöscht worden...‹ Der Bericht enthält eine dringende Warnung bezüglich der wachsenden Last der Schuldendienste, des Börsenkrachs in den Jahren 1989 und 1991, der Börsen- und Bankenkrise in Japan, des Ansteigens der Zinssätze, zuerst in den USA, dann auch in England, Japan und Deutschland.

Die Verluste führender Finanzinstitute in Amerika und Japan waren das Vorspiel für eine Vertiefung der Schuldenkrise. Der Zusammenbruch des ›Junk Bond Marktes‹ (Junk bonds: Anleihepapiere von geringer Qualität, deswegen mit höherer Verzinsung, also z.B. Anleihen von finanziell schwachen Gesellschaften oder Staaten) in den USA ist nicht das Endstadium von Liquiditätskrisen. Die BIZ spricht von ›noch ungelösten Schuldenkrisen, die uns bevorstehen‹.

Die Verpflichtungen für Schulddienstleistungen belasten das Nationaleinkommen aller führenden Industrieländer schwer. Die Regierungen der Westländer müssen die staatlichen Ausgaben einschließlich Finanzierung des Sozialsektors einschränken. Wenn sie das aber tun, beginnt eine soziale und politische Krise, die das System erschüttert. Der Glaube der Neo-Keynesianer, durch budgetäre Defizitfinanzierung die Krise zu lösen, ist erschüttert. Es wird wahrscheinlich keine neuen Kriege im Mittelosten geben, wie gegen den Irak zu Beginn der neunziger Jahre. Die USA wird neue gemeinsame Interventionen des Westens wünschen. Sie wird aber keinen großen Krieg führen, es sei denn mit der Autorität der Vereinten Nationen. Ein derartiger Krieg würde erneut hauptsächlich die überlegene militärische Stärke der USA zum Einsatz bringen, aber die USA würde sich finanziell ruinieren, wenn nicht der Interventionskrieg wiederum von anderen finanzstarken Mächten unterstützt wird.

In den Vereinten Nationen, aber auch in den anderen internationalen Institutionen wird die dominierende Stellung der USA nicht wieder hergestellt werden können. Die USA sind nicht gewillt, die budgetären Defizite allein zu finanzieren. Sie benötigen die internationale Liquidität anderer Länder selber. Die EG und Japan andererseits werden versuchen, ihre eigenen Interessen in den Regionen, in denen die USA an Einfluß verlieren, zu verteidigen. Die Begeisterung in der westlichen Welt über den Zusammenbruch der Ostsysteme, des ›Realsozialismus‹, der keinesfalls Sozialismus war, wird in tiefe Enttäuschung umschlagen über neue antiwestliche Bewegungen, die stärker und gefährlicher sein werden als die antiwestliche Herausforderung des Kalten Krieges in den ersten dreißig Jahren nach dem Zweiten Weltkrieg.

Die deflationistische Weltkrise trifft die Dritte Welt schwerer als die Industrieländer. Sie hatte begonnen, ihre eigenen industriellen Strukturen zu entwickeln. Die Entwicklungsländer sind deswegen verschuldet und illiquide geworden. Dennoch ist das Problem der Auslandsschulden für sie lösbar. Alte Schulden werden nur bezahlt, wenn neue Kapitale ausreichend hereinfließen. Das ist entscheidend für die Lösung der internationalen Schuldenkrise. Die Westmächte werden in die Lage geraten, einen Teil der Altschulden abschreiben und dennoch neue Kredite gewähren zu müssen.

Es wird eine neue antiwestliche Front in Ländern der dritten Welt entstehen, stärker und gefährlicher, als es in der Periode des Kalten Krieges der Fall gewesen ist. Der unparteiische Außenseiter-Beobachter (kann es ihn überhaupt geben?) wird die Frage stellen, wo es die besten Möglichkeiten für dynamische neue Entwicklungen geben wird, d.h., wo wird es herausfordernde Entwicklungen geben, die die letzten Fortschritte moderner Technologien aufnehmen und sich zur Umstrukturierung der eigenen Gesellschaft nutzbar machen? Die Antwort wird zugunsten solcher Gesellschaften ausfallen, die den Weg des Kapitalismus gegangen waren, dabei aber in Gefahr schwebten, von einer selbst gezüchteten staatlichen Bürokratie gehemmt und erdrückt zu werden.

Neue Technologien werden eingeführt, mit denen die bestehenden industriellen Anlagen in Konkurrenzländern überflüssig und konkurrenzunfähig gemacht werden. Als Stalin unter großen Opfern des Volkes das industrielle Zeitalter von Kohle, Eisen und Stahl begonnen hatte, war es veraltet. Der massive Einsatz von Kapital für neue industrielle Strukturen erfordert Einsatzkapital in einem Ausmaß, das nur die finanzkräftigen Mächte, mit Hilfe des Staates, aufbringen konnten.

Japan hat die alte Oligopolstellung der amerikanischen Auto- und Schwerindustrien gebrochen. Aber die neuen großindustriellen automatisierten Anlagen von Japan werden Auslandskonkurrenz auslösen, auch von Seiten der USA, es sei denn, daß die USA und Japan in ihren neuen schwerindustriellen Anlagen fusionieren. Auch dann wird es neue weltindustrielle Konkurrenz geben. Das Weltmonopol industrieller Neuanlagen müßte mit politischer Supermacht fundiert sein. Das ist nicht möglich. Deswegen wird die Zerstörung von Kapital durch moralischen Verschleiß und in internationalen und militärischen Konflikten in einem Ausmaß anhalten, das es möglich macht, den Markt für Produktionsmittel stoßweise auszudehnen. Man bedenke: In den letzten zehn Jahren hat sich die politische und wirtschaftliche Struktur der Welt mehr verändert als in den vorangegangenen fünfzig Jahren, und in den vorangegangenen fünfzig Jahren mehr als in den vorangegangenen hundert Jahren; und in den hundert Jahren der ersten industriellen Revolution in Europa sind in einer Welt, die mehr oder weniger in den vorangegangenen fünfhundert oder auch tausend Jahren sich in einer Art Winterschlaf befand, trotz vieler Kriege und Krisen, Veränderungen eingetreten, die die Basis für weitere herausfordernde Entwicklungen gelegt hatten.

Als Zeitgenosse habe ich häufig die Fehleinschätzungen der Zukunft seitens strategischer Planer, die glaubten, mit der Macht der Mächtigen die Zukunft gestalten zu können, beobachten können. In den zwanziger Jahren dachten sie, den alten Krisenzyklus überwunden zu haben. Statt dessen begann der Zusammenbruch des Kredit- und Bankensystems und die tiefe Depression, die nicht mehr durch den alten Konjunkturzyklus beendet werden konnte. Danach begann der Staat als Interventionist in großem Umfang, das kapitalistische System zu stützen und zu reformieren. Die staatlichen Führungen in den USA und auch in Deutschland unter Hitler wußten nicht im voraus, daß sie vor einer fatalen Wahl stehen werden: einer neuen deflationistischen Krise oder eines neuen Inflationismus, der mit budgetären Defizitfinanzierungen beginnen würde. Um dieser Wahl zu entgehen, wurde der Zweite Weltkrieg von Hitler ausgelöst. Aber die Konsequenzen wurden falsch eingeschätzt. Am Ende glaubten die amerikanischen Sieger, eine neue Weltordnung errichten zu können auf Grundlage eines von ihnen kontrollierten und regulierten Weltkapitalismus. Wir wissen jetzt, daß diese Pläne Illusionen waren. Sie beeinflußten jedoch in starkem Maße die Gestaltung der Nachkriegswelt.

Im Osten standen die staatlichen Führungen im Banne von Ideen und Plänen, die scheiterten. Wenn es wahr gewesen wäre, daß sie eine neue sozialistische Gesellschaftsordnung aufbauen, dann wäre sie zwar nicht konkurrenzfähig mit dem Westen gewesen. Aber sie hätte sich in einer Weise entwickelt, bei der sie es nicht nötig gehabt hätte, konkurrenzfähig zu sein. Sie mußte aber konkurrenzfähig werden, weil zuerst unter Stalin und dann unter seinen Nachfolgern die Gesellschaft staatskapitalistisch war. Sie hat den Industrialismus des Westens kopiert und konnte deswegen nicht konkurrenzfähig sein. In der Folge wurde sie von der Krankheit des westlichen Kapitalismus in noch größerem Ausmaß angesteckt als der Westen – der Krankheit budgetärer Defizitfinanzierungen, die unter zentralstaatlicher Planung nicht sichtbar waren, und kumulativem Verzehr von Strukturkapital, das nicht erneuert wurde. Die kumulative Wirkung dieses Prozesses machte einen Zusammenbruch des Systems unvermeidbar. Aber als staatliche Planwirtschaftler konnten die Machthaber ihren Untergang nicht voraussehen.

Als ich von meinem Posten als ökonomischer Berater der Europäischen Handelsmission der Sowjetunion im Jahre 1932 zurücktrat und dem Leiter der ökonomischen Abteilung, meinem damaligen Freund Bessonov*, meinen Rücktritt erklärte, übergab ich ihm als eine Art Abschiedsgeschenk eine Ausarbeitung, die beweisen sollte, daß die Befürchtungen im Westen, daß im Osten eine feindliche Macht entstünde, unberechtigt sei, wenn die Industrialisierung wirklich der Herstellung einer sozialistischen Gesellschaft diene. Denn eine sozialistische Gesellschaft wird den Eigenbedarf an Konsumgütern und Dienstleistungen betonen. Der Innenmarkt wird sich ausdehnen. Man wird und will nicht als Weltmacht konkurrieren.

Sozialistische Gesellschaften müssen den inneren Konsumbedürfnissen dienen. Sie können und wollen nicht als Militärmacht dominieren. Das könnte nur geschehen, wenn in Rußland eine staatskapitalistische Gesellschaft entstehen würde. Der Zarismus befand sich auf diesem Weg. Unter Stalin wurde dieser Weg aufgenommen, mit

*Bessonov mußte meine Ausarbeitung als antistalinistisch und staatsgefährlich ansehen. Aus meiner Arbeit ergab sich, daß die Fünfjahresprojekte nicht die Entwicklung der Schwerindustrie betonen sollen und daß die geplante Industrialisierung ›antisozialistisch‹ gewesen war. Bessonov endete als Mitangeklagter in Stalins Prozeß gegen Bucharin.

›Sozialismus‹ als Deckmantel. Mit staatlichen Finanzierungen und ohne das Risiko des Privatkapitalisten nahm die Vergeudung von Kapital und der moralische Verschleiß einen Umfang an, der eine Zusammenbruchskrise unvermeidlich machte.

Das ist eine Lehre, vor der Japan sich fürchten muß. Die neuen automatisierten Betriebsanlagen der dritten technischen Revolution werden von neuen Auslandskonkurrenten in kurzer Zeit überholt. Sie brauchen die Bildung eines internationalen Entwicklungskartells, das global das Aufkommen neuer Konkurrenzindustrien zügelt. Das ist nicht möglich in der Nach-Supermacht-Ära.

Wie kommt es, daß die staatlichen Machthaber, die mehr Macht konzentriert haben als je zuvor in früheren Gesellschaften, durch eine Kette von Fehlentscheidungen und ständigen Mangel an Voraussicht gekennzeichnet sind? Es kann kein Zufall sein, daß wir Einblicke in die Zukunft von den staatlichen Planern nicht erwarten können. Sie sind an die Verteidigung des Status quo in der Gesellschaft gebunden, je größeren Raum die innerstaatliche Macht beansprucht und einnimmt. Die ›vested interests‹ des Staatskapitalismus blenden die bürokratischen Verwalter und Inhaber der staatlichen Macht.

Dennoch gibt es Pläne der Mächtigen des Finanzkapitalismus, insoweit er sich mit dem Staatskapitalismus verbindet, die die Struktur der Weltordnung in den nächsten zehn Jahren verändern werden.

Die falsche Begründung des Zerfalls der staatssozialistischen Systeme des Ostens seitens der Staatsführer und der Medien im Westen hat sie unfähig gemacht, die wahren Vorgänge im Osten zu erkennen. Sie hätten feststellen können, daß die kumulativen Defizitfinanzierungen und der Verzehr des Strukturkapitals innerhalb einer Generation ein Phänomen darstellte, das auch in den Ländern des westlichen Kapitalismus erschienen ist, wenn auch nicht mit der kumulativen Tiefe, die in den Ländern des Staatssozialismus zu verzeichnen war.

Die lange Ära des Inflationismus hat diesen Prozeß verdeckt. Die inflationistische Weltkrise jedoch wird nicht einheitlich sein. Sie wird in den Entwicklungsländern, besonders in Afrika und Südostasien, die meisten politischen Regime destabilisieren.

Der friedliche Triumph des Westens über den Zerfall der staatssozialistischen Systeme des Ostens wird abgelöst werden von der Verschärfung des Gegensatzes zwischen Nord und Süd, d.h. die Vertiefung der Kluft zwischen den Wohlstandsgesellschaften des Westens und den Gebieten des Massenelends in den ›Entwicklungsländern‹ in Afrika und Südostasien. Die deflationistische Weltkrise wird die politischen Strukturen besonders in jenen Ländern erschüttern, wo die politische Gewalt nicht eine Sparpolitik praktizieren oder eine Einschnürung ihrer finanziellen Basis hinnehmen kann. Der Ausweg in neuen Inflationismus wird ihnen versperrt sein. In mehreren Ländern werden politische Machthaber à la Saddam Hussein unter Druck stehen, durch außenpolitische Abenteuer eine breitere Basis für ihre kostspielige Machtstruktur herzustellen.

Mehrmals in der Geschichte des Kapitalismus haben die bedrohten privilegierten Klassen, besonders wenn sie im eigenen Land eine kleine Minderheit bilden, sich bemüht, einen außerstaaatlichen Protektor zu finden, der die bedrohten Privilegien und den Anspruch auf Profit schützt. Das ist stets eine gefährliche Entwicklung. Eine neue deutsche faschistische Bewegung z.B. wird wenig Aussicht auf Erfolg haben, es sei denn, daß in einer Zeit von Massenarbeitslosigkeit und Zerstörung der Rente die Bewegung von außen finanziell gestützt wird. Die Bewegung würde eine Teilnahme an imperialer Macht als Satellit einer fremden imperialen Großmacht anstreben. Dafür gibt es bereits historische Beispiele. Es wird sich erneut erweisen, daß der Protektor die Konservativen zwingen wird, in der Außenpolitik einen Ausweg zu suchen, da sie im Inneren versagen müssen – wie die historischen Erfahrungen wiederholt unter zwingenden Beweis stellten.

In den Ländern des Ostens werden diese Probleme mit größerer Schärfe entstehen als in den Westländern. Hier droht den industriellen Arbeitern das Schicksal des Untergehens in einer unterproletarischen Klasse. Eine breite städtische Klasse von Intelligenzarbeitern wird neue Initiativen im Sektor der Kleinunternehmer und Kooperationsgenossenschaften begünstigen. Sie werden ein neues Bewußtsein von sozialen Klasseninteressen bilden. Sie können politische Führung geben. Im Klassenkampf fehlt das politische Bewußtsein. Es fehlt der kapitalistische Unternehmer. Der Versuch, ihn hervorzuzaubern, wird den alten Staatsbürokraten helfen und gleichzeitig den Kapitalismus kompromittieren. Sein bester Vertreter wird der Spekulant und Fluchtkapitalist sein. Der Messias wird versprechen, ihm zu widerstehen und durch religiösen Glauben den Glauben an den Sozialismus zu ersetzen.

In allen politischen Lagern wird es notwendig sein, kühne Ziele zu erstreben. Nur dann werden die notwendigen Opfer für die Erneuerung und den Wandel wirtschaftlicher Strukturen möglich sein. Das gilt auch für die kommende Währungsreform. Der Glaube an stabiles Geld muß wieder hergestellt werden. Es genügt nicht zu versprechen, dem Inflationismus zu entsagen; man muß den zweifelsfreien Willen, das Ziel durchzusetzen, besitzen und bereit sein, die schwerwiegenden wirtschaftlichen und sozialen Konsequenzen zu tragen.

Die Bewältigung der Schuldenkrise erfordert, die gewaltige Last der unproduktiven Ausgaben zu vermindern und diejenigen zu belohnen, die am meisten für den Aufbau neuer Strukturen beitragen können. Es gäbe Grund zu tiefem Pessimismus, wenn diese Möglichkeiten nicht geschaffen und genutzt werden. In diesem Sinne stehen wir an einem geschichtlichen Scheidepunkt.

Die deflationistische Weltkrise soll nicht wie in den dreißiger Jahren enden – mit neuem Militarismus und Diktaturen. Die Befürchtungen von P. J. werden sich nicht erfüllen, aber sein Suchen nach einem neuen Weg, deflationistischen Krisen zu entkommen, wird aufgenommen werden. Die vorgeschlagene Währungsreform der EG ist keine ›Endlösung‹ für die Probleme unserer Zeit. Es kann kein Ende der Stagflation geben, wenn die Rentenschuld in der kapitalistischen Gesellschaft aufrecht erhalten wird.

Im Jahr der projektierten Einführung einer Euro-Zentralbank mit dem ECU als Eurowährung der Europa-Union werden andere Entscheidungen fällig sein, u.a. die Herstellung des Glaubens an eine neue Währung, die Rettung kranker Sozialstrukturen und die Verhinderung von Defizitfinanzierungen, die die Stabilität der Währung untergräbt.

Das Suchen nach neuen Wegen des Wandels von wirtschaftlichen und sozialen Strukturen, um die gegenwärtige deflationistische Weltkrise und die endlose Stagflation zu beenden, wird uns aufgezwungen werden.

Die heutige Situation des Weltkapitalismus erinnert in vielem an die Krise des Jahres 1932. Es wird dabei vergessen, daß die Nachwirkungen der Krise wichtiger waren als die erste Produktions- und Beschäftigungskrise am Anfang der dreißiger Jahre (1929). Die deflationistische Krise, die am Ende der ›New Deal‹-Ära von Defizitfinanzierungen und der Beschäftigungskonjunktur entstand, veranlaßte die konservativen Kräfte in allen Parteien, einen Protektor für staatliche ›Ruhe und Ordnung‹ zu suchen.

Der vorher beschriebene Teufelskreis von Inflationismus, Deflationismus und Stagflation wird ein Ende finden, wenn er zu lange beschritten wird. Das Ende ist bereits in Sicht: Die Jahre 1995 bis 2000 werden die Entscheidungsjahre sein. In den folgenden fünf Jahren werden der europäische Marktkoloß und die USA rivalisieren, weniger auf den Märkten von Waren und Dienstleistungen, als vielmehr im Bereich des Geldes und der Währungen.

Mit Gold allein kann das Weltsystem nicht gerettet werden, wenn es in den Produktionsverhältnissen krank ist.

Die beschleunigte Vernichtung von Kapital mitten im Frieden durch ›moralischen Verschleiß‹ wird zunehmen. Die Herstellung von Produktionsmitteln, die kurzlebig sind, wird begünstigt werden, ebenso wie die Bildung von langfristigem Kapital. Das Verlangen nach neuen Infrastrukturen wird Ausdehnungskonjunkturen für die Industrien neuer Technologien fördern. In zunehmendem Maß wird verlangt werden, daß das langfristige Investitionsrisiko von der Gesellschaft übernommen wird, d.h. mit staatlichen Garantien. Der Staat wird überfordert sein.

Das ist eine Entwicklung, die begrüßt werden kann. Sie wird das Verlangen nach einem strukturellen Wandel wecken. Die Abhängigkeit von staatlicher Bürokratie kann aufgehoben werden, wenn die Abhängigkeit von feudalkapitalistischen Konzernen und Trusts beendet werden kann.

Zum ersten Mal erleben die USA das Auftreten von Rivalen, Geldmarktkonkurrenten, die die internationale Liquidität voll aufnehmen können, ebenso gut wie die USA selbst. Sie werden herausgefordert sein. ECU und D-Mark werden den Vorteil von Schlüsselwährungen besitzen, die weniger von den internationalen Schuldenkrisen und Defizitfinanzierungen geplagt werden und deren internationale Liquidität stärker ist. Aber die USA können zu einem Gegenschlag ausholen, der die EG zwingen wird, den USA mit einer internationalen Währungsreform zu folgen, wie im ›Goldkapitel‹ ausgeführt. Sonst wird die EG nicht mit den USA als Weltmacht konkurrieren können. Ich erwarte, daß die Entscheidung in späteren Jahren erfolgen wird. Während dieser Zeit werden die neuen revolutionären Entwicklungen der Informations- und Kommunikationstechnologie, des Computers und der ›künstlichen Intelligenz‹ Möglichkeiten des strukturellen Wandels der Industriegesellschaften eröffnen.

Die strukturellen Veränderungen in der Gesellschaft hängen nicht von den technischen Möglichkeiten ab. Umgekehrt. Die strukturellen sozialen Veränderungen werden bestimmen, in welcher Richtung die neuen technischen Möglichkeiten eingesetzt werden. Entscheidend sind die sozialen und politischen Strukturen und der feste Wille der Menschen, neue Strukturen zu schaffen, statt sich im Netz einer Pseudo-Demokratie länger zu verheddern.

XX

Ausblick nach Fernost

Ende Oktober 1992 traf ich zufällig auf dem Flughafen von Chengdu, der regionalen Hauptstadt von Sichuan (China), einen alten Freund, Werner Makowski*. Wir warteten auf den Flug nach Hongkong, der sich über vier Stunden verspätet hatte und nutzten diese Zeit für ausführliche Gespräche, die später in Hongkong fortgesetzt wurden.

Werner Makowski vertritt einen neuen Typ von Kapitalisten, die jetzt in den Ländern des Fernen Ostens und in China Hunderte von Milliarden Dollar ›venture capital‹ zur Verfügung stellen und eine schnell aufsteigende kapitalistische Unternehmerklasse finanzieren. Diese neue Klasse besteht aus kleinen und mittelgroßen industriekapitalistischen Unternehmen und einigen großen Familienkonzernen, an denen die Finanzinstitute, zu denen die Bank, bei der Werner Makowski Teilhaber und Managing Director ist, gehört, teilnehmen. Er gilt als einer der erfolgreichsten und erfahrensten neuen Finanzkapitalisten im Fernen Osten. Managern wie ihm stehen die akkumulierten Geldkapitale der arabischen OPEC-Länder wie auch der erfolgreichen Waren- und Finanzkapitalisten des Mittelostens und des Fernen Ostens, einschließlich Japans, zur

*Managing Director, DaoHeng Bank, Hongkong.

Verfügung. Keiner von ihnen vertritt nationalstaatliche Macht oder internationale bürokratische Institutionen. Sie sind zumeist in persönlicher Freundschaft oder durch Verwandtschaft mit den herrschenden Familien und politischen Machthabern in ihren Herkunftsländern, zumeist im Mittelosten oder Südostasien, verbunden. Einige Mitglieder der Familie können im ›diplomatischen‹ Dienst tätig sein oder, wenn sie sich in unabhängiger kapitalistischer Unternehmertätigkeit als unfähig erweisen, in den neuen Bürokratien der ›Weltorganisationen‹ als eine Art Pensionärkapitalist Unterschlupf finden. Damit werden sie Teilnehmer der ausgedehnten international-staatlichen Bürokratie, aber als ›Rentenkapitalisten‹ überlassen sie den Einsatz der privaten Geldkapitale den Familienmitgliedern, die Fähigkeiten als kapitalistische Unternehmer besitzen. Bisweilen versuchen diese unternehmerischen Geldkapitalisten politischen Einfluß zu gewinnen, z.B. im arabischen Nationalismus und in institutionellen Bastionen der staatskapitalistischen Bürokratien des Westens. Aber alle Versuche, den staatsbürokratischen Kapitalismus des Westens ›von innen‹ zu durchdringen und eine neue finanzkapitalistische Weltmacht zu bilden, erleiden jämmerlichen Schiffbruch. Die alten internationalen Machtstellungen des Finanzkapitalismus können nicht regeneriert werden, auch wenn der Einsatz von Hunderten von Milliarden Dollar Geldkapital möglich ist.

Die erfolgreichen Venture-Finanzkapitalisten in Südostasien vertreten einen neuen Typ des Finanzkapitalismus. Er unterscheidet sich wesentlich von dem, der in Westeuropa am Ausgang des 19. Jahrhunderts mit der City of London als Weltmetropole entstanden war. Damals schien es den Historikern, daß die City of London das Zentrum der westlichen Welt im kommenden Jahrhundert sein werde. Das britische Imperium war zu einem Weltreich geworden, beherrscht von den finanzkapitalistischen Institutionen, die u.a. durch die Bank of England die Geld- und Währungspolitik wie auch die Machtverhältnisse im Weltreich kon-

trollierten. Die Bank of England galt damals als die zweite
Regierung Englands.

Ganz anders ist das Verhältnis der unternehmerischen
Finanzkapitalisten im Fernen Osten zu den dortigen politischen Machtstrukturen. Hier sind sie eine autonome Klas-
senkraft geworden. Sie wird repräsentiert durch politische
Parteibürokratien, die zum Teil durch Ideologien, vor allem aber durch die autonomen Klasseninteressen nationalstaatlich als herrschende Klasse fungieren. Sie benötigen
und begrüßen das schnelle Wachsen der Marktbedürfnisse
und der kapitalistischen Massenproduktion, d.h. das Entstehen einer sich schnell ausdehnenden kapitalistischen
Unternehmerklasse, vorausgesetzt, daß sie nicht den Anspruch auf politische Vorherrschaft erhebt oder die politische autonome Vormacht der Staatsparteihierarchie her-
ausfordert.

Auf dieser Basis ist es den unternehmerischen Geld- und
Finanzkapitalisten, für die Werner Makowski und seine
Institution als Prototyp gelten können, gelungen, eine har-
monische Partnerschaft mit den neuen industriellen Unternehmerklassen, die keinen Anspruch auf politische Vorherrschaft erheben, herzustellen. Es entwickelt sich ein
enges Kooperationsverhältnis der privatkapitalistischen Finanzinstitute mit den Vertretern der politischen Machtstrukturen. Werner Makowski steht in engem Kontakt zu
den regionalen Parteihierarchien. Sie haben volles Vertrauen, daß die finanzkapitalistischen Institutionen vom
Typ der Bank von W.M. nicht versuchen werden, direkt
oder indirekt mit den Mitteln der Korruption, auf die
politischen Machtstrukturen Einfluß zu nehmen. Es gibt
relativ wenig Korruption in den Beziehungen der ›Venture
Financiers‹ zu den Staatsparteibürokratien, auch wenn
vielfach ›Familienbeziehungen‹ zwischen Mitgliedern der
staatlichen Machtbürokratie und den neureichen Familienunternehmen korrumpierend wirken. Aber die ›Venture
Financiers‹ vermeiden derartige Bindungen. Sie wollen
sich aus den Intrigen und inneren Interessenkämpfen unter

den Parteihierarchien heraushalten. Das Partnerschafts-
verhältnis mit den politischen Machtstrukturen soll stabil
und von Dauer sein.

Deswegen setzen sie volles Vertrauen in die Erfüllung
der vereinbarten Ansprüche auf Profite, die auf den sich
schnell ausdehnenden inneren Märkten realisiert werden
können, und in das Versprechen, realisierte Profite aus
regionalen Währungen in konvertible Währungen übertragen zu können, eventuell durch Benutzung von Exporterlösen, die die Konvertibilität der Profitanteile begünstigen.

Als erfahrener Kenner der Vergangenheit und Gegenwart der Geld- und Kapitalmarktverhältnisse in Westeuropa und den USA unterscheidet sich W.M. von den Nach-
kommen der alten Finanzaristokratie in England. Diese
waren die Sieger in zwei Weltkriegen. Aber jedesmal ver-
armten sie. Sie hatten die internationale Fundierung ihrer
privilegierten Positionen im internationalen Warenhandel
und die darauf beruhenden ›Einkommen aus dem Ausland‹
verloren. In vielen Fällen waren sie Staatspensionäre geworden oder versuchten, zumeist vergeblich, mit staatlicher Protektion neureiche Kapitalisten zu werden.

W.M. dagegen stammt aus einer alten großagrarischen
Familie, die ihren ausgedehnten Grundbesitz in Ost-
preußen nach dem Zweiten Weltkrieg verloren hatte. Ich
lernte W.M. in den sechziger Jahren kennen, als er in New
York, London und Frankfurt das ›Know-How‹ von Investi-
tions- und Handelsfinanzierungen des sich neu bildenden
Finanzkapitalismus erwarb. Er wurde mit den neuen Methoden der Verwertung von unabhängigem Geldkapital auf
Geld- und Kapitalmärkten, die unabhängig und frei von
staatsbürokratischer Vormacht weltweit tätig sein konnten,
vertraut. Das war im alten Europa und in den USA nur in
beschränktem Maße möglich. Aber für die Geldkapitalisten bestand eine Mobilität, die den staatsbürokratischen
Institutionen und den mit ihnen verbundenen Großbanken
fehlte. Mit den Kenntnissen und Erfahrungen der interna-

tional tätigen Finanziers war es für W.M. leicht, eine höchst erfolgreiche Tätigkeit in Hongkong als unternehmerischer Finanzkapitalist zu finden. Er gewann schnell das Vertrauen der neuen superreichen Geldkapitalisten, die im Mittelosten, in Hongkong und anderen Regionen des Fernen Ostens über Hunderte von Milliarden Dollar an Geldkapital verfügten. Sie waren in den siebziger und achtziger Jahren zumeist als Depositengelder bei den anglo-amerikanischen Geldmarktinstituten angelegt worden. Der größte Teil dieser Gelder wurde nach schweren Verlusten und Einbußen an Liquidität zurückgezogen. Sie stehen jetzt als flüssige Geldkapitale, mit Zinseszinsen, ständig gewachsen, den unternehmerischen Finanzinstituten im Fernen Osten zur Verfügung.

In den Gesprächen in Chengdu und Hongkong sagte W.M. unter anderem: ›In Westeuropa und in den USA gibt es einen dekadenten Staatskapitalismus. Die dortigen industriellen Unternehmerklassen unterliegen dem Einfluß einer dekadenten Gesellschaft und staatlichen Bürokratien, die den unternehmerischen Privatkapitalismus in Ketten legen, mehr als in den ausgedehnten Freimarktzonen in China und anderen Ländern Südostasiens. In Europa und Amerika verteidigen die Staatsbürokratien ihre eigenen Interessen mittels hoher Steuern und staatlichem Schutz von Pensionseinkommen, die nicht ohne ständige Defizitfinanzierungen aufrecht zuerhalten sind.

Die Freizonen in China und anderen südostasiatischen Ländern dagegen gewähren den staatsbürokratischen, herrschenden Klassen einen breiten Spielraum für einen sich schnell ausdehnenden neuen unternehmerischen Industriekapitalismus. Sie sind bereitwillige Partner von kapitalistischen Industrieunternehmen, die von der staatlichen politischen Obermacht nicht nur toleriert, sondern auch geschützt und gefördert werden. Sie vertrauen voll auf die Erfüllung der Partnerschaftsabkommen, auch wenn die alten politischen Parteihierarchien ,verjüngt' oder durch ,Dissidenten' abgelöst werden.

Es ist nicht zu erwarten, daß sich diese Machtstrukturen auflösen, wie es in Osteuropa und Rußland geschehen ist. Es gibt keine organisierte Opposition, die die herrschenden Parteihierarchien verdrängen kann, auch wenn junge dissidente Kräfte an die Macht kommen sollten. Sie alle werden die Ausdehnung des inneren Marktes begrüßen. Die politischen Strukturen werden sich festigen, wenn es eine breite industrielle kapitalistische Klasse gibt mit Unternehmen, die den inneren Markt für industrielle Produkte ausdehnen und damit auch die Finanzierung der staatlichen Bürokratien erleichtern.‹

In diesem Sinn sind die Vertreter des neuen unternehmerischen Finanzkapitalismus im Fernen Osten überzeugt, daß sie die Zukunft des neuen Kapitalismus darstellen und nicht der dekadente Kapitalismus Europas und Amerikas. Mit einem herablassenden Lächeln sprach W.M. über die Versuche der Monekratien von Brüssel, neue Euro-Einheitswährungen einzuführen und die Geldkapitale des ›Gemeinsamen Marktes‹ unter ihre Kontrolle zu bringen. Hunderte Milliarden Dollar von freien Geldkapitalen, die in den neuen Finanzzentren im Fernen Osten akkumuliert werden und ständig wachsen, unterliegen keinen staatsbürokratischen Kontrollen ›à la Maastricht‹ oder hohen Einheitssteuern, wie sie durch die Angleichung der Steuersätze in Europa und Amerika die Bildung von Fluchtkapital verhindern sollen. Je mehr diese staatlichen Kontrollen in Europa und in den USA wirksam werden, um so stärker wird ein Abzug der freien Geldkapitale aus den altkapitalistischen Ländern in die neuen ›freien‹ Finanzzentren des Fernen Ostens erfolgen.

Damit wird keine neue allgemeine Blüteperiode des Kapitalismus anheben mit Unternehmerklassen, die die politischen Machtstrukturen kontrollieren. Im Gegenteil, staatsbürokratische Macht wird sich in den neukapitalistischen Ländern festigen, aber sie wird gleichzeitig die Bildung von neuen industriellen kapitalistischen Unternehmerklassen begünstigen. Die Kräfte staatsbürokratischer

Dekadenz mögen auch hier zunehmen, aber zunächst beginnt eine Ära der Bildung neuer unternehmerischer kapitalistischer Klassen, verbunden mit einem relativ schnellen Wachstum der Produktivkräfte und der gesellschaftlichen Produktion, während beides in Europa und in den USA stagniert. Eventuell wird das Aufsteigen der industriellen Konkurrenzkräfte im Fernen Osten auf den dekadenten Kapitalismus in Europa und den USA zurückwirken. Er wird auf den Weltmärkten durch das erfolgreiche Auftreten der neuen industriellen Unternehmerklassen unter Konkurrenzdruck stehen. Das Abschreiben der Werte veralteter Industriestrukturen wird durch das Aufkommen der neuen industriellen Strukturen im Fernen Osten beschleunigt werden.

Maastricht wird keine Parallele im Fernen Osten finden. Die Bildung gemeinsamer Märkte wird auch hier Fortschritte machen, aber ohne Versuche, zentrale regionale Kontrollen der Geld- und Kapitalbewegungen herzustellen oder eine einheitliche Reservewährung zu bilden, die von staatsbürokratischen Institutionen kontrolliert wird. Die freien Geldkapitale, die in den Finanzzentren des Fernen Ostens rapide zunehmen, werden in Währungen gehalten, die nicht durch nationalstaatliche Macht entwertet oder kontrolliert werden können.

Deshalb gewinnen Pläne zur Rehabilitierung des Goldes als internationale Währung in Hongkong und Tokio mehr Anhang als in Brüssel, London, Paris oder Frankfurt. In Tokio andererseits ist ein Alleingang bei der Bildung einer neuen internationalen Währung unwahrscheinlich. Neue monetäre ›Gold-Initiativen‹ werden wahrscheinlich in Washington geboren werden, mit Tokio und Hongkong als dem ›Dritten im Bunde‹.

Diese neuen industriellen kapitalistischen Strukturen stellen eine Symbiose von staatlich autoritärer bürokratischer Macht und einem neuen Finanzkapitalismus dar. Er ist mit den aufstrebenden und sich ausdehnenden industriellen Unternehmerklassen in Südostasien und China verbunden. Er wird die Neugestaltung eines veränderten Weltkapitalismus bestimmen. Es fehlen die alten Weltmetropolen des Finanzkapitalismus. Die staatsbürokratisch kontrollierten neuen ›Weltwährungen‹ werden sich als Fehlschlag erweisen.

Die Zukunft des Weltkapitalismus wird stärker durch die Entwicklungen in den fernöstlichen Ländern als in Europa und in den USA gekennzeichnet sein, aber in beiden Gebieten wird es Sonderentwicklungen geben. Die Einheitlichkeit des Weltkapitalismus ist nicht wieder herzustellen. Ein Nebeneinanderbestehen von Ländern und Regionen mit dekadenten staatskapitalistisch bürokratischen Strukturen, die die kapitalistischen unternehmerischen Klassen kontrollieren und beschützen und gleichzeitig die Finanzierung ausgedehnter Bürokratien von Staatsparteien und Institutionen unterstützen, die Sonderinteressen vertreten, wird die Zukunft des Weltkapitalismus bestimmen.

Daneben wird es eine Vielzahl von Ländern geben, in denen sich neue High-tech-Kulturen ohne staatsbürokratische Vormacht bilden können. Der Zerfall der alten Einheitsstrukturen des Weltkapitalismus wird eine Vielheit gesellschaftlicher Strukturen begünstigen.

Zusammenfassung

1) Es ist nicht wahr, daß es einen Gegensatz zwischen Ost (›Sozialismus‹) und West (›Kapitalismus‹) gegeben hat. Tatsächlich ist der Kapitalismus mit den Krankheiten des ›Realsozialismus‹ in Osteuropa und der ehemaligen UdSSR behaftet und befindet sich deswegen in einer schleichenden Krise.

2) Im Westen hat das Wachsen des Staates und der zentralstaatlichen Bürokratien, die von politischen Parteibürokratien beherrscht werden, die Verwertungsbedingungen für das Privatkapital verschlechtert und zu einer Dauerkrise des Kapitalismus geführt.

3) Der Kapitalismus versucht im Finanzkapitalismus durch Verrentung und Kapitalisierung der Einkommen eine Konsolidierung des Systems zu erreichen. Dieser Prozeß steht in Widerspruch mit dem Wesen des Marktkapitalismus und der Notwendigkeit, in der Weltmarktkonkurrenz erfolgreich zu sein.

4) Die altmarxistische Vorstellung, daß im Westen das politische System der absoluten Staatsmacht von einer kapitalistischen Herrschaftsklasse dominiert wird, hat ihre Geltung verloren. Es herrscht die absolute Macht des Staates,

die jeweils von einer politischen Parteienbürokratie benutzt und geführt wird.

5) Es tritt ein Phänomen auf, daß alle ›Entwicklungstheoretiker‹ der kapitalistischen Gesellschaft, die glaubten, durch staatliche Eingriffe in die Zirkulationssphäre die Marktkrisen überwinden zu können, überraschte – die Stagflation.

5.1) Der Versuch, die Marktschranken der kapitalistischen Gesellschaft durch die Erweiterung der Geldmenge durchbrechen zu können, erzeugt Inflationismus, d.h. die Entwertung des Geldes oder die Verminderung der Kaufkraft des Geldes als eine Bewegung, die unkontrollierbar zu werden droht (Hyperinflationismus), wenn sie nicht durch deflationistische Beschränkung des Geldes (vor allem des Kreditgeldes) gebremst wird.

5.2) Im Deflationismus steigt der materielle Wert der Schuldenansprüche der Gesellschaft. Es sinkt die Liquidität. Im Zustand der Stagflation erscheinen Inflationismus (›schleichend‹) und Deflationismus zugleich.

5.3) Die stagflationistische Krise drückt auf die Produktions- und Beschäftigungsverhältnisse. Die budgetären Defizite nehmen zu. Damit entsteht für die Regierungen eine widerspruchsvolle Lage. Sie sind auf dem Gebiet des Geldes und der Währungen gezwungen zu handeln – aber entgegen den traditionellen Vorstellungen der Nachkriegszeit.

5.4) Eine Spaltung des Finanzkapitals ermöglicht es dem Geldkapital der Finanzkapitalisten einen Weg zu finden, um der nationalstaatlichen Kontrolle zu entgehen und völlige Freiheit der Anlagewege zu finden – global und steuerfrei. Das ist möglich, weil Geldkapital staatenlos werden kann. Dann besteht es aus Bankdepositen, die heimatlos sind. Dieser Status wird in vielen Ländern anerkannt. Die Beträge, in denen das heimatlose Geldkapital zirkulieren kann, sind so groß, daß sie eine Gefahr für das Weltwährungssystem darstellen. Aber gleichzeitig werden diese Gelder benötigt, um einer internationalen Liquiditätskrise zu entgehen. Eine neue Finanzaristokratie hat sich gebildet; sie besteht aus den neureichen und erfolgreichen Spekulanten und denen, die die gehemmte Geldzirkulation des Kapitals dominieren. Ihre Jugend ist die Jeunesse dorée.

6) Alle Konsolidierungsversuche des Finanzkapitals haben deshalb bisher eine gehemmte Zirkulation des Kapitals verursacht. Das akkumulierte Geldkapital kehrt nicht ausreichend in den Zirkulationsprozeß zurück, sondern flieht ins ›Niemandsland‹. Als Ergebnis tritt eine Spaltung des Finanzkapitals und eine Krise des internationalen Geld- und Währungssystems auf.

7) Der Globalisierung des reinen privaten Finanzkapitals steht die nationalstaatliche Machtkonzentration entgegen. Es bilden sich regionale Machtblöcke, die miteinander konkurrieren und rivalisieren.

8) Die interregionalen Rivalitäten werden durch die nationalstaatliche Beherrschung des Geld- und Währungssystems verschärft. Sie werden durch die Einführung eines international gültigen Geldes, d.h. eines neuen international anerkannten goldwertigen Standards der Währungen, entschärft.

9) Die USA werden ihren Status als finanzkapitalistische Staatsmacht im interregionalen Konkurrenzkampf verlieren, wenn sie nicht die Initiative für die Wiederherstellung einer goldwertigen Währung ergreifen. Sonst wird die internationale Liquidität der Welt in den ECU-DM-Raum abgezogen. Mit Hilfe des Goldes als internationaler Währung werden die USA imstande sein, die internationale Liquidität im Dollarraum zu behaupten. Japan wird sich dabei mit dem Staats- und Finazkapitalismus der USA liieren.

10) Die Konzepte von Maastricht werden grundlegend zu

revidieren sein. ECU und D-Mark werden ebenfalls auf Goldwertigkeit orientiert.

11) Die Umstellung der Währungen wird es ermöglichen, die kapitalisierten Geldansprüche zu revidieren. Ein hoher Goldpreis wird einen tiefen Einschnitt in die kapitalisierten Renten ermöglichen. Diese ›Reform‹ ist notwendig, um die Verwertungsbedingungen für das Kapital zu verbessern. Ansonsten gibt es keinen Ausweg aus den kumulativen Wirkungen der Stagflation.

12) Diese Entscheidungen werden in den nächsten Jahren fällig. Das Entscheidungsjahr wird noch vor der Jahrtausendwende kommen. Die Stagflation wird die Krise der Währungen und die internationale Liquidität für die politischen Machtsysteme im Westen, vor allem in den USA und Japan, unerträglich verschärfen. Sie werden die Initiative für den notwendigen Wandel des internationalen Währungssystems ergreifen.

13) Die Welt des Finanzkapitals und der staatskapitalistischen Systeme ist chaotisch geworden. Aber das Chaos bringt neue gesellschaftliche Strukturen hervor. Aus dem Chaos der internationalen Währungsverhältnisse wird eine neue internationale Goldwährung aufsteigen. Damit werden die strukturellen Krankheiten des Systems nicht überwunden, aber die Überlebenskraft des Kapitalismus zeitweise wieder hergestellt – für eine Generation.

Inhalt